반야심경과 마음공부

법상 지음

반야심경과

마음공부

법상 지음

대학 초년 시절 좁은 골방에 앉아 읽던 반야심경의 가르침은 젊고 순수했던 내 가슴을 송두리째 빼앗아 버렸습니다. 그동안 어리석게 살아왔던 '나' 중심의 이기적인 인생을 되돌아보며 얼마나 많은 눈물을 쏟아내야 했는지 모릅니다. 마음 깊은 곳에 잠재되어 있던 '진리' 에 대한 갈구, 인생에 대한 회의를 몽땅 끄집어내 후련한 감동으로 바꾸어 놓았던 반야심경의 소중한 감로를 도저히 잊을 수 없습니다. 도대체 이런 가르침이 존재한다는 것 그 자체가 저를 얼마나 눈물 나게 했는지 모릅니다.

반야심경을 처음 접하기 전 저는 인생에 대한 깊은 허무주의에 빠져 있었습니다. 그 허무감의 끝에는 '죽음'에 대한 두려움이 깊고 또 짙게 마음 한편을 어둠으로 물들이고 있었습니다. 세상 모든 일들이 귀찮고 답답하며 무엇을 해도 즐겁지 않을 것만 같았습니다.

몇 날, 며칠을 혼자서 방 안에 갇혀 답답한 마음만 죽이고 있던 시절 즈음에 반야심경의 가르침이 나에게로 다가온 것입니다. 그 밝고 거침없는 무한한 가르침 속에서 때로는 오히려 더 깊은 허무를 느끼기도 하였고, 그 허무를 뛰어넘어 반야심경 공부가 깊어지면서부터 나도 알 수 없는 환희심과 무한한 행복감에 젖어들지 않을 수 없었습니다. 하염없이 눈물이 흘러내렸습니다. 그 눈물의 의미는 내가 지금까지 살아오며 느껴보지 못한 또 다른 의미를 담고 있었습니다. 눈물이라는 것이 이토록 깊은 곳에서 흘러나온다는 것에 새삼 놀라지 않을 수 없었습니다. 그 눈물은 진리를 찾은 행복감에서 오는 눈물이었고, 더 이상 헤매지 않아도 된다는 확신에 찬 눈물이었으며, 허무주의를 뛰어넘는 참진리의 가르침에서 오는 눈물이었고, 죽음 또한 죽음이 아니라는 데서 오는, 그리고 무아(無我)는 그대로 진아(眞我)라는 데서 오는 그 모든 가르침의 바다에서 솟구치는 참 밝은 눈물이었습니다.

그렇게 젊은이의 가슴을 온통 뒤흔들어 놓고는 뒤안길로 물러난 가르침의 여운, 어쩌면 오히려 더욱 커버린 의문이 지금까지도 '수행자'의 길을 가도록 나를 이끌고 왔던 것인지도 모릅니다.

앞으로 엮어가게 될 반야심경의 가르침은 그 길이로 본다면 아주 짧습니다. 그러나 그 안에 담고 있는 넓이와 깊이는 팔만대장경의 모든 넓이와 깊이를 한 치의 버림도 없이 그대로 포괄하고도 남습니다. 아마도 동서고금을 막론하고 인류 역사상 이렇게 짧은 글귀에 이렇듯 무량한 깊이의 진리를 온전히 담아내고 있는 글이 또 있을까 싶은 생각이 듭니다.

이러한 반야심경의 가르침이 지금까지는 단지 이론적이며, 논리적이고 철학적으로만 받아들여져 온 감이 많았다고 생각됩니다.

참된 진리라면 그것은 그대로 우리의 삶을 변화시킬 수 있어야 하며, 그대로 우리를 평화로움과 행복으로 이끌어 줄 수 있어야 합니다. 그 어떤 관념적인 언어로써 끝날 것이 아니라 내 속 뜰의 깊은 곳까지 깨침의 울림을 줄 수 있고, 다시금 그 울림이 나의 삶 속으로 깊이 들어와 획기적인 변화를 가져다 줄 수 있어야 하지 않을까 합니다.

이 책에서는 반야심경이 그냥 이론으로만 그치는 것이 아니라 내 삶에서 어떻게 실천해야 하는지, 내 마음속에서 어떻게 이해하고 느끼고 수행해야 하는지에 대하여 구체적으로 해석해 보려고 노력하였습니다.

반야심경 이 경전 하나만 올바로 공부하고 실천한다면 진리에 대한 안목이 활짝 열릴 수 있을 것이며, 내 삶이 희망과 열정으로 가득 차고, 이 세상에 대한 한없는 경외감과 행복감, 자유로움이 충만한 삶을 살 수 있을 것이라 조심스레 확신합니다. 이 속에서 인류가 그 오랫동안 찾아왔던 참 진리를 찾고, 삶의 의문에 대한 답변을 시원스럽게 들을 수 있지 않을까 싶습니다. 또한 이 경전을 올바로 공부하고 나면, 다른 모든 경전들에 대한 이해가 한결 쉽고 가깝게 다가올 것입니다. 그렇기에 이 책에서는 조금 길어지더라도 반야심경의 해설에 필요한 것이라면 수족을 많이 달아두고자 하였습니다. 한 구절 한 구절 모두가 결코 빼놓을 수 없는 글귀입니다.

반야심경 안에는 부처님의 모든 근본교리와 모든 경전의 사상들이 다 포함되어 있습니다. 그렇기 때문에 반야심경 하나 올바로 공부하면 불교교양대학을 졸업하는 것만큼이나 체계적인 교리를 공부할 수 있을 것입니다. 그러한 까닭에 불교를 전혀 모르는 분들이나, 기초교리에 대한 이해가 없으신 분들이라도 이 책을 읽으면서 함께 불교 공부를 시작할 수 있도록 기본적인 교리에 대한 체계적인 설명도 함께 곁들이려 노력하였습니다. 그러니 이 공부가 끝날 즈음이면 불교의 교리와 사상에 대한 이론적 바탕이 원만히 성숙되어 있으리라 생각됩니다.

반야심경 공부를 하면서 무수히 많은 실천의 재료들이 나오게 될 것입니다. 그 공부의 재료들을 하나라도 놓치지 않겠다는 생각으로 생활 속에서 그대로 느끼고 실천해 나갈 수 있어야 할 것입니다. 반야심경의 공부가 내 삶을 변화시키고, 나의 마음을 평화롭게 만들며, 내 안 깊은 곳 불성의 싹을 삶 속에서 움트게 할 수 있어야 할 것입니다.

아무리 좋은 이론이라도 실천되지 않는 것은 올바른 공부가 아니며, 올바른 가르침이라고 하기 어렵지 않나 생각합니다. 그러면 마음에 참진리를 공부한다는 진지한 원을 세우고 기도하는 마음으로 차근차근 반야심경이라는 진리의 바다에 흠뻑 빠져 보시길 바랍니다.

법상

목차

I 반야심경의 개관

1장

반야심경의 불교 사상사적 위치

『반야심경』의 내용을 공부하기에 앞서, 이 경(經)이 지니고 있는 불교 사상사적(思想史的) 위치를 알아볼 필요가 있습니다. 사상사라고 하는 말은 같은 부처님의 가르침이지만 역사 속에서 어떤 부분을 강조하였는가, 어떠한 경전을 근본으로 하고 있는가에 따라 약간씩 그 교설의 초점이 달라졌다는 것을 의미합니다. 또한 『반야심경』의 사상사적 위치를 살펴보기에 앞서, 먼저 '불교 사상'과 '불교 경전'은 어떤 다른 점이 있는가 하는 점에 대해 짚고 넘어가야 할 것입니다.

불교의 역사를 사상사적으로 분류해 보면, 크게 근본불교[원시불교], 아비달마 불교[부파불교, 소승불교], 대승불교 정도로 나누어 볼 수 있습니다. 여기에서 대승불교는 다시 인도불교와 중국불교, 그리고 한국불교의 사상사로 나누어 볼 수 있습니다.

인도불교 사상에는, 중관(中觀), 유식(唯識), 여래장(如來藏), 밀교(密敎) 사상 등이 있으며, 중국불교 사상에는 천태(天台), 화엄(華嚴), 선(禪), 정토(淨土) 사상 등이 포함되어 있습니다. 이처럼 각기 분류되는 불교 사상은, 나름대로 하나의 소의(所依) 경전을 가지고 체계를 잡거나, 여러 경전 가운데 중요하고 비슷한 사상들을 모아 하나의 사상으로 체계를 잡는 형식으로 자리 잡아 왔습니다.

예를 들면, 근본불교 사상은 『아함경』을 위주로 하고, 반야 공(空) 사상은 『반야경』을, 유식 사상은 『해심밀경』, 『입능가경』, 『섭대승론』 등을, 여래장 사상은 『여래장경』, 『열반경』 등을, 밀교 사상은 『대일경』, 『금강정경』을, 천태 사상은 『법화경』을, 화엄 사상은 『화엄경』을, 정토 사상은 『무량수경』, 『관무량수경』, 『아미타경』을 각각 그 사상의 소의 경전으로 삼고 있는 것입니다.

이 말은 다시 말하면, 불교의 사상과 경전이 직접적으로 동일하다고 할 수만은 없다는 것을 의미합니다. 사상이라는 것은, 경전을 토대로 하여 핵심이 되는 경전의 가르침을 후대 사람들이 체계적으로 정리해 놓은 것이라고 할 수 있을 것입니다. 이후에 언급할 공 사상, 중관 사상은 대승불교의 근본 경전인 『반야경』을 토대로 성립된 사상인 것입니다.

불교 사상을 내용적으로 다시 살펴보면 '근본불교 사상'의 경우, 부처님께서 직접 설하신 가르침이 입에서 입으로 전승해 내려오던 것을 이후의 제자들이 문자화시켰는데, 이를 『아함경』이라 하여 그 소의 경전으로 삼고 있습니다. '부파불교 사상'은 근본불교의 사상에 대해서 나름대로 해석을 붙이거나 보다 심오하게 연구하여 세운 교학 사상을 말합니다. 이후 재가 신자와 찬불승(讚佛僧)들이 중심이 되어 너무 현학적인 교학 연구에만 치중하는 부파불교 논사들을 '소승(小乘)'이라 폄하시키고, 스스로를 '대승(大乘)'이라 하여 '상구보리(上求菩提) 하화중생(下化衆生)' 하는 이타적인 교학 사상을 성립시키게 됩니다. 물론, 이러한 대승불교 사상이 성립될 수 있었던 시점은 대승불교의 여러 경전이 대두되면서부터입니다.

대표적인 대승불교의 경전으로 『반야경(般若經)』, 『화엄경(華嚴經)』, 『법화경(法華經)』, 『유마경(維摩經)』, 『무량수경(無量壽經)』, 『아미타경(阿彌陀經)』 등을 들 수 있는데, 이들 모든 경전의 사상적 기반이자, 대승불교의 선구적 역할을 한 경전이 바로 『반야경(般若經)』인 것입니다. 『반야경』이 없었다면 대승불교의 태동은 생각해 볼 수조차 없었을 것입니다.

이렇듯 『반야경』은 사상사적으로 불교사의 커다란 축을 이루고 있을 뿐 아니라, 양적으로도 총 600권이나 되는 방대한 분량을 가지고 있습니다. 이 방대한 『반야경』 속에 바로 우리가 잘 알고 있는 『금강경(金剛經)』이나 『반야심경(般若心經)』이 들어 있는 것입니다. 『반야경』의 앞부분에 『금강경』이 속해 있으며, 뒷부분에 『반야심경』이 들어 있습니다. 이 두 경전은 600권이나 되는 『반야경』의 핵심만을 간추려 요약한 경전으로 잘 알려져 있습니다.

그중에서도 『반야심경』은 260자(字)라는 짧은 글로 『반야경』의 사상을 요약하고 있습니다. 그러나 『반야심경』이 비록 짧은 경전에 속한다고 해도, 내용면에서 볼 때 깊은 속뜻을 모두 함축하고 있어, 우리가 평생을 두고 공부한다 해도 그 이치를 제대로 깨닫기가 매우 어렵습니다. 왜냐하면 이 경전은 반야 사상, 나아가 불교 사상의 핵심을 드러내고 있기 때문입니다. 이후에 이야기되겠지만 반야심경을 공부하면서 우린 불교의 중심이 되는 모든 사상과 교리들을 다 공부하게 될 것입니다. 반야심경이 이 모든 사상을 함께 내포하고 있기 때문입니다. 반야심경과 함께 떠나는 재미있고 유익한 불교여행이 될 수 있길 바랍니다.

2장

반야 공 사상의 교리사적 위치

『반야심경』의 핵심이라 할 수 있는 공(空) 사상이 나오게 된 교리사적인 배경을 살펴보려면, 잠깐 부처님 당시의 근본불교(根本佛敎)까지 거슬러 살펴보아야 합니다. 근본불교에서는 일체제법(一切諸法)을 오온(五蘊)과 십이처(十二處), 그리고 십팔계(十八界)로서 설명하고 있습니다. 그 대표적인 것이 오온인데, 오온에서는 제법을 정신과 물질로 분류하고 있습니다. 자세히 말하면 물질을 색(色)이라 하여, 지(地) · 수(水) · 화(火) · 풍(風)으로 분류하며, 정신을 수(受) · 상(相) · 행(行) · 식(識)으로 분류하고 있습니다.

그러나 이렇게 분류하는 것은, 물질과 정신이 이렇게 여덟 가지로 나뉘고 그 제각각의 요소에 어떤 고정된 실체가 있다는 것을 의미하는 것이 아니라, 오온이 바로 무아(無我)임을 설명하기 위해 부처님께서 사용하신 방편(方便)설인 것입니다. 즉, 오온으로 이루어진 '나'를 비롯한 일체의 존재는 모두가 연기(緣起)하여 돌아가는 법이므로, 고정되거나 불변하는 실체가 없다는 것입니다.

그런데 이후 부파불교로 오게 되면, 설일체유부를 비롯한 많은 부파에서는 일체의 존재를 오위칠십오법(五位七十五法)이라 하여 75개의 요소로 분류하고 있으며, 이 제각각의 요소에는 고정된 실체가 있다고 보았습니다. 즉, 연기하며 무상한 존재이기는 하지만, 그 궁극의 실체는 항존(恒存)한다는 것입니다. 그래서 이를 아공법유(我空法有)라 하여 '나'라는 존재는 무상하여 공이지만, '나'를 구성하는 물질적, 정신적 제(諸) 요소인 법체(法體)는 삼세에 걸쳐 항상 존재한다고 보고 있는 것입니다. 이것을 '삼세실유법체항유(三世實有 法體恒有)'라고 말합니다.

이러한 부파불교 특히 '설일체유부(說一切有部)'의 교설에 대해 반대하며 부처님의 근본 교설인 연기, 무아의 사상으로 되돌아가자는 것이 바로 대승불교 『반야경』의 공 사상입니다. 공 사상에서는 아공(我空)뿐 아니라 법공(法空)까지도 포함한 일체개공(一切皆空)의 공관(空觀)을 주장함으로써, 부처님의 근본 교설로 돌아가야 할 것을 주장하고 있습니다. 즉, 일체의 존재는 그 하나하나의 요소까지도 모두 연기하는 존재로써 공하다는 것입니다. 이처럼 대승 반야경의 공 사상은 부처님께서 말씀하신 근본 교설로의 회귀이며, 부처님 열반 이후 한동안 현학적으로 흐르고 자칫 근본 사상과도 대치될 수 있었던 다양한 교설들을 바로잡고 파하여(破邪) 다시금 부처님의 정법을 드러낼 수 있도록(顯正) 해주어 불교 교리사적으로 매우 중요한 의미를 지닌다고 할 수 있습니다. 그렇기에 반야경의 공 사상은 그대로 부처님의 연기, 무아사상, 삼법인, 사성제 등의 근본 가르침의 내용을 온전히 담아내고 있다고 할 수 있습니다.

그런 반야경의 핵심인 이 반야심경에서 불교 교리의 핵심 사상을 그대로 내포하고 있습니다. 그렇기에 반야심경 이 짧은 경전 하나를 바로 이해하고 실천하는 일은 더없이 밝고 훌륭한 마음공부의 텍스트가 될 것이라 생각합니다. 그런 연유로 앞으로 해설하게 될 본문에서는 모든 불교 교리의 해설과 생활 속 실천의 방법 등을 자세하고 소상하게 이야기하듯 담아내고자 노력할 것입니다. 이 경전 공부를 하면서 부처님 가르침의 체계를 바로 잡고, 실천하는 정진력이 더욱 늘어날 수 있기를 바랍니다.

3장

반야심경의 종류

『반야심경』은 원본인 범어본(梵語本)을 토대로 중국에서 한역(漢譯)된 경전입니다. 그런데 원본에도 이본(異本)이 있고, 한역본(漢譯本)에도 여러 종류가 있습니다.

현재 우리나라에서 일반적으로 독송되고 있는 『반야심경』은 중국 당대(唐代)의 삼장법사(三藏法師)인 현장(玄奘)스님께서 번역한 것입니다.

어쩌면 이 판본이 오늘날 유일하게 독송되고 있는 것인지도 모릅니다. 여기서 잠시 『반야심경』의 한역본의 종류에 대해서 몇 가지 살펴보겠습니다.

1)* 마하반야바라밀대명주경(摩訶般若波羅蜜大明呪經)

– 구마라집(鳩摩羅什) 역, 약본

2) 반야바라밀다심경(般若波羅蜜多心經)

– 현장(玄奘) 역, 약본

3)* 반야바라밀다심경(般若波羅蜜多心經)

– 반야(般若) · 이언(利言) 공역, 광본

4)* 보변지장반야바라밀다심경(普遍智藏般若波羅蜜多心經)

– 마갈제국(摩竭提國) 법월(法月) 역, 광본

5) 반야바라밀다심경(般若波羅蜜多心經)

– 지혜륜(智慧輪) 역, 광본

6) 반야바라밀다심경(般若波羅蜜多心經)

– 동천축국(東天竺國) 법월(法月) 역, 광본

7) 반야바라밀다심경(般若波羅蜜多心經)

– 의정(義淨) 역, 약본

8) 불설성불모반야바라밀다경(佛說聖佛母般若波羅蜜多經)

– 시호(施護) 역, 광본

이상에서 본 것처럼 『반야심경』의 한역본에도 여러 종류가 있습니다. 그러나 크게 두 가지 종류로 나눌 수 있으니, 광본(廣本)과 약본(略本)입니다. 광본이란 서분(序分), 정종분(正宗分), 유통분(流通分)의 여타의 모든 경전이 갖추고 있는 형식을 갖춘 것을 말하며, 약본은 통상 쓰이는 『반야심경』처럼 서분과 유통분이 생략된 채 정종분만 갖춘 것을 말합니다.

이상에서 언급한 한역본 가운데 몇 가지의 『반야심경』을 참고로 공부해 나간다면 많은 참고가 될 것입니다. 다음은 구마라집 역의 『마하반야바라밀대명주경』 약본, 반야 · 이언 공역(共譯)의 『반야바라밀다심경』 광본, 마갈타 국 사문 법월 역의 『보변지장반야바라밀다심경』 광본과 한글 해석입니다.

한글해석

1)* 마하반야바라밀대명주경

요진 천축 삼장 구마라집 역

관세음보살이 깊은 반야바라밀을 행하실 때, 오음(五陰)이 공함을 비추어 보고, 일체의 고액에서 벗어나셨느니라.

사리불이여! 색(色)이 공한 까닭에 괴롭다거나 무너진다는 상이 없으며, 수(受)가 공한 까닭에 느낀다는 상이 없으며, 상(想)이 공한 까닭에 안다는 상이 없고, 행(行)이 공한 까닭에 짓는다는 상이 없으며, 식(識)이 공한 까닭에 차별된 상이 없느니라.

왜 그러한가? 사리불이여! 색과 공이 다르지 않고, 공이 색과 다르지 않으니 색이 곧 공이고, 공이 곧 색이며, 수·상·행·식 또한 그러하기 때문이니라.

사리불이여! 이 모든 법의 공한 모습은, 나지도 않고 멸하지도 않으며, 더럽지도 않고 깨끗하지도 않으며, 늘지도 않고 줄지도 않는다. 이러한 공한 법은 과거도 아니며 미래도 아니고 현재도 아니니라. 그런 까닭에 공한 가운데는 색도 없고, 수·상·행·식도 없으며, 눈·귀·코·혀·몸·뜻도 없고, 빛·소리·냄새·맛·감촉·마음의 경계도 없으며, 눈으로 인식하는 요소도 없고, 나아가 마음으로 인식하는 요소도 없으며, 무명도 없고 무명이 다함도 또한 없으며, 나아가서 늙음 죽음도 없고, 늙음 죽음이 다함도 또한 없으며, 괴로움·괴로움의 원인·괴로움의 소멸·괴로움의 소멸에 이르는 길도 없으며, 지혜도 없고 얻음도 또한 없느니라.

이렇듯 얻을 바가 없는 까닭에 보살은 반야바라밀다에 의지하므로 마음에 걸림이 없고, 마음에 걸림이 없으므로 두려움이 없으며, 온갖 전도된 허망한 생각과 고뇌를 벗어나 마침내 열반을 얻으니, 삼세의 모든 부처님들도 반야바라밀에 의지하므로, 위없는 바르고 두루한 깨달음을 얻느니라.

그러므로 알라. 반야바라밀은 크게 밝은 주(呪)며, 위없는 밝은 주며, 견줄 바 없이 밝은 주이어서, 능히 온갖 괴로움을 없애주나니, 참되고 실다워서 허망하지 않느니라. 이에 반야바라밀주를 설하노니 주에 이르되,

「아제 아제 바라아제 바라승아제 모지승사하」

원문

摩訶般若波羅蜜大明呪經

요진 천축 삼장 구마라집 역

觀世音菩薩 行深般若波羅蜜多時 照見五陰空 度一切苦厄

舍利弗 色空故 無惱壞相 受空故 無受相 想空故 無知相 行空故 無作相 識空故 無覺相

何以故 舍利弗 非色異空 非空異色 色卽是空 空卽是色 受相行識 亦復如是

舍利弗 是諸法空相 不生不滅 不垢不淨 不增不減 是空法 非過去 非未來現在 是故 空中無色 無受相行識 無眼耳鼻舌身意 無色聲香味觸法 無眼界 乃至 無意識界 無無明 亦無無明盡 乃至 無老死 亦無老死盡 無苦集滅道 無智 亦無得

以無所得故 菩薩依般若波羅蜜故 心無罣碍 無罣碍故 無有恐怖 離一切顚倒夢想苦惱 究竟涅槃 三世諸佛依般若波羅蜜 故得 阿耨多羅三藐三菩提

故知般若波羅蜜 是大明呪 無上明呪 無等等明呪 能除一切苦眞實不虛

故說般若波羅蜜呪 卽說呪曰

揭帝 揭帝 波羅揭帝 波羅僧揭帝 菩提僧沙訶

한글해석

3)* 반야바라밀다심경

염빈 국 삼장 반야 · 이언 공역

이와 같이 나는 들었다. 어느 때 부처님께서 왕사성 기사굴 산중에서 큰 비구 대중 및 보살 대중과 함께 계셨는데, 그때 부처님 세존께서는 '광대심심' 삼매에 들어 계셨다. 이때 대중 가운데 한 보살마하살이 있어서 이름을 '관자재'라 하였는데, 깊은 반야바라밀다를 행할 때 오온이 모두 공함을 비추어 보고 모든 고액을 떠났다. 이때 사리불이 부처님의 위신력을 받들고 합장 공경하면서 관자재보살마하살께 물었다.

"선남자가 있어서 만약 깊고 깊은 반야바라밀다를 배우려고 하는 이는 어떻게 수행을 해야 합니까?"

관자재보살마하살이 장로 사리불에게 말했다.

"사리자여! 만약 선남자 선여인이 깊고 깊은 반야바라밀을 행할 때는 마땅히 오온의 성품이 공함을 관(觀)하여야 한다. 사리자여! 색이 공과 다르지 않고, 공은 색과 다르지 않으니, 색이 곧 공이고, 공이 곧 색이며, 수·상·행·식 또한 이와 같으니라. 사리자여! 이 모든 법의 공한 모습은 나지도 않고, 멸하지도 아니하며, 늘지도 않고 줄지도 아니하나니, 그러므로 공 가운데는 색도 없고, 수·상·행·식도 없으며, 눈·귀·코·혀·몸·뜻도 없고,

빛·소리·냄새·맛·감촉·마음의 경계도 없으며, 눈이 인식하는 요소도 없고, 나아가서 마음이 인식하는 요소도 없으며, 무명도 없고 무명이 다함도 또한 없으며, 나아가서 늙음 죽음도 없고, 늙음 죽음이 다함도 또한 없으며, 괴로움·괴로움의 원인·괴로움의 다함·괴로움의 다함에 이르는 길도 없고, 지혜도 없으며 얻는 것도 또한 없느니라. 얻을 것이 없기 때문에, 보리살타는 반야바라밀다에 의지하므로 마음에 걸림이 없고, 마음에 걸림이 없으므로 두려움이 없으며, 전도된 허망한 생각을 멀리 벗어나서 마침내 열반에 이르나니, 삼세의 모든 부처님들도 반야바라밀다에 의지하므로, 위없는 바르고 두루한 깨달음을 얻으시니라.

그러므로 알라. 반야바라밀다 주는 큰 신비의 주이며, 큰 광명의 주며, 위없는 주며, 견줄 바 없는 주이어서 능히 온갖 괴로움을 없애니, 참되고 실다워서 허망하지 않느니라.

이에 반야바라밀다주를 설하노니, 주에 이르되,

「아제 아제 바라아제 바라승아제 모지사바하」

이와 같이 사리불이여! 모든 보살마하살이 깊고 깊은 반야바라밀다를 행함에, 마땅히 이와 같이 행하느니라."

이렇게 말을 마치자, 세존께서는 광대심심 삼매로부터 일어나셔서 관자재보살을 칭찬하여 말씀하셨다.

"훌륭하고 훌륭하도다. 선남자야! 이러하고 이러할지니, 그대가 말한 바대로 깊고 깊은 반야바라밀다의 행은 마땅히 이렇게 행하리니, 이와 같이 행할 때 모든 여래가 모두 함께 따라서 기뻐하리라."

그때 세존께서 말씀을 마치시자, 구수 사리불은 큰 기쁨으로 충만하였고, 관자재보살마하살도 또한 크게 기뻐하였으며, 당시에 저 대중 집회에 모인 천인, 아수라, 건달바 등이 부처님의 말씀을 듣고 모두 크게 기뻐하면서 믿고 받아 지니며 받들어 행하였다.

원문

般若波羅蜜多心經

염빈 국 삼장 반야 · 이언 공역

如是我聞 一時佛在王舍城耆闍崛山中 與大比丘衆及菩薩衆俱

時佛世尊卽入三昧 名廣大甚深 爾時衆中有菩薩摩訶薩

名觀自在 行深般若波羅蜜多時 照見五蘊皆空 離諸苦厄

卽時舍利弗承佛威力 合掌恭敬 白觀自在菩薩摩訶薩言

善男子 若有欲學甚深般若波羅蜜多行者 云何修行 如是問已

爾時觀自在菩薩摩訶薩 告具壽舍利弗言

舍利子 若善男子善女人 行甚深般若波羅蜜多行時 應觀五蘊性空

舍利子 色不異空 空不異色 色卽是空 空卽是色 受相行識 亦復如是

舍利子 是諸法空相 不生不滅 不垢不淨 不增不減

是故 空中無色 無受相行識 無眼耳鼻舌身意 無色聲香味觸法

無眼界 乃至 無意識界 無無明 亦無無明盡 乃至無老死

亦無老死盡 無苦集滅道 無智 亦無得 以無所得故

菩提薩埵 依般若波羅蜜多故 心無罣碍 無罣碍故 無有恐怖

遠離顚倒夢想 究竟涅槃

三世諸佛 依般若波羅蜜多故 得阿耨多羅三藐三菩提

故知般若波羅蜜多呪 是大神呪 是大明呪 是無上呪 無等等明呪

能除一切苦 眞實不虛

故說般若波羅蜜呪 卽說呪曰

蘖諦 蘖諦 波羅揭諦 波羅僧蘖諦 菩提娑婆訶

如是舍利弗 諸菩薩摩訶薩 於甚深般若波羅蜜多行 應如是行 如是說已

卽時世尊從廣大甚深三摩地起 讚觀自在菩薩摩訶薩言

善哉善哉 善男子 如是如是 如汝所說 甚深般若波羅蜜多行

應如是行 如是行時 一切 如來皆悉隨喜 爾時世尊說是語已

具壽舍利弗大喜充遍 觀自在菩薩摩訶薩亦大歡喜

時彼衆會天人阿修羅闥乾婆等 聞佛所說 皆大歡喜 信受奉行

한글해석

4)* 보변지장반야바라밀다심경

마갈타 국 삼장 사문 법월 중역

이와 같이 나는 들었다. 어느 때 부처님께서는 왕사대성 영취산 중에서 큰 비구 대중 백천 인과 보살마하살 7만 7천인이 함께 계셨는데, 그 이름이 관세음보살, 문수사리보살, 미륵보살 등이라고 하는 이들을 상수(上首)로 하고 있었으며, 모두 삼매총지를 얻어 부사의한 해탈 경계에 있었다. 이때 관자재보살마하살이 대중 가운데 자리를 펴고 앉아 계시다가, 바로 자리에서 일어나서 세존이 계신 곳으로 나아가 합장하고 몸을 굽혀 공경하면서 거룩한 얼굴을 우러러보며 부처님께 아뢰었다.

"세존이시여! 제가 이 회중에서 모든 보살의 보변지혜장 반야바라밀다심을 설하고자 하오니, 원컨대 세존께서 저의 설할 바를 허락하사, 모든 보살들을 위해서 비밀한 법의 요지를 펴게 해주시옵소서."

그때 세존께서는 오묘한 범음으로 관자재보살마하살에게 말씀하셨다.

"훌륭하고 훌륭하도다. 대비(大悲)를 갖춘 이여, 그대가 설할 바를 허락하노니, 모든 중생들에게 큰 광명을 지어라."

이때 관자재보살마하살이 부처님의 허락을 받으시고 부처님의 호념(護念)하심으로 혜광 삼매에 들어가 선정으로 법을 관찰하셨다. 이 선정에 드시고 나서, 삼매의 힘으로 깊은 반야바라밀다를 행할 때 오온의 자성(自性)이 모두 공함을 비추어 보셨다. 오온의 자성이 모두 공하였음을 밝게 아시고, 삼매로부터 편안하고 오묘한 모습으로 곧 혜명 사리불에게 말씀하셨다.

"선남자여, 보살에게는 반야바라밀다의 마음이 있으니 이름하여 보변지장이라 한다. 너는 이제 잘 살펴 들어 사유해야 할 것이니 내가 마땅히 너를 위해 분별하여 해설하리라."

혜명사리불이 관자재보살마하살에게 말씀하셨다.

"크게 청정하신 분이여, 원하오니 설해주소서. 지금이 바로 그때인가 합니다."

이에, 사리불에게 말씀하셨다.

"모든 보살마하살은 마땅히 이와 같이 배워야 하느니라. 색의 성품이 공이고, 공의 성품이 색이며, 색이 공과 다르지 아니하고, 공이 색과 다르지 아니하니, 색이 곧 공이고, 공이 곧 색이며, 수·상·행·식 또한 이와 같아서 식의 성품이 공이고, 공의 성품이 식이며, 식이 공과 다르지 아니하고, 공이 식과 다르지 아니하니, 식이 곧 공이고, 공이 곧 식이니라.

사리자여, 이 모든 법의 공한 모습은 나지도 않고 멸하지도 않으며, 더럽지도 않고 깨끗하지도 않으며, 늘지도 않고 줄지도 않으니, 그러므로 공 가운데는 색도 없고, 수·상·행·식도 없고, 눈·

귀·코·혀·몸·뜻도 없고, 빛·소리·냄새·맛·감촉·마음의 경계도 없으며, 눈이 인식하는 요소도 없고, 나아가서 마음이 인식하는 요소도 없으며, 무명(無明)도 없고 무명이 다함도 없으며, 나아가서 늙음 죽음도 없고, 늙음 죽음이 다함도 없으며, 괴로움·괴로움의 원인·괴로움의 다함·괴로움의 다함에 이르는 길도 없고, 지혜도 없고 얻음도 또한 없느니라. 얻을 바가 없으므로, 보리살타는 반야바라밀다에 의지하여 마음에 걸림이 없고, 마음에 걸림이 없으므로 공포가 없으며, 전도된 허망한 생각을 멀리 벗어나서 마침내 열반에 이르나니, 삼세의 모든 부처님들도 반야바라밀다에 의지하므로 위없는 바르고 두루한 깨달음을 얻느니라.

그러므로 알라. 반야바라밀다는 큰 신비의 주(呪)이며, 큰 광명의 주이며, 위없는 주이며, 견줄 바 없는 주이어서 능히 온갖 고통을 없애니 참되고 실다워 허망하지 않느니라."

이에 반야바라밀다주를 설하노니 주에 이르되,

「아제 아제 바라아제 바라승아제 모지사바하」

부처님께서 이 경을 설하시고 나자, 모든 비구와 보살 대중과 일체세간의 천인, 아수라, 건달바 등이 부처님께서 설하신 바를 듣고 모두 크게 기뻐하며 믿고 받아 지니며 받들어 행하였느니라.

원문

普遍智藏般若波羅蜜多心經

마갈타 국 삼장 사문 법월 중역

如是我聞 一時佛在王舍大城靈鷲山中 與大比丘衆滿百千人 菩薩摩訶薩七萬七千人俱

其名曰 觀世音菩薩 文殊舍利菩薩 彌勒菩薩等 以爲上首 皆得三昧總持 住不思議解脫

爾時觀自在菩薩摩訶薩在彼敷坐 於其衆中卽從座起

詣世尊所 面向合掌曲躬恭敬 瞻仰尊顔而白佛言

世尊我欲語此會中 說諸菩薩普遍智藏般若波羅蜜多心 唯願世尊聽我所說 爲諸菩薩宣秘法要

爾時世尊以妙梵音 告觀自在菩薩摩訶薩言

善哉善哉 具大悲者 聽汝所說 與諸衆生作大光明 於是觀自在菩薩摩訶薩 蒙佛聽許 佛所護念

入於慧光三昧正受 入此定已 以三昧力 行深般若波羅蜜多時

照見五蘊自性皆空 彼了知五蘊自性皆空 從彼三昧安詳而起 卽告慧明舍利弗言

善男子 菩薩有般若波羅蜜多心 名普遍智藏 汝今諦聽善思念之

吾當爲汝分別解說 作是於已

慧命舍利弗 白觀自在菩薩摩訶薩言

唯大淨者 願爲設之 今正是時 於斯 告舍利弗

諸菩薩摩訶薩應如是學

色性是空 空性是色 色不異空 空不異色 色卽是空 空卽是色 受

相行識 亦復如是 識性是空 空性是識 識不異空 空不異識 識卽

是空 空卽是識

舍利子 是諸法空相 不生不滅 不垢不淨 不增不減

是故空中無色 無受相行識 無眼耳鼻舌身意 無色聲香味觸法

無眼界 乃至 無意識界 無無明 亦無無明盡

乃至無老死 亦無老死盡 無苦集滅道 無智 亦無得

以無所得故 菩提薩唾 依般若波羅蜜多故 心無罣礙

無故 無有恐怖 遠離顚倒夢想 究竟涅槃

三世諸佛 依般若波羅蜜多故 得阿耨多羅三藐三菩提

故知般若波羅蜜多 是大神呪 是大明呪 是無上呪 是無等等呪

能除一切苦 眞實不虛 故說般若波羅蜜多呪 卽說呪曰

揭諦揭諦 波羅揭諦 波羅僧揭諦 菩提薩婆訶

佛說是經已 諸比丘及菩薩衆 一切世間天人阿修羅乾闥婆等

聞佛所說 皆大歡喜 信受奉行

4장

반야심경 강의 개관

본 강의에서는 『반야심경』을 크게 네 부분으로 나누어 풀어가고자 합니다. 입의분(立義分), 파사분(破邪分), 공능분(功能分), 총결분(總結分)이 바로 그것입니다.

'입의분'은 뜻을 세운다는 의미로 『반야심경』의 대의를 간략하게 나타내고 있으며, 이 부분에서 『반야심경』의 핵심적인 사상이 함축되어 있습니다. 나머지는 모두 이 부분에 대한 부연 설명이라고 볼 수 있습니다. 그렇기에 '입의분'은 짧더라도 이 부분에서 많은 부연 설명을 하게 될 것입니다.

'파사분'은 본론으로, 본격적인 부정의 논리를 통해 대승의 공 사상을 드러내 보임으로써 잘못된 집착을 타파해 보이고 있습니다.

이 본론, 즉 파사분에서 우린 지금까지 생각해 왔던 일체 존재와 불교의 교리 나아가 사성제와 지혜, 깨달음까지도 모두를 '무(無)'로 타파함으로써 잘못된 집착과 소견들을 하나하나 없애주게 될 것입니다.

그 다음이 '공능분(功能分)'으로, 반야바라밀 수행이 가지는 공능, 즉 『반야심경』의 가르침이 주고자 하는 이익이 무엇인가를 나타내고 있습니다. 우리가 알고 있던 모든 존재며 교리, 궁극에 이르기까지 모조리 타파하게 되었을 때 자칫 허무주의로 빠질 수 있게 마련입니다. 그런 마음을 다시금 돌이켜 대 긍정의 열반으로 귀일시키고자 하는 반야심경의 공능, 이익을 이 장에서 살펴볼 수 있을 것입니다.

마지막으로 '총결분(總結分)'에서는 이러한 『반야심경』 지혜의 완성에 이르는 반야바라밀의 가르침을 하나의 주(呪)로 나타냄으로써 결론을 짓고 있습니다.

『반야심경』을 이상에서 말한 네 부분의 흐름으로 나누어 표시해 보면 다음과 같습니다.

입의분(立義分)

觀自在菩薩 行深般若波羅蜜多時 照見五蘊皆空 度一切苦厄

파사분(破邪分)

舍利子 色不異空 空不異色 色卽是空 空卽是色

受想行識 亦復如是

舍利子 是諸法空相 不生不滅 不垢不淨 不增不減

是故 空中無色 無受想行識 無眼耳鼻舌身意

無色聲香味觸法 無眼界 乃至 無意識界

無無明 亦無無明盡 乃至 無老死 亦無老死盡

無苦集滅道 無智 亦無得 以無所得故

공능분(功能分)

菩提薩埵依般若波羅蜜多故 心無罣礙

無罣礙故 無有恐怖 遠離顚倒夢想 究竟涅槃

三世諸佛 依般若波羅蜜多故 得阿耨多羅三藐三菩提

총결분(總結分)

故知 般若波羅蜜多 是大神呪 是大明呪 是無上呪

是無等等呪 能除一切苦 眞實不虛

故說 般若波羅蜜多呪 卽說呪曰

揭諦揭諦 波羅揭諦 波羅僧揭諦 菩提薩婆訶

Ⅱ 경의 제목

1장

제경(諸經)의 제목

경전(經典)의 내용을 이해하기 위해 가장 우선적으로 필요한 것은, 바로 경의 제목을 살펴보는 것입니다. 왜냐하면 경의 제목에는 그 경이 설하고자 하는 중심사상이 함축되어 있기 때문입니다. 그렇기에 경전을 공부하기에 앞서 경전의 제목을 해석해 보는 작업은 매우 중요합니다. 우선 반야심경의 경전 이름의 해석에 앞서 경의 이름에서 경전의 전체적 의미를 함축하고 있는 몇몇 경전의 예를 들어보도록 할까 합니다.

먼저 우리가 익숙하게 잘 알고 있는 경전으로 『화엄경』과 『법화경』을 들 수 있습니다. 먼저 『화엄경』의 제목에 대하여 살펴보면, 이 경전의 본래 이름은 '대방광불화엄경(大方廣佛華嚴經)'입니다. 이 경전은 부처님께서 처음 깨달으신 후 3 · 7일간 설하신 경전으로, 부처님의 깨달으신 세계를 단적으로 드러내 주고 있는 경전입니다. 여기에서 '대방광'이라 함은 부처님께서 깨달으신 진리를 말하는 것으로, 마음의 근본인 체(體)를 '대(大)'라고 표현하였으며, 마음의 모양인 심상(心相)을 나타낸 것이 '방(方)', 마음의 쓰임이 광대하다 하여 그 쓰임을 '광(廣)'자로 표현한 것입니다. 다시 말해 마음의 근본인 체(體), 그 모양인 상(相), 그 쓰임인 용(用)이 모두 크고 드넓어 '대방광'이라 한 것입니다.

한편 '불(佛)'이란 깨달음에 이른 결과(果)를 나타내고, '화(華)'는 스스로 수행하여 부처에 이르게 하는 초발심(初發心), 즉 마음의 인(因)을 나타낸 것이며, '엄(嚴)'은 육바라밀을 실천함으로써 우리 마음을 청정하게 가꾸어 나가는 것, 다시 말해 보살의 행(行)으로 우리 마음을 장엄하게 하는 것을 의미합니다. 마지막으로 '경(經)'이란 깨달음의 경지를 써놓은 것이니, 요약해 말한다면 우주의 대진리인 법의 체 · 상 · 용[대방광]을 설명하는 동시에 스스로 마음을 닦아 수행을 통해 깨달음에 이르는 경지[불화엄]를 나타낸 말씀[경]이 바로 '대방광불화엄경'인 것입니다.

다음으로 『법화경』이라고 하면, '묘법연화경(妙法蓮華經)'을 줄여서 부르는 말입니다. 앞의 화엄경은, 경의 제목에서 보듯이 부처님의 세계를 그대로 표현하고 있는 데 반해, 이 '묘법연화경'은 '묘법'에서 볼 수 있듯이 부처님의 법을 나타내는 경이라고 할 수 있습니다. 묘법이란 매우 깊고도 미묘한 우주 법계의 진리를 의미합니다. 그런데 그 진리는 이 예토의 사바세계 더럽혀진 인간들 마음속에 묻혀 있으면서도, 조금도 때 묻지 않고 연꽃처럼 맑고 아름답다고 하여 '연화'라고 한 것입니다. 다시 말해 오염된 진흙 속에서 피어나지만 그 속에 물들지 않고 깨끗한 연꽃처럼 부처님의 가르침, 즉 법(法)도 이와 같이 오염에 물들지 않는다는 의미에서 이렇게 이름을 붙인 것입니다. 그러므로 『법화경』은 그러한 깊고도 높은 부처님의 가르침, 법을 설해 놓고 있는 것이라 할 수 있습니다.

제경의 제목에 대해서는 이 정도로 마무리를 짓기로 하고, 이제 반야심경의 제목에 대해 살펴보기로 하겠습니다. 『반야심경』의 원제목은 『반야바라밀다심경』입니다. 오늘날 이것을 줄여서 『반야심경』이라고 부르는데, '마하'라는 단어를 앞에 붙여 『마하반야바라밀다심경(摩訶般若波羅蜜多心經)』이라 부르기도 합니다. 마하반야바라밀다심경(摩訶般若波羅蜜多心經)은 '위대한 지혜로 저 언덕에 이르는 길을 설한 핵심이 되는 경전'이란 의미입니다. 그럼 다음 장에서 '마하'의 의미를 살펴보겠습니다.

2장

마하(摩訶)

'마하'는 범어로 'mahā'라고 하는데 여기에서 보는 것처럼 마하는 범어의 'mahā'를 발음만 그대로 따온 것일 뿐, 한자로는 특별한 뜻이 없습니다. '마하'의 뜻은 '크다, 많다, 뛰어나다'는 의미로써, 우리들이 일상에서 사용하는 의미의 크고 많다는 개념을 훨씬 초월하는 뜻을 가지고 있습니다. '어마어마하게'라든가, '엄청나게', '무진장' 등의 개념으로도 이 마하를 풀이하기에는 많은 아쉬움이 있습니다. 이 마하는 절대적인 개념이기 때문입니다. 우리 분별의 세계에서 상대적으로 다른 것보다 크고, 다른 것보다 많고, 상대보다 뛰어나다는 정도의 개념이 아니라 어느 무엇과도 비교할 수 없을 정도로 절대적으로 크다는, 그리고 많다는 개념인 것입니다. '마하'를 이해하기 위해서 우리는 지금까지 가지고 있었던 상대 세계의 분별심으로부터 과감히 벗어나야 합니다.

예를 들어보겠습니다. 누군가를 보고 '아! 저 사람은 키가 크다'고 했을 때, 우리들의 생각은 어느 정도의 키를 말하고 있는 것일까요? 170cm 정도? 혹은 180cm, 아니면 190cm 정도를 키가 크다고 말할 수 있을까요? 결론부터 말하면 딱히 어느 정도를 큰 키라고 말할 수 없을 것입니다. 옛날 우리 아버지, 할아버지 시절, 못 먹고 배고프던 시절의 큰 키의 기준과 지금처럼 잘 먹고 잘 사는 시절의 큰 키의 기준이 엄연히 차이가 나기 때문입니다. 이제는 정년퇴임하신 대학 교수님께서 말씀하시길, 당신의 키가 164cm인데, 젊었을 때는 보통 정도는 되었기 때문에 키에 대한 콤플렉스가 전혀 없었다고 하십니다. 그런데 지금은 175cm의 키를 가지고도 보통 수준으로 인정받기가 힘들다고 하신 적이 있습니다. 키를 예로 들어보았는데, 이처럼 키가 크다고 했을 때 그 기준은 시대와 장소에 따라 항상 바뀌기 마련인 것입니다. 과거의 기준과 지금의 기준이 다르다는 것이지요.

뿐만 아니라, 동시대를 살고 있는 사람들 간에도 이런 상대적인 개념의 차이를 충분히 느낄 수 있습니다. 키가 큰 농구 선수들 사이에서는 180cm 정도가 작은 키로 통할 것입니다. 그렇지만 일반적으로 생각할 때 현재 우리 사회에서 180cm 정도면 꽤나 훤칠하고 큰 키가 아닙니까. 이처럼 우리가 '크다 · 작다'라고 했을 때 이것은 단지 상대적인 분별심일 뿐입니다. 누군가의 키가 176cm이라 했을 때180cm가 넘는 사람들과 함께 있으면 작은 키이고, 170cm도 안 되는 작은 사람들과 함께 있으면 제법 큰 사람으로 통할 것입니다.

다시 말해 우리가 '크다 · 작다' 혹은 '많다 · 적다', '지혜롭다 · 어리석다'라고 느끼는 등의 모든 분별은 상대적인 개념이기 때문에 고정된 것이 없는 것입니다. 즉 무엇을 붙들고 잘났다거나 못났다거나, 혹은 크다거나 작다거나하는 등의 분별심을 내는 것은 무명(無明) 때문에 일어나는 어리석음의 결과일 뿐인 것입니다.

비슷한 다른 예로 젓가락을 가지고 길다고 할 수 있을까요? 이 또한 전봇대라는 인연 앞에서는 짧게 되고, 이쑤시개라는 인연과 함께라면 길다고 할 수 있을 것입니다. 그러니 젓가락 그 자체만을 가지고 길다 짧다고 한다는 것은 잘못된 우리의 분별일 뿐, 본래 자리에서는 그 어떤 차별도 없습니다. 인연에 따라 짧을 수도 길 수도 있을 뿐 고정된 실체가 있는 것은 아닙니다. 잘생겼다 못생겼다는 분별, 똑똑하다 어리석다는 분별, 뚱뚱하다 말랐다는 분별… 이 모든 분별들은 본래부터 있던 고정된 것은 아닙니다. 다만 우리가 인연 따라 분별하고 고정 지어 놓고는 스스로 지어 놓은 고정관념에 빠져 괴로워하고 답답해하는 것입니다.

그러니 무엇을 보고 크다고 할 것이며, 무엇을 보고 작다고 하겠습니까? 이처럼 고정된 것이 없기에, '크다 · 작다'라고 하는 인식의 극단을 벗어나라고 가르치는 것이 바로 중도(中道)의 가르침인 것입니다. 이러한 모든 분별은 단지 주위의 환경[인연]이 어떠한가에 따라 달라지는 개념일 뿐인 것입니다. 다시 말해 주위의 인연 따라, 예컨대 작은 사람들 앞에서는 큰 사람도 되었다가 또 큰 사람들과의 인연 속에서는 작은 사람도 되고, 이렇게 일체와 함께 돌아가는 것일 뿐입니다. 태어나면서부터 나 혼자 무인도에 살았다면, '내가 크다 · 작다, 잘났다 · 못났다, 똑똑하다 · 어리석다'라는 분별도 있을 수 없었을 것입니다. 아무 인연이 없고 오직 혼자뿐이니 무슨 분별이 생기겠습니까. 즉 큰 사람이 있으니 작은 사람도 있게 마련이라는 것입니다. 이와 같은 가르침을 다른 말로 연기법(緣起法)이라고 하는 것입니다. 혼자 존재하는 것이 아닌 연(緣)하여 일어난다는 말입니다.

이 말을 이해한다면 중도, 연기의 가르침을 무아(無我), 무분별(無分別), 무자성(無自性), 공(空)이라고 말하는 이유도 이해할 수가 있을 것입니다. 위에서 설명한 것처럼, 만물이 본래 크고 작은 것이 아니라 주위의 인연, 주위의 조건에 의해서 우리의 마음이 크다 · 작다고 하는 분별심을 일으키는 것일 뿐입니다. 그러니 본래 적정(寂靜)하고 청정한 깨달음의 세계에서 보면 무분별일 수밖에 없는 것입니다. 이렇게 본다면 본래 자리에서는 분별할 것이 없어진다는 말입니다. 그래서 스님들이 '분별하지 마라' 하는 것입니다. 이렇게 고정되게 돌아감이 없는 세상에서 무엇을 붙들어 '나다' 하고 내세울 수 있겠습니까? 큰 것이 나인가요, 작은 것이 나인가요? 착한 것이 나입니까, 악한 것이 나입니까? 그러므로 '나다' 하고 내세울 것이 없는 것이고, 그렇기에 부처님께서 무아(無我)라고 하신 것입니다. 지금까지는 나는 키가 크고, 잘생겼고, 똑똑하고… 등등의 분별을 짓고 살았지만 이 모두가 인연 따라 조건 따라 잠시 이름 지어진 것일 뿐 딱히 고정 지어 이러저러하다고 할 만한 '나'는 없다는 말입니다. 그러니 '나'는 없다는 것, 무아라는 말입니다. 그렇기에 아상(我相)이 깨어진 자리를 설하는 것입니다.

이렇게 '나다' 하고 내세울 것이 없는 세상이므로 나 이외의 다른 무엇도 딱히 내세울 것이 없으며, 그런 까닭에 일체제법엔 자성이 없다고 하는 것입니다. 즉 무자성(無自性)이라고 하는 것이지요. 이렇게 무자성이며, 무아이고, 일체가 연기되어 함께 어울려 돌아가는 이 세계의 모습을 바로 공성(空性)이라고 하는 것입니다. 일체가 공(空)했다 이 말입니다. 이것이 바로 대승불교의 근본이 되는 공 사상이며, 불교의 근본 사상인 연기법인 것입니다. 이런 연기의 세계, 공성의 세계인 이 세계를 법계(法界)라고 부릅니다.

이후 인도불교 사상사에서 용수가 반야 공 사상을 체계적으로재정립한 중관 사상의 핵심 논서인 『중론』 관사제품에서는 이것을 다음과 같이 표현하고 있기도 합니다.

> "여러 인연으로 인해 생한 법을 나는 공이라고 말한다.
> 이것은 임의로 만들어진 가짜의 이름이며, 또한 중도의 의미이다. 일찌기 한 법도 인연으로 좇아 생하지 아니함이 없으니, 이런 연고로 일체법은 공아님이 없다."

이와 같이 우리가 사는 이 세계는 바로 상대적인 세계, 연기의 세계입니다. 이처럼 일체가 상대적으로 돌아가는 상대의 세계에서, 이

경의 제목에는 재미있게도 '마하'라는 절대 개념이 붙어있습니다. 앞에서도 말했듯이, '마하'는 '절대적으로 크고 많고 뛰어남'을 의미합니다. 다시 말해 어떤 것에 비해 상대적으로 큰 것이 아니고, 절대적으로 큰 것, 즉 일체를 초월하는 절대적으로 큰 것입니다. 이것은 시간적으로 영원하고, 공간적으로 무한한 의미를 함축하고 있기도 합니다.

그러면 절대적으로 크고 많고 뛰어나다는 것은 무엇을 표현하고 있는 것일까요? 이것은 상대적인 개념이 아니기에 일체의 모든 상대개념을 초월합니다. 이를 다르게 표현하면, 일체의 모든 상대적인 것과 둘이 아니라는 말입니다. 둘이 아니므로 대비할 상대가 없는 것입니다. 상대가 바로 나이고, 내가 바로 상대이기 때문에 절대일 수 있는 것입니다. 너와 내가 따로따로 있게 되면 상대적으로 크고 상대적으로 작아질 수밖에 없지만, 일체가 둘이 아닌 하나의 자리에서는 내세울 상대가 없어지기 때문에 절대를 내세울 수 있는 것입니다. 그러므로 이 '마하'라는 수식어가 경 앞에 붙어 있는 것은 단순한 문자의 표현이 아니라, '최고의 경지, 부처님의 깨달음'을 표현하는 것입니다. 일체가 둘이 아닌 법신부처님의 법계 편만하시고, 원융(圓融)하신 모습을 담고 있는 것입니다.

그러면 이쯤에서 '마하'라는 말이 뜻하는 바를 좀 더 자세하게 정리해 보겠습니다. '마하'를 좀 더 자세히 구분해 보면, 크게 세 가지의 의미로 나누어 볼 수 있습니다.

첫째, '크다(大)'의 의미로 이는 우주, 허공, 삼천 대천 세계, 수미산 등을 부를 때 쓰는 공간적인 개념이라 할 수 있습니다.

둘째, '많다(多)'로 팔만 사천, 항하사(恒河沙), 미진수(微塵數)라는 불교 용어에서 지극히 많음을 표현하는 수식어로 양적인 개념으로 쓰고 있습니다. 쉽게 말해 불교 경전에서 '팔만 사천' 혹은 '항하사' 등의 비유가 나오면 그 말의 의미는 실제로 팔만 사천 개를 의미하는 것이 아니라 절대적으로 많다는 개념, 즉 마하를 의미하는 것입니다.

셋째, '초월하다, 뛰어나다, 탁월하다'의 뜻으로 불변, 진실, 수승(殊勝)의 의미로 사용됩니다. 이처럼 '마하'의 의미는 감히 우리 범부의 눈으로 자로 재듯이 재어 볼 수 있는 경지가 아닙니다. 처음 중국에 불경이 전해질 때, 그 뜻을 번역할 단어가 마땅하지 않았기 때문에, 다른 단어로 번역하면 의미가 변질될 것을 우려해 '마하'라는 말을 발음 그대로 옮기게 된 것입니다. 괜히 기존에 있던 어설픈 단어로 사용했다가는 그 단어가 가지고 있는 고정관념으로 인해 의미가 한정되어 질 수 있음을 경계한 까닭입니다.

3장

반야(般若)

'반야(般若)'라는 말은 범어로 '프라즈냐(Prajñā)'라고 하며, 팔리어로는 '판냐(panna)'라고 합니다. 반야는 바로 팔리어 '판냐'의 음역어로써, 마하와 같이 그 발음만 따서 옮긴 또 다른 예입니다. 이 또한 '마하'에서와 같이 반야라는 의미를 중국말로 옮기기에 적당한 단어가 없었으므로, 그 의미가 퇴색됨을 우려해 따로 번역하지 않고 '반야'라고 쓰고 있는 것입니다. 그렇다면 '반야' 또한 우리 범부의 사량(思量)으로는 이해하기가 쉽지 않은 단어일 것입니다.

반야를 굳이 번역한다면 '지혜(智慧)'라고 옮길 수 있습니다. 그러나 우리가 생각하는 단순한 지혜가 아니라, '최고의 지혜, 즉 깨달음에 이르신 부처님의 밝은 지혜'를 의미합니다. 그러니 부처가 아닌 범부 중생으로서 어찌 쉽게 생각할 수 있는 단어이겠습니까? '지혜'와 비슷한 단어로 '지식'이라는 말이 있습니다. 그러나 '지식'은 '지혜'와는 근본적으로 큰 차이가 있습니다. 우리들이 계산하고, 암기하고, 생각하고, 분별하는 능력이 극대화된 것이 '지식'이라 한다면, '지혜'는 이러한 범부중생의 사량분별(思量分別)을 초월하는 것입니다. 반야의 지혜는 머리를 굴려 생각하고 분별하는 일련의 행위에 대해서 오히려 버리고 비울 것을 강조합니다. 인간의 생각에서 오는 지식은 오히려 우리의 정신세계를 복잡하고 혼란하게 만듭니다. 이러한 지식은 업(業)을 불러일으키는 원인이 될 뿐입니다.

그러므로 우리는 자신을 혼란스럽게 하는 지식들을 모두 비우고 놓아버려야 합니다. 방하착(放下着)해야 하는 것입니다. 우리 마음 깊은 곳의 맑은 불성(佛性), 본래 면목 자리에 모두를 되돌려놓아야 하는 것입니다. 세간의 지식을 부여잡고 있기 때문에 우리는 고통의 바다에서 헤어나지 못하는 것입니다. 그래서 선지식들이 '머리 굴리지 말라'고 하시는 것이지요.

일반적으로 '지혜'라고 하면, 크게 세 가지로 나누어 볼 수 있습니다.

첫째, '관조반야(觀照般若)'인데, 이것은 일체의 현상계를 있는 그대로 정견(正見)하는 지혜를 말하는 것으로써, 제법(諸法)의 실상, 즉 있는 그대로의 실체를 있는 그대로 편견 없이 고정된 바 없이 비춰 보는 지혜를 말합니다. 2500년 전 고타마 싯다르타라는 젊은 청년이 오랜 수행 끝에 성취한 깨달음의 지혜가 바로 관조반야인 것입니다. 싯다르타는 어떤 신(神)과도 같은 절대적 존재에게서 깨달음을 받은 것이 아니며, 누군가의 도움으로 깨닫게 된 것도 아닙니다. 오직 현실 세계를 있는 그대로 비추어 보아 현실세계의 모습을 여실히 깨달은 것이니 이 지혜를 관조반야라 하는 것입니다.

둘째, '실상반야(實相般若)'입니다. 실상반야는 제법의 실상 그 자체를 말합니다. 즉 우리가 살고 있는 이 현실 세계의 모습 그 자체를 말하는 것입니다. 여기에는 보는 자와 보여지는 세계가 따로 존재하지 않습니다. 보는 자가 보이는 현실 세계, 우주와 하나가 되어버릴 때 이것이 바로 실상반야인 것입니다. 이러한 실상반야를 우리가 올바로 깨달아 바르게 비추어 보게 되면, 이것이 바로 관조반야(觀照般若)인 것입니다. 우리가 흔히 일체의 모든 존재에 불성이 있고, 법신 부처님이 두루 편만(遍滿)해 계신다고 할 때, 이것은 실상반야의 모습을 이야기하고 있는 것입니다.

셋째, '방편반야(方便般若)'입니다. 이것은 문자반야(文字般若)라고도 불리는 것으로써, 이상의 실상반야와 관조반야의 내용을 담고 있는 일체의 모든 경전을 의미합니다. 이것은 직접적으로 반야는 아니지만, 반야지혜를 이끌어 내는데 없어서는 안 될 방편이 되는 것이므로 반야라고 합니다. 이러한 문자반야, 즉 경전이 없다면 우리는 부처님의 가르침에 대해 많은 혼란에 빠질 것입니다. 불법을 공부하는 모든 이에게 나침반과 같고, 뗏목과 같은 수단으로 쓰여 깨달음, 즉 반야에 이르는 중요한 방편이 되어 주므로 방편반야라고 하는 것입니다.

이상 삼종의 반야는 부처님의 지혜인 깨달음의 실상반야에 이르기 위한 단계라고도 할 수 있는데, 흔히 우리가 부처님의 지혜라고 일컫는 것은 진리의 당체(當體)인 실상반야를 의미한다고 할 수 있을 것입니다. 이 실상반야에 이르기 위해서, 실상반야를 체득하기 위해서 우리는 단계를 밟아가야 합니다. 무조건 수행만 한다고 해서 반야를 체득하는 것도 아니요, 반대로 부처님 경전을 읽기만 하고 실천하지 않는다면 팔만대장경을 줄줄이 꿰어도 헛고생에 불과할 것입니다.

우선 우리는 부처님의 말씀이 고스란히 담겨 있는 경전을 읽고 공부해야 할 것입니다. 이것이 바로 방편반야, 즉 문자반야입니다. 이렇게 부처님의 말씀을 공부할 때 나오는 것이 바로 방편반야의 지혜인 것입니다. 이렇게 방편반야로 공부를 한 뒤에는 반드시 실천이 뒤따라야 합니다. 그 실천이 바로 관조반야입니다. 관조반야란 있는 그대로의 실상을 편견, 고정관념 없이 있는 그대로 비추어 보는 실천 수행법입니다. 젊은 싯다르타가 깨달은 부처님이 되신 것 또한 바로 관조반야에 의해서인 것입니다. 이렇게 방편반야로 부처님의 법을 이해하고, 그 후 관조반야를 실천했을 때 나타나는 진리의 실상이 바로 실상반야인 것입니다.

이 세 가지 반야는 불교의 깨달음에 이르는 길인 신해행증(信解行證)의 길과 비슷합니다. 다른 점이 있다면, '신(信)'이 추가되었다는 점이라고 할까요. 믿는다는 것은 모든 불교 수행의 기본이 되는 밑거름입니다. 염불을 하고, 기도를 하고, 절을 하고, 매일 절에 나와 불공을 드리고, 일상생활 속에서 일체의 괴로운 경계를 방하착하며 비우는 실천을 행하는 이들이 열심히 수행 정진함에도 불구하고 쉽게 포기하는 이유가 바로 믿음의 결여 때문인 것입니다. 올곧은 믿음이 없기에 의심을 가지고 수행을 하게 되니, 당면한 문제와 나아가서는 삶과 죽음의 문제까지 해결할 수 있게 되는 것입니다.

4장

바라밀다(波羅蜜多)

바라밀다는 범어로 '파라미타(pāramitā)'라고 합니다. 그 뜻은 '도피안(到彼岸)', '도무극(到無極)', '사구경(事究竟)' 등으로 번역할 수 있으며, 자세하게는 '바라'가 '저 언덕[피안]', '밀다'가 '건넌다'는 의미를 가집니다. 그러므로 그 뜻을 풀이하면 '저 언덕으로 건너간다'는 의미를 가지는 것이지요. 이를 앞의 '마하반야'와 함께 번역하면, '크나큰 지혜로 피안의 저 언덕으로 건너간다'는 뜻이 됩니다.

다시 말해 '저 언덕'이란, 피안(彼岸)으로 정토(淨土), 불국토(佛國土), 부처님의 세계를 의미합니다. '이 언덕'이라 함은 차안(此岸)으로 우리가 사는 이곳 사바세계를 말하며 다른 말로 예토[穢土-더러운 땅]라고도 부릅니다. 조금 다른 의미로 살펴본다면 이 언덕과 저 언덕이 모두 내 안에 있다고 볼 수 있습니다. 이곳저곳 하여 나누어 놓은 듯하지만 실은 이 언덕은 어리석어 무명에 휩싸인 '거짓 나'이고, 저 언덕은 깨달아 밝아진 '참 나'를 말한다고 할 수 있는 것입니다. 그러니 바라밀다의 뜻은 '이 사바세계에서 저 부처님의 세계로 가는 것'을 의미하면서 동시에 '거짓 나의 삶에서 참 나를 깨쳐가는 것'을 의미하기도 합니다. 이는 다시 말해 "'나'의 삶에서 '나 없음'의 삶을 깨쳐가는 것"입니다.

그러면 조금 더 자세하게 알아보겠습니다. '예토'라고 하면, 흔히 우리가 사는 이 세계를 말하는데 모든 것이 혼탁하고 오염되어 있는 탁한 세계를 말하는 것입니다. 지금 우리가 사는 세계를 가만히 들여다봅시다. 우리는 육신[身]으로 살생을 하고, 도둑질을 하고, 청정하지 못한 음행을 하는 등의 온갖 악행을 저지르며, 입[口]으로는 온갖 거짓말과 이간질을 일삼고, 삿된 분별심에 빠져 진실치 못하여 꾸미는 말을 하며, 거친 욕설 등을 일삼고 살아갑니다. 또 생각[意]으로는 탐욕에 빠져 오욕락을 즐기기 위하여 과다한 욕심을 부리고, 조그만 일에도 불끈 화를 내며, 어리석은 삿된 사량심으로 온갖 악한 행위를 하게 됩니다. 이처럼 신구의(身口意) 삼업을 짓고, 탐진치(貪瞋痴) 삼독심으로 세상을 살아가는 사람들이 모여 사는 오염된 이 땅을 '사바세계' 즉 예토라 하며, 『반야심경』에서는 '이 언덕[차안(此岸)]'이라고 표현하고 있는 것입니다.

그렇다면 저 언덕[피안(彼岸)], 즉 정토(淨土)란 어떤 세계를 말하는 것일까요? 정토란 우리의 신구의(身口意) 삼업이 청정하여 모든 괴로움으로부터 벗어난 이상(理想) 세계를 의미합니다. 한마디로 부처님의 세계, 열반 해탈의 경지를 상징한다고 할 수 있습니다.

우리들이 부처님을 믿고 따르는 이유는 부처님께 힘들고 어려운 점을 이야기하여 잘되게 해달라고 빌기 위함이 아닙니다. 바라밀다! 즉 이 사바 예토에서 저 세상, 즉 부처님의 세상으로 가기 위함입니다.

그렇다면 저 언덕으로 가야 하는데 어떻게 가야 하는 것일까요? 바로 마하반야의 배를 타고 가야 합니다. 다시 말해 큰 지혜의 배를 타야만 건너갈 수 있는 것입니다. 그 배를 불가에서는 '반야용선(般若龍船)'으로 상징화하고 있습니다. 사십구재를 지낼 때, 오색기가 달린 작은 배를 들고 봉송하는 이유가 바로 여기에 있습니다. 그 배가 바로 반야용선, 즉 큰 지혜로 부처님의 세계에 영가를 데려다 줄 수 있는 배인 것입니다. 이 반야용선의 뱃머리에는 인로왕보살(引路王菩薩)이 타고 계십니다. 우리가 가야 할 부처님의 세계까지 길을 인도해 주시므로, '길을 인도하는 왕'이라는 의미의 '인로왕'이라는 이름이 붙게 된 것입니다.

이처럼 반야용선은 수많은 무명중생을 모두 태워 부처님의 세계로 인도합니다. 그래서 대승(大乘), 즉 '큰 탈 것'이란 말이 나온 것입니다. 그러나 소승[작은 탈 것]의 배에는 많은 사람이 함께 탈 수 없고, 오직 나 홀로 타고 갈 수밖에 없습니다.

세계에는 열 가지의 종류가 있으니 이를 십법계(十法界)라 합니다. 십법계는 우리들이 사는 인간계를 포함해 우리가 윤회하는 세계인 차안예토[차안-생사윤회의 경지]인 지옥, 아귀, 축생, 아수라, 인간, 천상의 여섯 세계[6]와, 피안정토[피안-해탈열반의 경지]의 세계인 부처님의 세계[1]가 있으며, 차안인 이 언덕에서 피안인 저 언덕에 이르기 위하여 수행하고, 반야용선을 타고 가는 수행 과정에 있는 세계, 즉 성문승, 연각승, 보살승의 세계[3]가 있습니다.

여기에서 성문, 연각, 보살에 승(乘)을 붙인 이유는 반야용선을 타고[乘] 간다는 의미에서입니다. 성문이나 연각승은 소승의 수행 방법이며, 보살승은 일체 중생을 함께 배에 태워 부처님의 세계로 인도해 주는 대승의 수행상인 것입니다. 이렇게 이 언덕에서 저 언덕으로 이르는 방법, 파라미타, 바라밀다의 방법에도 차이가 있게 마련입니다. 물론 대승불교에서 말하는 바라밀다의 방법은 성문이나 연각이기보다 도반과 함께, 만 중생들과 함께 가는 보살승입니다.

이상에서처럼 육도 윤회의 중생세간에서 부처님의 세계로 이르는 방법에는, 어떻게 건너갈 것인가 하는 관점에서 볼 때, 크게 '성문, 연각, 보살'의 세 가지 방법이 있는데, 중생의 근기(根器)에 따라서 저 언덕에 도달하는 방법도 또한 각각 다르게 마련입니다. 그렇듯 중생의 근기에 따라서 저 언덕으로 도달하는 방법에 차이가 있기 때문에, 깨달음에 이르는 수행의 방법상에도 갖가지 차이가 생기는 것입니다.

그렇다 하더라도 대승의 수행, 소승의 수행 하며 그런 분별이 있다 하더라도, 사실 모든 수행은 똑같은 '하나'입니다. 내 공부가 되지 않고서는 남과 함께 갈 수 없으니 소승이 될 때는 철저한 소승이 되어야 하고, 당장에 나보다 더 어렵고 힘겨운 상대가 있을 때라면 조금 더디게 가더라도 함께 나란히 걸어 볼 수 있는 대승의 보살심을 가져야 할 것입니다. 이 두 가지가 이렇듯 달라 보이지만 전체를 위한 이타의 마음이 바로 내 수행의 시작이며, 내수행이 곧 전체의 수행이 되어 법계를 밝혀준다는 의미에서 대승이 곧 소승이며 소승이 곧 대승인 법이겠지요.

대승, 소승 막론하고 바라밀다를 하기 위한 구체적인 수행 방법은 참으로 많기도 합니다. 예컨대 그 수행의 방법에는 참선(參禪)[간화선, 묵조선 등], 염불(念佛)[아미타불, 관세음보살, 지장보살 등], 간경(看經)[금강경, 반야심경, 법화경, 화엄경, 아함경 등], 주력(呪力)[관세음보살본심미묘진언, 수능엄신주, 신묘장구대다라니 등], 불사(佛事)[경전불사, 은전불사, 비전불사 등], 절[108배, 3000배 등], 기도[관음기도, 지장기도, 미타기도, 산신기도, 용왕기도 등], 지관(止觀)법[사마타, 위빠사나 등], 방하착 등 숫자로 헤아리기도 힘들 만큼의 많은 수행법이 있습니다. 그러므로 본인의 근기에 맞는 수행을 선택하여 꾸준히 정진하면 되는 것입니다.

주위에서 염불이 좋다고 하면 염불하다가, 참선이 좋다고 하면 참선하다가, 이런 식으로 갈팡질팡하면 이것도 저것도 모두 제대로 되지 않습니다. 산을 오르는데 이 길로 가다가 중간쯤 가서 힘들다고 다시 내려와 다른 길을 택한다면 너무도 시간이 많이 걸릴 것은 당연합니다. 한 가지 길을 택했으면 힘들어도 쉼 없이 꾸준히 정진해야 할 것입니다. 그중 어느 것도 능히 우리를 저 언덕, 부처님의 세계로 인도해 줄 것임은 자명한 사실이기 때문입니다. 바라밀다의 수행이기 때문입니다.

공부하는 생활 수행자 우리 모두의 공부 목적은 '바라밀다'가 되어야겠습니다. 바라밀다를 향한 보리심의 횃불을 밝혀 들고 우리 모두 함께할 수 있는 바라밀다 공부를 시작합시다. 그 공부가 바로 반야심경의 공부입니다.

5장

심경(心經)

마지막으로 '심경'은 '핵심이 되는 경전'이란 뜻입니다. 범어로 '흐릿다야 수트라(hṛdaya-sūtra)'라고 하는데, 그 뜻은 '마음의 경', '진수(眞髓)의 경', '심장(心臟)의 경'이라고 풀이할 수 있습니다.

심경이라고 하면 흔히 '마음의 경'이라고 해석하는 경우가 많은데, 물론 심(心)을 마음으로 해석할 수도 있겠지만, 불교에서는 '진수(眞髓)'라는 의미로 쓰이는 경우가 많습니다. 즉 모든 경 중에서 일체의 요의(要意)를 모은 것, 다시 말해 핵심이 된다는 의미로 보는 것이 보다 타당할 것입니다.

앞에서도 잠시 언급했지만, 『반야심경』은 600권이나 되는 방대한 반야부 경전에 속하는 하나의 경전입니다. 그러나 『반야심경』은 단순히 반야부 경전의 하나이기보다는, 반야부 경전 중에서 가장 핵심이 되는 가르침만을 모아 간결하게 정리해 놓은 경이라고 할 수 있습니다. 그러므로 '심경'이라 하는 것입니다.

그러면 여기서 '마하반야바라밀다심경'의 전체 제목이 가지고 있는 의미를 정리해볼까 합니다. 전체의 뜻은 '위대한 지혜로 저 언덕에 이르는 길을 설한 핵심 되는 경전'이라는 뜻입니다. 이것을 한마디로 요약하면, '지혜의 완성'이라고 할 수 있습니다.

경의 제목에서 가장 중심 되는 말은 바로 '반야'입니다. 지혜! 이것이야말로 괴로움 속에서 생사 윤회하는 우리들을 피안의 저 언덕에 이르게 할 수 있는 것입니다. 그래서 다만 '지혜, 반야'라고 하지 않고, '위대하고 크나큰 지혜'라는 것을 강조하기 위하여 '마하반야'라고 하는 것입니다. 바로 이 '마하반야'를 통해서, 작게는 우리에게 당면한 일체의 모든 문제를 풀 수 있고, 나아가 깨달음의 저 언덕에 오를 수 있게 되는 것입니다. 2500여년 전(前) 저 인도의 부다가야 네란자라 강변의 보리수 아래에서 부처님께서 정각(正覺)을 이루신 것도 바로 '마하반야'라는 대지혜를 통해서 가능했던 것이며, 우리들 무명 중생들이 부처가 될 수 있다는 희망의 메시지도 바로 이 '마하반야'라는 열쇠가 있기 때문인 것입니다. 바로 이 '마하반야'를 통해서 일체 괴로움의 문제가 해결된 상태가 바로 '바라밀다'입니다. 요컨대 마하반야를 통해 바라밀다에 이르게 하는 소중하고도 핵심 되는 가르침이 바로 '마하반야바라밀다심경'인 것입니다.

Ⅲ 경의 실천적 해설

제1품. 입의분(立義分)

觀自在菩薩

行深般若波羅蜜多時

照見五蘊皆空 度一切苦厄

1장

관자재보살 행심반야바라밀다시 조견오온개공 도일체고액

이제부터 경전의 본격적인 내용이 시작됩니다. 『반야심경』은 다른 경전들에 비해 독특한 구조를 가지고 있습니다. 우리가 흔히 접할 수 있는 논문이나 사설, 또는 그저 간단한 글을 보더라도, 글이라면 보통 서론, 본론, 결론으로 그 구성이 나뉘어져 있게 마련입니다. 마찬가지로 대부분의 경전에 공통되는 나름대로의 구성 방식이 있습니다. 그것이 바로 서분(序分), 정종분(正宗分), 유통분(流通分)이라는 구조입니다.

서분이라고 하면 보통 '육성취(六成就)'라고 하여, 이 경이 설하여지게 된 연유를 여섯 가지로 나타내고 있는 부분으로, 일반적인 글에서 본다면 서론에 속하는 부분입니다. 육성취는 신성취(信成就)[여시], 문성취(聞成就)[아문], 시성취(時成就)[일시], 주성취(主成就)

[불], 처성취(處成就)[재사위국기수급고독원 등], 중성취(衆成就)[여대비구중천이백오십인 등]로 구성되어 있습니다. 이것은 요즘 사용하는 말로, 육하원칙(六何原則), 즉 언제[When], 어디서[Where], 누가[Who], 무엇을[What], 어떻게[How], 왜[Why]라고 하는, 소위 글쓰는 5W-1H원칙과도 흡사하다고 할 수 있겠습니다. 이를테면 『금강경』 제1분의 법회인유분이 여기에 해당합니다.

다음으로 정종분이 있는데, 이 부분이 바로 본론으로써 모든 부처님의 교설이 전개되는 부분입니다.

마지막으로, 유통분은 결론에 해당하는 부분으로, 정종분에서 설하신 교법을 제자에게 부촉하여 후세에 널리 유전(流轉)되도록 하기 위한 부분입니다.

그러나 이미 기술한 바와 같이, 『반야심경』은 다른 경전과는 그 구조가 약간 다릅니다. 대부분의 경전에서는 "이와 같이 내가 들었다"라고 하는, '여시아문(如是我聞)'이라는 구절로 시작되는 서분이 맨 먼저 나오며 마지막에 유통분이 나오는데 비해, 『반야심경』은 앞뒤 서분과 유통분을 생략하고 바로 본론인 정종분이 시작됩니다. 앞에서도 말했듯이 600권이나 되는 방대한 분량의 경을 260자로 간추린 경전이기 때문에, 핵심만을 간추리다보니 그렇게 되었다고 보면 좋을 것입니다. 이처럼 『반야심경』은 대승불교 '반야'의 진수만을 뽑아 놓은 경전이라고 말할 수 있습니다.

지금부터 『마하반야바라밀다심경』의 거대하고도 심오한 가르침이 시작될 것입니다. 『반야심경』은 첫 부분이 중요합니다. 경의 제목이 중요하고, 또한 처음 시작되는 가르침이 중요합니다. 『반야심경』의 대의가 경의 제목인 '마하반야바라밀다심경'에서 드러난다면, 그 구체적인 수행법과 깨달음에 이르는 과정을 상세히 드러낸 부분이 바로 이 부분, '관자재보살 행심반야바라밀다시 조견오온개공 도일체고액'인 것입니다. 앞에서 이 부분을 입의분이라 하였습니다. 자세히 살펴보기에 앞서 입의분의 의미를 풀어본다면 다음과 같습니다.

觀自在菩薩 行深般若波羅蜜多時 照見五蘊皆空 度一切苦厄
관자재보살이 깊은 반야바라밀다를 행하실 때 오온이 모두 공함을 비추어 보고 일체의 고액을 건너셨다.

1. 관자재(觀自在)

불교를 잘 모르는 이들도 '관세음보살'이라는 명칭은 익히 들어 알고 있을 것입니다. 예로부터 불교를 믿지 않는 이들도, 어렵고 힘들 때면 의례 '관세음보살 관세음보살' 하고 명호(名號)를 부르는 것이 우리 민족의 보편적인 신앙이 되어 왔다고 해도 과언이 아닐 것입니다.

'관세음보살'이라는 명호의 의미는 '세간의 음성을 관하는 보살'이라는 뜻으로, 사바세계의 중생이 괴로움에 처해 있을 때 '관세음보살'의 명호를 일심으로 부르면 그 음성을 듣고 곧 구제해 주신다고 하여 붙여진 이름입니다. 『법화경』 관세음보살보문품에서는 '관세음보살'이라 부르게 된 연유를 다음과 같이 말씀하고 계십니다.

"세존이시여, 관세음보살은 어떠한 인연으로 이름을 관세음보살이라 하십니까?"

부처님께서는 무진의 보살에게 말씀하셨다.

"선남자야, 만약 무량백천만억 중생들이 여러 가지 괴로움을 받게 될 때 관세음보살의 이름을 듣고, 일심으로 그 명호를 부르면, 관세음보살이 곧 그 음성을 관하고, 모두 괴로움에서 해탈케 하시느니라."

그렇다면, 관세음보살이 과연 어떤 분이기에 그렇게 많은 이들이 부르고 신앙하고 있는 것일까요?

관세음보살의 다른 이름이 바로 '관자재보살(觀自在菩薩)'입니다. 천수경(千手經)에서의 관세음보살이 반야심경에서는 바로 관자재보살이라는 이름으로 불리고 있기도 합니다. 이 두 이름 모두 범어 '아바로키테 스바라 보디사트바(avalokite'svara bodhisattva)'를 번역한 것이라고 합니다. 이것이 중국에 들어와 번역되면서, 처음에는 관세음보살로 불리었으나, 이후에 관자재보살로 바뀌 일컬어졌다고 합니다.

원어를 살펴보면, '아바'는 지킨다는 뜻이고, '로키테'는 본다, 관조한다는 의미로, 이는 '지켜본다'는 의미를 가집니다. '스바라'는 '자재하다, 자유롭다'는 의미이므로 이름 그대로 뜻을 새기면 '자유 자재하게 지켜본다'는 뜻이 됩니다. 이것은 '중생들의 온갖 괴로움과 액난에 대해 자유자재하게 지켜보고 살펴서 그들의 괴로움을 소멸시켜 주신다'는 의미를 가지고 있다고 할 수 있습니다. 마치 부모님께서 자식을 가만히 따뜻하고 자비한 마음으로 지켜보듯이 그렇게 중생들을 지켜보시는 분이라는 의미인 것입니다.

우린 관세음보살의 어원에 담긴 속뜻을 잘 알아야 할 것입니다. '세간의 음성을 관한다(관세음)'는 의미는 나라는 주관과 객관계일체의 경계를 온전히 바로 관함을 말하며, '보살'이라고 함은 우리 내면의 본래 자리, 깨달음 보살자리를 말하는 것입니다.

다시 말해 관세음보살이라고 염불하는 의미는 나와 내 밖의 일체 경계를 관하여 본래 면목 깨침의 보살자리에 온전히 방하착하고, 경계를 공양 올린다는 자기 의지의 표현인 것입니다. 우리가 관세음보살 염불수행을 하는 이유도 바로 여기에 있습니다. 나를 비롯한 일체 세간의 음성, 다시 말해 온갖 경계를 바로 관하고 그러한 모든 경계를 녹이고자 온전히 자기 내면의 보살자리인, 참 나 본래 자리에 놓을 수 있도록 하는 밝은 방편 수행인 것입니다. 세간의 음성, 즉 온전히 자신과 바깥 경계를 관하고 녹여 보살, 즉 깨달음을 얻기 위해 염불을 해나가는 것입니다.

염불(念佛)에서 염(念)이란, 우리네 마음속에서 경계를 따라 일어나는 갖가지 생각과 마음의 조각들을 말하며, 불(佛)이란, 우리네 마음속에 저마다 갖추고 있는 본래 자리, 근본성품, 참 나 주인공을 의미하는 것이라 할 수 있습니다. 다시 말해 염불은 우리 마음 '염'과 부처님 마음 '불'이 둘이 아닌 하나임을 깨닫게 하는 밝은 수행인 것입니다.

이러한 관세음보살 염불수행의 공덕을 살펴보기 위해, 『관음경』[법화경 관세음보살보문품]을 다시 한 번 되새겨 봅니다. 관세음보살님은 우리의 온갖 괴로움에 마땅히 몸을 나투어 안락을 주신다고 합니다. 굳은 믿음으로 관세음보살 명호를 지극 정성으로 염불하면 어떠한 일도 모두 성취할 수 있다고 『관음경』에는 기록되어 있습니다. 관세음보살의 가피가 어떠한지 『관음경』의 구절을 잠깐 살펴보겠습니다.

큰물에 떠내려가더라도 그 이름을 염하면 곧 얕은 곳을 얻게 되며, 또 도적으로부터 해를 입게 되었을 때, 관세음보살의 이름을 염하면 그들이 가진 칼과 무기가 조각조각 부서져서 벗어나게 되느니라. 또 어떤 사람이 수갑과 고랑과 칼과 사슬이 그 몸을 속박하더라도 관세음보살의 이름을 염하면 모두 부서지고 끊어져서 벗어나게 되느니라. 어떤 중생이 음욕이 많더라도 항상 관세음보살을 생각하고 공경하면 문득 음욕을 여의게 되고, 만일 성내는 마음이 많더라도 항상 관세음보살을 생각하고 공경하면 문득 성내는 마음이 없어지며, 만일 어리석은 마음이 많더라도 항상 관세음보살을 생각하고 공경하면 문득 어리석음을 여의게 되느니라.

이렇게 되는 도리가 있습니다. 명호를 지극한 마음으로 염불하였을 때 이렇게 되는 도리 말입니다. 다만 이러한 경전의 말씀을 어떻게 이해하고 받아들일 것인가 하는 문제는 한번 생각해 보아야 할 것입니다. 형상을 가진 관세음보살님께서 하얀 선녀복을 입고 나타나셔서 자신의 이름을 불러주는 사람들에게 복을 주고 해달라는 대로 해주는 그런 형상을 가진 분으로서의 관세음보살님을 불러서는 안 됩니다.

관세음보살이란 앞에서 말했듯이 내면에 있는 '참 나'를 의미합니다. 다만 가만히 내면 깊은 곳에 숨어만 있는 참 나 주인공이 아닌 적극적으로 세간의 음성을 관하여 온갖 경계를 밝게 녹여줄 수 있는 자기 자신의 본래 면목 참성품을 의미하는 것입니다. 그렇기에 관세음보살을 염불한다 함은 '관세음보살님 어서 와서 내 괴로움 좀 가져가 주세요' 하는 의미가 아니라 내 스스로 세간의 음성, 온갖 경계를 관하여 내면의 본래 면목 보살자리에 공양 올려 밝게 닦아가겠다는 자기 수행에의 철저한 실천을 의미하는 것이며, 내 안의 관세음보살님을 굳게 믿어 내면의 주장자를 밝게 세우겠다는 철저한 대장부 수행자의 정진심을 의미하는 것입니다.

누구나 염불하라고 해서 다 할 수 있는 것은 아닙니다. 자신의 의지와 자력, 수행력과 보리심 없이는 아무리 좋다고 해도 결코 할 수 없는 것이 염불수행입니다. 그러니 염불수행 또한 타력이면서 동시에 온전한 자력 수행이기도 한 것입니다. 보살님의 명호를 염불하며 보살님 마음을 연습하는 일이니 자력과 타력이 동시에 하나가 되는 참으로 밝은 방편수행이 아닐 수 없습니다.

관세음보살 방하착 염불수행은 우리 내면 깊은 곳에 있는 '참자성'

을 향한 일심염불입니다. 괴로움[苦]의 원인인 일체의 모든 끄달림, 애욕과 집착[執]들을 하나도 남김없이 다 비워버려[道] 해탈[滅]로 안내하는 사성제의 실천행인 것입니다.

그러면 다시 관세음보살의 명호로 돌아와 관세음보살 이외의 다른 명호를 살펴보도록 하겠습니다. 관세음보살의 이름은 참으로 많습니다. 몇 가지만 살펴본다면 중생에게 일체의 두려움 없는 무외심을 베푼다고 하여 '시무외자(施無畏者)'라 하고, 대자대비를 근본 서원으로 하는 보살이라 하여 '대비성자(大悲聖者)'라 하며, 세상의 온갖 어려움을 구제하므로 '구세대사(救世大士)'라고도 합니다. 또한 이 보살은 세상을 교화함에 중생의 근기에 맞게 여러 가지 형태로 나타나므로, 이를 '보문시현(普門示現)'이라 하는데, 이러한 모습을 『법화경』 보문품(法華經 普門品)에서는 삼십삼화신(化神)이라고 표현하였으며, 『능엄경』(楞嚴經)에서는 삼십이응신(應身)이라고 합니다.

이는 모두 관세음보살이 중생을 제도하기 위하여 나타내는 변화신(變化身)입니다. 이러한 변화신에는 부처님, 성문, 연각 등을 비롯하여 범천, 제석, 장자, 거사, 스님, 신도, 동자, 아수라 등이 포함되어 있으니, 관세음보살은 중생을 구제하기 위해서라면 어떠한 모습으로도 우리 곁에 기꺼이 다가오신다는 것입니다. 이러한 연유로 많은 이들이 관세음보살의 명호를 부르는 것입니다. 방편 따라, 중생들의 각기 처한 입장에 따라 우리에게 가장 필요한 대상으로 마땅히 몸을 바꾸어 응해 주시기 때문입니다.

그러면 관세음보살에 대하여 조금 더 살펴보겠습니다. 관세음보살은 서방정토 극락세계 아미타 부처님의 좌우 보처보살(補處菩薩) 중 한 분으로 잘 알려져 있기도 합니다.

우보처보살이 대세지보살이시고, 좌보처가 바로 관세음보살이십니다. 또한 수많은 부처님을 출현시키는 역할을 한다고 하여 '모든 부처님의 어머니[불모(佛母)]'라고도 알려져 있습니다. 관세음보살의 가장 큰 특징은 무엇보다도 '자비'를 그 근본행으로 하고 있다는 사실입니다. 자비의 화신이라 불리는 것도 그 때문입니다. 자(慈)라는 것은 '베푼다'는 뜻으로 중생에게 즐거움을 베풀어 주시는 것을 말하며, 비(悲)는 본래 '슬프다'는 뜻인데, 불법 문중(門中)에서는 '중생의 괴로움을 없애주는 것'을 의미하는 말입니다. 이 자비의 실천이야말로 현대 사회에서 우리가 실천해야 할 가장 중요한 덕목입니다.

아무리 행복하고 즐거운 일이 있다 하더라도, 이 모두는 너와 내가 함께 살아가고 있다는, 둘이 아닌 연기(緣起)의 관계 속에서 나온 즐거움이므로 마땅히 나 혼자의 것이 아닌 것입니다. 그러므로 모두에게 함께 베풀어 주려는 마음을 내야 한다고 가르치는 것입니다. 이러한 연기의 진리를 알기 때문에, 베풀어 주었지만 베풀었다는 상(相)을 내지 않고 순수한 마음으로 베풀 수 있는 것입니다.

그러므로 지혜가 있는 이라면 자연히 자비를 실천하게 마련인 것입니다. 이렇게 연기의 이치를 깨달아 '지혜'롭고 '자비'로운 마음으로 하루하루를 살아가는 이는 따로 관세음보살을 찾을 필요가 없습니다.

그 마음이 바로 관세음보살이기 때문입니다.

2. 보살(菩薩)

'관자재보살'에서 '보살'의 의미를 새겨보겠습니다. 보살은 '보리살타'의 줄임말인데, 범어로 '보디사트바(Bodhisattva)'라고 합니다. '보디사트바'는 깨달음을 나타내는 '보리'와 중생을 뜻하는 '사트바'를 합한 단어로써, 대승불교의 이상적인 수행자를 상징하는 말입니다. 즉 깨달음을 완성한 부처와 미혹한 중생의 두 가지 속성을 갖춘 자가 바로 보살인 것입니다.

이는 보살의 서원인 '상구보리 하화중생(上求菩提 下化衆生)'을 보면 잘 알 수가 있습니다. 위로는 깨달음, 보리를 구하고, 아래로는 중생을 제도, 교화하고자 하는 것이 바로 모든 보살의 한결같은 서원인 것입니다. 물론 아래다, 위다 하는 구분은 우리가 생각하고 있는 선후(先後), 고하(高下)의 상대 개념이 아닌, 분별이 끊어진 개념입니다. 다시 말해 무엇이 먼저이며, 무엇이 나중이라고 할 것 없이, 두 가지가 모두 함께 중요한 것입니다. 굳이 두 가지를 따로 구분하려 하면 이미 그 의미가 퇴색될 우려가 있습니다. 중생을 교화하는 것이 바로 깨달음에 이르려는 적극적인 행이며, 보리를 구함이 바로 일체 모든 중생을 교화하고자 하는 대비원력의 궁극적 목적인 것입니다. 그러므로 보살의 행을 흔히 자리이타(自利利他)라고 하는데, 이것은 스스로를 이익 되게 함이 곧 타인, 이웃을 이익 되게 함과 다르지 않기 때문입니다.

넓은 의미로 볼 때, 대승불교에서 보살은 인생을 정직하고 올곧게 살려고 부단히 정진하는 사람이며, 보다 행복한 인생을 위해 연기의 진리를 통한 희망의 메시지를 가슴속에 품고 깨달음이라는 크나큰 포부를 향해 부단히 나아가는 사람입니다. 동체대비심(同體大悲心)으로 이웃을 위해 부단히 희생하지만 희생한다는 상이 없으며, 부단히 궁극의 자기 향상을 꾀하는 사람입니다.

잠시 『대지도론』의 보살에 대한 해석을 살펴보겠습니다.

> 처음으로 깨달음을 얻으려고 하는 마음을 일으켰을 때, 그는 '나는 부처가 되어서 모든 중생을 구하겠다'고 서원했다. 그는 이때부터 보리살타라고 일컬어지는 것이다.

다시 말해 초발심을 일으킨 자가 바로 보살이라는 말입니다. 『의상조사법성게』를 보면 '초발심시변정각(初發心是便正覺)'이란 말이 있듯이, 처음 발심한 이의 순수하고 지극한 마음이 바로 보살이라는 것입니다. 이것은 그동안 보살의 개념을 너무 어렵게만 생각하고 너무 멀게만 느끼던 우리들에게 나도 보살이라는 희망을 주기에 충분하다고 생각합니다. 우리도 지금 이 자리에서 지극한 마음을 내고 원을 세우면 바로 '보살'일 수 있다는 것입니다. 이 점이 바로 대승불교의 활짝 열린 보살 사상입니다. 우리 모두가 보살이 되는 세상이 바로

'큰 탈 것[大乘]'이라는 대승불교가 꿈꾸는 이상적 세계인 것입니다.

보살은 항상 우리 곁에 있습니다. 우리가 힘들고 어려울 때 언제라도 우리 이웃의 모습으로 나타나 우리를 이익 되게 해주십니다. 주위를 둘러보시기 바랍니다. 우리의 주위에는 수많은 분의 보살님이 계시지만 우리는 그것을 알지 못할 뿐입니다. 아니 어쩌면 내 부모, 자식, 형제, 친척, 친구, 직장 동료에서부터, 어려운 이웃, 심지어 축생들에서부터 자연만물에 이르기까지 나에게 보살 아닌 것이 없는 것입니다. 일체는 '하나'라는 깨달음의 본질적 측면에서 볼 때, 우리 모두를 통틀어 이르는 단어가 바로 보살이기 때문입니다.

이처럼 보살은 중생 구제(하화중생)와 자신의 닦음(상구보리), 포교(이타)와 수행(자리)을 함께 이루어 나가는 존재입니다. 그 둘은 동전의 양면과도 같아, 어떤 것이 먼저랄 것도 없이 서로 보완적이며, 결국은 하나의 길에 대한 두 가지 실천 방법인 것입니다.

보통 우리 불자들이 간과하고 있는 것이 바로 이 부분이 아닐까 합니다. 포교, 교화, 전법(傳法)에 대해서 불교인들은 다소 소극적인 것처럼 보입니다. 본인의 공부, 수행은 열심히 하면서도 주위의 사람들에게 불법을 일러주고 포교하는 것에는 너무도 안일한 생각을 가지고 있는 것이 현실입니다.

포교도 하나의 수행이라는 것을 유념할 필요가 있습니다. 포교의 힘이 바로 수행력(修行力)이요, 정진이기 때문입니다. 대승불교에서는 깨닫고 난 뒤에, 부처된 뒤에 포교하라고 하지 않습니다. 그저 현재, 바로 지금 내 위치에서 내가 할 수 있는 최선을 다해 남을 위해 한 마디라도 일러주는 것이 바로 포교지, 내가 깨닫지도 못했는데 무슨 포교냐고 한다면 이것은 소승적인 발상에 지나지 않는 것입니다.

사실 본인 수행이 잘 안 되는 이유는 나를 위해 수행한다는 아상(我相)이 있기 때문입니다. 내가 수행하고, 내가 부처되겠다는, '내가'라는 아상 때문입니다. 아상을 녹이는 것이 수행일진대, 나 잘되자고 수행한다면 어찌 그 수행에 힘이 붙을 수 있겠습니까? 내 수행이 원만해지기 위해서는 나와 너를 가르지 않는 이타적인 포교의 원력이 있어야 합니다. 나와 너를 가르지 않고, 너의 수행, 이웃의 교화 · 포교가 바로 나의 수행과 직결된다는 당연한 믿음이 우리 불자들에게는 많이 결여되어 있음이 안타깝습니다. 이 세계를 이롭게 하고, 모든 중생을 교화하는 이타행을 통해 자리(自利), 깨달음을 추구하는 것이 보살의 사상이고, 대승불교의 실천관임을 기억할 필요가 있습니다.

오늘도 나는 이렇게 반야심경에 사족을 달면서 수행을 하고 있는 것입니다. 언뜻 보면 신도님들 모두에게 이익 되게 하기 위해법을 설한다고 보겠지만, 그보다 더 큰 것은 역시 내 수행을 위해 닦아 나가고 있는 것입니다. 이 같은 연기법을 설법한다고 하더라도, 오늘 설법한 연기법과 한달 전 설법한 연기법은 절대 같을 수가 없습니다. 늘 같은 연기법을 강의하더라도 나에게 다가오는 진정한 연기법의 세계는 나날이 다를 수밖에 없는 것입니다. 이렇게 매번 법문을 하는 동시에 나는 나의 공부를 하고 실천을 하고 있는 것입니다. 강의를 할 때마다 그 실천력이 늘어가는 것이며, 그만큼 마음공부는 깊어가는 것이라는 굳은 믿음이 내 마음을 밝혀줍니다. 이것이 내 수행인 것입니다. 이것이 포교이지, 수행이냐고 반문한다면, 그것은 상대방의 분별심일 뿐 나에게는 그리 중요한 문제가 아닌 것입니다.

석가모니 부처님께서는 벌써 2500년 전 그 위대한 생애를 통해 우리에게 삶의 방향을 일러 주셨습니다. 부처님은 성도 후 열반까지의 전 생애 동안 철저히 포교와 교화, 전법으로 순일하게 일관하셨습니다. 스스로 이웃을 위하고 자신을 위한 정진의 삶, 보살의 삶을 보여주신 것입니다. 부처님의 생애는 전법의 나날이요, 중생을 위한 이타행의 나날이었습니다. 참다운 불자라면 부처님을 닮아가야 할뿐 다른 무엇을 닮고자 하겠습니까? 보살의 삶이란, 바로 이러한 부처님의 전법, 중생 교화라는 이타행의 실천으로 다시금 되돌아가자는 대승불교의 선구적 삶의 방식입니다.

이제 우리의 의식 전환이 필요한 때입니다. 포교도 대승 보살의 당당한 수행이라는 의식 전환이 요구됩니다. 염불, 참선, 간경, 주력, 절, 기도만 수행이라는 편협한 사고방식을 버리고, 적극적으로 포교, 교화, 전법하는 그 자체가 소중한 수행 방법이라는 수행관(修行觀)의 전환이 필요합니다. 그리하여 우리 모두가 보살이 되어야 합니다. 우리 생활 수행자들이 낱낱이 모두 보살이 되는 세상이 불국토인 것입니다. 불국토를 따로 찾을 것이 아니라 내가 보살이 됨으로 인해 보살이 사는 국토는 불국토가 되는 것입니다.

누구나 상구보리 하화중생 이 밝은 보살의 원력을 밝게 세우고 나면 그때부터 보살이 됩니다. 생활 수행자가 그대로 보살이 됩니다. 우리 생활 수행자가 나서서 그 밝은 깨침의 세계, 사랑의 세계를 일구어 나가야 할 것입니다.

3. 행심반야바라밀다시(行深般若波羅蜜多時)

'관자재보살[이후 관세음보살]이 깊은 반야바라밀다를 행할 때, 오온이 모두 공함을 보고 일체의 고액에서 벗어났다'는 이것이야말로 반야심경의 핵심적인 가르침을 뽑아놓은 부분입니다. 나머지 뒷부분은 이 사실에 대한 부연 설명이라고 해도 과언이 아닐 것입니다.

다시 말해 이 부분은 관세음보살이 일체의 고통과 액난에서 벗어나는 깨달음의 장면에 대한 자세한 묘사를 보여주고 있습니다.

관세음보살은 깊은 반야바라밀다를 실천함으로써 오온이 모두 공(空)한 것임을 보았고, 그로 인해 일체의 고액에서 벗어나 깨달음에 이르렀습니다. 그런데 관세음보살의 주요 실천덕목이 바로 '반야바라밀다'라는 것입니다. 반야바라밀다를 실천함에 있어, 단순한 실천이 아니라 완벽하고도 치우침 없이, 그리고 온전히 실천하는 것이 바로 '깊은'이라는 단어가 가지는 의미입니다.

그렇다면 대승보살의 주요한 수행 덕목인 '반야바라밀다'라는 것은 어떠한 수행을 말하는 것일까요?

반야바라밀이란, 말 그대로 해석한다면, '깨달음의 저 언덕에 이르는 깊고도 수승한 지혜'를 의미하는 것입니다. 이는 다시 말하면, 공의 도리, 연기의 이치, 무아, 무자성, 중도의 이치를 올바로 조견(照見)할 수 있는 지혜를 의미하는 것입니다. 쉽게 말하면 진리를 밝게 깨칠 수 있는 지혜라고도 할 수 있습니다. 앞에서 공은 곧 연기이며, 중도의 가르침이라고 말한 바 있습니다. 또한 연기이기에 무자성이고, 무아라는 사실도 살펴보았습니다.

그렇다면 공, 연기, 무아, 중도, 무자성이라는 말이 가지고 있는 실천적인 의미는 과연 무엇일까요? 앞에서도 잠시 언급했던 것처럼, 공이고, 연기된 존재이어서 어떤 것에도 집착할 바가 없으므로 무집착(無執着)이며, 어떤 대상에 대해 '이렇다, 저렇다'라고 하는 분별을 지을 필요가 없으므로 무분별(無分別)이고, 그러므로 공의 세계에서는 어떤 것도 얻을 것이 없는 무소득(無所得)이며, 무소유(無所有)의 가르침이 여실히 녹아 있음을 바로 보아야 합니다.

바로 이 점을 유심히 관찰해 보아야 합니다. 우리의 삶은 '무집착, 무분별, 무소득, 무소유'를 추구하는 방향으로 전개되어야 합니다.

그러나 현실에서 우리의 삶은 온갖 대상에 '집착' 하고, 머릿속으로 사량(思量)하고 '분별' 하며, 보다 많이 얻으려는 '소유'의 관념에 노예가 되어 있습니다. 이는 바로 공의 이치, 연기의 도리를 모르는 데에서 오는 어리석음이 가져온 결과입니다. 그러므로 공, 연기의 이치를 올바로 비추어 봄[조견]으로써, 우리는 확연한 지혜[반야]를 얻을 수 있고, 그로 인해 생사의 괴로움에서 벗어나 생사가 없는 열반의 저 언덕에 오를 수 있게 되는 것[바라밀다]입니다. 이것이 바로 반야바라밀다의 수행입니다.

즉 반야바라밀다 실천 수행의 핵심은, '무집착, 무분별, 무소득'인 것입니다. 바로 여기에서 반야바라밀다 수행의 요점을 살펴볼 수 있습니다. 그것은 바로 어떤 것에도 집착할 바가 없다는 공의 도리입니다. 그렇기 때문에 우리의 생활 수행, 마음공부는 집착을 놓아버리는 방향으로 닦아야 하는 것입니다. 그 핵심적인 실천 방법이 바로 '방하착(放下着)'입니다. 일체의 집착을 놓아버리는 것이야말로 공의 세계, 연기의 세계에 한발짝 다가설 수 있는 수행입니다.

반야바라밀다 수행의 핵심이 바로 '방하착'인 것입니다. 이 점에 대해서는 앞으로 반야심경을 설하면서 몇 번이고 언급될 것이므로 이 정도에서 그치도록 하고, 이제 반야바라밀다 수행을 좀 더 구체적으로 살펴보도록 하겠습니다.

경전에서는 반야바라밀다수행의 구체적인 방법을 여섯 가지로 제시하고 있습니다. 그것이 바로 육바라밀(六波羅蜜)입니다. 이 육바라밀이야말로 반야지혜를 닦아나가는 수행자가 공의 실상에 다가갈 수 있도록 해주는 실천의 지름길인 것입니다.

육바라밀에서 바라밀은 '바라밀다'와 같은 의미로써, 범어 '파라미타'를 한역(漢譯)한 것입니다. 육바라밀이란 보시(布施)바라밀, 지계(持戒)바라밀, 인욕(忍辱)바라밀, 신정(禪定)바라밀, 정진(精進)바라밀, 반야(般若)바라밀을 지칭하는데, 마지막의 반야바라밀은 앞의 다섯 가지 바라밀을 모두 포함하고 있기 때문에 육바라밀의 실천을 반야바라밀이라고 말하기도 하는 것입니다. 『대품반야경』의 설명을 보겠습니다.

> 비유컨대, 나[아(我)]라는 소견 가운데에 예순 두 가지 소견을 낱낱이 포섭하는 것과 같다. 이와 같이 수보리야, 이 깊은 반야바라밀은 모든 바라밀을 낱낱이 포섭하는 것이다. 비유컨대 사람이 죽으면 명근(命根)이 없어지는 까닭에 다른 감각기관이 전부 따라서 없어짐과 같다. 이와 같이 보살마하살이 깊은 반야바라밀을 행할 때 모든 바라밀이 전부 따르는 것이다.
>
> 『대품반야경』 등학품 제63

이처럼 『대품반야경』에서는 반야바라밀이 일체 모든 바라밀을 모두 포섭하는 것이라고 말하고 있습니다. 따라서 우리들 또한 관세음보살처럼 반야바라밀을 행함으로써 올바른 지혜가 열리고, 일체의 고액에서 벗어날 수가 있는 것입니다.

그러면 다음 장에서는 반야바라밀다, 즉 육바라밀에 대하여 좀 더 자세히 살펴보도록 하겠습니다.

4. 육바라밀(六波羅蜜)

'바라밀'이라고 하면, 우리는 쉽게 '육바라밀'을 떠올릴 수 있을 것입니다. 육바라밀이란 보살이 이 언덕에서 저 언덕에 도달하기 위하여 수행하고 닦아가는 여섯 가지 실천 수행 방법을 말한다고 하였습니다. 저 언덕에 도달하는, 즉 깨달음을 얻기 위한 여섯 가지의 주요한 수행 방법인 것입니다. 그럼 반야심경의 다음 부분을 살펴보기에 앞서 육바라밀에 대해 함께 살펴보도록 하겠습니다.

(1) 보시바라밀 수행

보시(布施)란, '베풀라'는 것입니다. 베풂의 수행을 통해서 괴로움의 이 언덕에서 피안의 저 언덕에 이를 수 있다는 것이 바로 보시바라밀의 의미라고 할 수 있습니다. 단순한 베풂과 보시바라밀은 엄청난 차이가 있습니다. 베풂이라는 것은 그저 남에게 무언가를 준다는 의미이므로, 여기에는 보답을 바라거나, 과보(果報)를 바라는 마음이 남을 수 있습니다. 베풀기 싫은데 억지로 베풀 수도 있는 노릇입니다. 그러나 보시바라밀은 베풀고도 베풀었다는 상이 남아 있지 않은 맑고 청정한 베풂, 즉 무주상보시를 의미하는 것입니다.

무주상보시란 상(相)에 머물지 않고 하는 보시를 말합니다. 즉 보시를 하고 '내가 했다'라는 상이 남지 않는 것을 말하는 것입니다. 내가 누구에게 무엇을 도왔다고 하는 상이 남아 있으면 어떤 형태로든 그가 나에게 돌려갚기를 바라게 되고, 혹은 머릿속에라도 기억해 두고는 이후에 갚아지지 않으면 서운한 마음을 가지게 됩니다. 이렇게 상에 머물러 보시를 하게 되면 그대로 '내가 했으니 언젠가 받겠지' 하는 마음 때문에 다음의 어느 때, 혹은 다음 생, 그 다음 생에까지 나아가서 그 빚진 마음을 꼭 돌려받기를 원하고, 그 마음이 굳어져 업이 되어 윤회하는 원동력이 되므로 결국에 그 상 때문에 윤회를 하게 되는 것입니다.

무주상보시는 너와 내가 둘이 아니라는 올바른 자각이 있을 때 자연적으로 생겨날 수밖에 없는 실천의 행입니다. 본래 너와 나라는 분별이 없으니 어디에 네 것, 내 것이 있겠으며 가고 옴이 있겠습니까? 너와 내가 둘이 아니라는 올바른 자각의 지혜가 생겨나면 동체대비심의 대자비심이 우러나오기 마련이고 서로가 둘이 아니라는 이 자각은 곧바로 무주상보시라는 실천행으로 연결되는 것입니다. 무주상보시는 베풀었다는 상이 남아 있지 않으므로 어떤 보답이나 과보를 생각하지 않습니다. 당연히 해야 할 일이기에 했을 뿐인 것입니다. 너와 내가 둘이 아니기에, 주관과 객관이, 주는 자와 받는 자가 둘이 아니기에 베풀고도 베풀었다는 상이 없어야 한다는 것입니다. 배가 고프니 밥 먹고, 갈증이 나니 물 마시는 것처럼, 배고픈 사람 있으니 공양하고, 갈증 나는 사람 있으니 물을 주는 것입니다.

그와 같이 내가 내게 하듯 자연스럽고 당연하게, 함이 없이 하는 것이 보시바라밀의 참 의미일 것입니다. 내가 필요해 스스로 옷을 사입거나, 배고파 음식을 먹는다고 했을 때, 내가 나에게 보시했다고 하지 않는 것과 같은 이치입니다. 내가 옷 입히고 먹였으니 내가 내게 과보를 받겠다고 생각하는 일은 어리석은 일일 것입니다. 그와 같이 우리 이웃의 어려움이 바로 나의 어려움과 둘이 아니라는 연기의 도리를 알기에, 당연히 나에게 하듯이 베푸는 것일뿐인 것입니다. 그러므로 보시바라밀은 단순하게 베풀면 되는 일이 아닌, 지혜가 밝아졌을 때 할 수 있는 일입니다. 반대로 자꾸만 베풀고 베풀어 보시바라밀의 씨앗을 심어 놓으면 보시바라밀의 참 의미를 깨닫게 되어 지혜를 밝힐 수 있습니다. 그렇기에 보시바라밀은 그저 복 짓는 일이 아닌 지혜를 밝히는 깨달음의 수행이 되는 것입니다.

보시바라밀의 실천은 '내 것이다'라는 아상(我相)을 타파하는 방하착 수행이라 할 수 있습니다. 보살에게는 '나다, 남이다' 하고 나누는 분별심이 없습니다. 그러므로 중생이 괴로우면 보살도 괴롭기 마련인 것이지요. 중생이 모두 성불하는 날이 바로 보살이 성불하는 날이라고 합니다. 이것은 보살에게 '나다', '내 것이다', '내가 옳다', '내 맘대로 한다'라고 하는 아상(我相)이 모두 비워졌기 때문입니다.

보살에게 있어 '나'는 나 혼자만이 아니라 일체 중생과 둘이 아닌 존재로서의 '나'이기 때문입니다. 따라서 보살은 베풀어도 베푼 대상과 베푼 이를 따로 구분하지 않습니다. 아상과 나와 너를 가르는 분별심이 끊어졌기 때문입니다. 일체가 한마음으로 '나'이기에 주고받는 이가 따로 없는 것입니다. 이것이야말로 진정한 의미에서의 '보시바라밀'인 것입니다.

근본이 이러하지만 우리들은 '내가 누구에게 얼마큼'을 준다는 세 가지 상에 머물러 보시합니다. 무주상보시가 되기 위해서는 세 가지가 청정해야 한다고 합니다. 이것을 삼륜청정(三輪淸淨)이라고 말합니다. 이 셋은 보시하는 사람[施者], 보시하는 물건[施物], 그리고 보시 받는 사람[受者]을 말하며, 모두 청정해야 한다는 것을 말합니다. 다시 말하면 내가, 누구에게, 얼마큼의 보시를 했다는 생각을 비워야 한다는 것입니다. 그러나 우리 중생들은 '나다' 하는 놈이 끼어들기 때문에 작은 것을 베풀고도 내가, 누구에게, 얼마의 보시를 했다는 상에 집착합니다. 이는 결국 보시를 하면서도 '내가'라는 상이 그 근본이 된다는 말입니다. 이러한 보시는 유주상보시(有住相布施)입니다. 우리는 남과의 관계뿐 아니라 부부 간, 부모자식 간, 형제 간, 친구 간조차 이러한 상을 가지곤 합니다.

이상에서 설명한 바와 같이, 이러한 것은 모두가 아상에서 기인한 것입니다. 불교는 아상을 버리는 종교입니다. 보시바라밀은 이러한 아상의 뿌리를 뽑아내게 하는 방하착의 생활 실천이라 하였습니다. 어려운 것도 아니고 누구나 할 수 있는 실생활의 수행이 되는 것입니다. 그러므로 매일매일 보시하는 이를 수행자라 할 수 있는 것입니다.

수행한다고 해놓고서 베풀 줄 모른다면 백날 가부좌로 앉는다고 하더라도 복이 미치지 못할 수 있습니다. 복과 지혜는 수레의 양 바퀴처럼 우리 수행자들에게 중요한 두 축이 됩니다. 복이 없는 지혜나, 지혜가 없는 복은 참이 되기 어렵습니다. 복과 지혜를 함께 증장

시키기 위한 최고의 수행이 바로 보시바라밀인 것입니다.

우리는 빈 몸으로 이생에 잠시 와서 빈 배처럼 인연 닿는 데로 이리저리로 떠돌아다니다가 다시 빈 몸으로 돌아갑니다. '내 것'이 많은 사람일수록, 죽을 때 그 '내 것'에 대한 집착을 버리지 못하며, 그러다 보니 죽어서도 이승의 집착을 못 버려 이승을 떠돌다가 인연 닿는 곳에서 다시 태어나는 윤회의 사슬에 묶이게 되는 것입니다. 대기업 회장이라고 죽을 때 더 많이 가지고 가겠습니까? 절대 그렇지 않습니다.

대기업 총수나 우리네 어려운 이웃들이나 모두 다 죽어서 화장터 불길 속으로 들어갈 때는 똑같이 껍데기만 들어갈 뿐입니다. 한두어 시간쯤 지나서 불길 속에서 나올 때가 되면 모두가 한 줌의 재가 되어 있을 뿐인 것입니다. 그 순간에는 모두가 평등합니다. 대기업 회장이라고 더 오래 타지도 않고, 더 많고 멋진 재가 되어 나오지도 않습니다. 한평생 벌어 놓아도 죽을 때가 되면 내 것이 아닌 것입니다. 오히려 그런 대기업 회장쯤 되면 돈 버는 일이 너무 바쁘다 보니 가족들과 여가를 갖고, 소풍을 가지도 못하고, 단란한 대화를 자주 나누기도 오죽 힘들겠습니까? 일평생을 오직 회사 관리, 돈 관리하느라 편안히 여유를 즐길 수가 있었을까요? 주말이면 절에 나와 수행도 하고, 자기 수양을 할 수가 있겠는가 말이지요? 그러면서도 죽을 때가 되면 우리네와 다를 바가 없지 않습니까? 세상을 살아가며 너무 돈, 돈 할 필요가 없습니다. 어려울 때일수록 더욱 보시를 해야 이 어려운 고비를 벗어날 수가 있는 것입니다.

얼마 전에 연세가 지긋하신 한 거사님께서 질문을 하셨습니다. 평생 벌어 놓은 돈을 어떻게 쓰고 죽는 것이 가장 현명한 방법일까 하고 말입니다. 저는 이렇게 대답하였습니다. 죽기 전에 모든 재산을 사회의 어려운 우리 이웃을 위해 헌납하여 좋은 마음으로 보시하는 것이 가장 수행자다운 삶의 회향이 아닐까 하고 말입니다. 이렇게 한다면, 분명 살면서 모아온 모든 노력은 보시바라밀행이 되어 엄청난 복덕이 되고, 돈 벌기 위해 한 모든 행위들은 바라밀행으로 전환되지 않을까 하는 생각이 들었습니다. 한세상 아등바등하며 내 재산 늘리려고, 내 소유를 늘리려고 그렇게 아상을 높이기 위해 살아와 놓고는 죽는 순간에까지 아상을 놓지 못하고 세상을 떠나갑니다. '내 자식'에게 물려주려고 또 다른 아상의 연장인 '자식'에 미련을 둡니다.

부모의 자식 사랑은 아상의 연장인 경우가 많습니다. 나 잘되고자 하는 것처럼, 내 자식 잘되게 하려는 마음이기 때문입니다. 죽기 전에 자식들에게 많은 재산 물려줄 생각은 하지 않는 것이 좋을 것입니다. 그렇게 되면 자식에게 업장만 지어 주는 꼴이 됩니다. 사회에 환원하여 어려운 이웃을 위해, 또 부처님 법 전하기 위해 좋은 마음으로 회향한다면 그 모든 복덕은 몇 배가 되어 자식에게로 되돌아갈 것입니다. 이런 회향은 우주 법계에 저축하는 일이 되기 때문에 아마도 몇 배 되는 이자까지 합하여 자식에게 남겨주는 일이 될 것입니다. 무엇이 진정한 자식 사랑인가를 생각해 볼 일입니다.

자! 이제 보시바라밀행을 하는 일만 남았습니다. 내가 무아(無我)이고, 공(空)이라는 것을 분명히 알면 돈이나 재물, 명예에 그렇게 집착하지는 않을 것이라 하였습니다. 다시 말해 무아(無我)인 나를 가지고 자꾸만 '나다' 하는 생각(我相)을 가지기 때문에, 이를 연유로 해서 '내 것이다'라는 생각이 끊이지 않는 것입니다. '내 것'에 집착하게 되니 베풀 수 없는 것입니다. '나다'라는 생각을 없애고, 진실로 무아임을 자각하는 것만으로, 우리의 삶은 무주상보시가 몸에서 떼려야 뗄 수 없는 삶의 실천 방법이 될 것입니다.

(2) **지계바라밀 수행**

지계(持戒)는 계율을 지키는 수행을 말합니다. 계율을 지킨다는 것은, 곧 말과 뜻과 행동을 절제할 줄 아는 것입니다. 지계는 우리가 부처님 법을 공부하고 수행하는데 울타리와도 같은 역할을 하기에 '아름다운 구속', '성스러운 구속'이라고 말하기도 합니다. 마치 수풀이 우거진 밀림에서 온갖 거친 짐승들에게서 스스로를 보호하기 위해 울타리를 치듯이, 우리가 정진을 해 나아감에 있어서 계는 주위의 온갖 거친 경계, 온갖 유혹으로부터 보호해 주는 것입니다.

오늘날의 세상은 오탁악세(五濁惡歲)의 말법(末法) 시대라는 경전의 말씀처럼 물질이고, 정신이고 모두가 오염되어 혼탁하기 그지없습니다. 사회는 산업화 · 도시화로 너무나도 복잡하고, 혼란스러우며, 인간의 마음 또한 오염되어 서로에게 무관심하고, 시기 · 질투하며, 탐내고, 성내고, 어리석은 탓에 얼마나 많은 죄업을 짓고 있는지 모릅니다. 이러한 혼탁한 세계에서 우리를 잘 지켜줄 수 있는 울타리가 있다면 얼마나 소중하고 감사한 일이겠습니까? 그것이 바로 계(戒)인 것입니다. 요즘같이 오염된 시대일수록 지계는 더욱 소중한 바라밀 수행의 덕목으로 다가옵니다. 아무리 험한 밀림이라도 울타리를 잘 쳐 놓으면 거친 짐승이나 온갖 위협으로부터 우리를 지킬 수 있듯, 계를 잘 받아 지니고 실천하는 수행자에게는 온갖 안팎의 경계들 속에서 몸과 마음을 제어할 힘이 생겨납니다.

아무리 수행하고자 해도 우리네 어리석고 탁한 중생들 주위에 온갖 경계와 역경이 도처에 도사리고 있으며, 곳곳에 수행을 방해하는 일들이 생겨나게 마련입니다. 그렇기에 그만큼 더 수행하기 어렵다고 하는 것입니다. 그러나 지계바라밀을 실천하는 수행자는 기본적으로 몸과 말과 뜻을 잘 다스려 모든 행이 맑고 청정하기에 그만큼 안팎의 온갖 역경과 수행에 방해되는 일이 줄어듭니다. 그러니 지계바라밀은 모든 수행자들에게 수행에서의 마장을 제어해주는 밝은 실천의 가르침인 것입니다.

또한 계를 지니는 수행자는 호법선신(護法善神)들이 그를 옹호한다고 합니다. 보통 절에 가면 화엄성중전을 보고 반야심경을 봉독합니다. 그러한 화엄성중들이 바로 호법선신인 것입니다. 그 신중님들은 계를 받아 지니고 정과 혜를 닦는 수행자들을 옹호하며 수행의 길에 생길 수 있는 온갖 장애들을 막아줍니다. 이와 같이 지계바라밀은 모든 수행자들을 오직 정진에 몰두할 수 있도록 온갖 유혹을 제어해 주고 정과 혜를 증장하도록 도와주는 것입니다. 계를 지키지 않고 정(定)에 들거나, 밝은 지혜(慧)가 생긴다는 것은 있을 수 없는 일입니다. 삼학(三學)에서 계(戒)를 먼저 언급한 연후에 정(定)과 혜(慧)를 얻을 수 있다고 한 바도 그러한 연유인 것입니다.

계는 다만 '무엇을 하지 말라'는 금지 규정만을 의미하는 것은 아닙니다. 오히려 '적극적으로 행동하라'는 긍정적이고 능동적인 실천의 가르침입니다. 또한 나만 혼자 지키는 것이 아니라, 모든 이들이 함께 지킬 수 있도록 적극 권장하는 이타정신이 깃들어 있는 내용이기도 합니다. 이것이야말로 진정한 의미의 대승계입니다. 소승계는 '하지 말라'는 금지 규정의 성격이 강하며, '스스로 잘 지키라'는 수행자 자신을 위한 수행 방법입니다. 그렇기에 계 자체의 철저함을 강조합니다. 같은 오계(五戒)일지라도 소승의 계는 절대 어겨서는 안 된다는 철저한 계행을 강조한 반면, 대승계는 형식과 문자에 치우치는 것이 아니라, 마음으로부터 우러나와 올바로 실천하도록 하는 데에 중점을 두고 있습니다.

이를테면, 소승에서는 불망어(不妄語)라고 하면, 절대로 망어나 거짓말 등을 해서는 안 된다는 것이지만, 대승계는 상황에 따라 선(善)을 위하고 중생(衆生)을 위한다는 이타적인 동체대비(同體大悲)의 마음이라면 어쩔 수 없는 경우 거짓말을 할 수도 있다고 가르치는 것입니다. 이것이 바로 지범개차(持犯開遮)의 정신입니다.

그렇다고 하더라도 무조건 자신을 위한 것이라면 이것은 지범개차가 아니라 파계(破戒)가 되는 것입니다. 지범개차의 기준은 바로 일체 중생을 위한 이타적인 동체대비의 마음인가, 그렇지 않은가 하는데 있는 것입니다. 바른 수행자는 계를 잘 지킬 줄 알아야 하며, 동시에 잘 파할 줄 알아야 하는 것입니다.

대승불교에서는 출가, 재가의 구분 없이 지켜야 할 윤리적이고도 실천적인 계가 있으니, 바로 십선계(十善戒)입니다. 이것은 신, 구, 의로 우리가 저지를 수 있는 일체의 악업을 짓지 않도록 하며, 적극적으로 몸과 입과 생각을 청정히 하여 복덕을 지을 수 있게 합니다. 우리가 짓는 업에는 몸으로 짓는 세 가지, 말로 짓는 네 가지, 마음으로 짓는 세 가지가 있습니다. 이것은 본래 근본불교에서 말하는 십업설(十業說)로 잘 알려진 교설인데, 십선업을 적극적으로 지키는 것은 몸과 입과 생각을 삿되게 물들지 않게 하여 수행자를 잘 단속시켜 주기 때문입니다.

이 십업을 자세히 나누어 보면 신업에는 살생(殺生), 투도(偸盜), 사음(邪淫)의 세 가지가 그리고 구업에 망어(妄語), 기어(綺語), 양설(兩舌), 악구(惡口)의 네 가지, 의업에는 탐(貪), 진(瞋),치(癡)의 세 가지가 있습니다.

이 중 중요한 것은 물론 의업입니다. 일반적으로 업이라고 하면 신업과 구업이 전부라고 생각하기 쉬운데 사실은 입 한번 열지 않고, 손끝 하나 까딱하지 않고 생각만으로 우리는 엄청난 악업을 지으며 살고 있습니다. 생각으로, 수많은 폭행을 일삼고, 살인도 하며, 간음도 하고, 남의 것을 훔치기도 하며, 겉으로는 아닐지라도 속으로 온갖 욕설을 일삼으며, 탐내는 마음, 성내는 마음, 어리석은 마음을 내고 있는 것입니다. 우리들의 마음 하나하나가 별것 아닌 것 같아도, 사실은 엄청난 영향을 가지고 나의 미래의 과보를 창조하고 더 나아가서는 전 우주 법계를 진동시켜 나아가고 있는 것입니다. 신구의 삼업이라 하지만, 그 모두가 우리의 의업, 생각 속에서 비롯되어 나타나는 것입니다.

그러면 십업과 십선계에 대하여 간단히 살펴보겠습니다.

1) 살생(殺生) - 산목숨을 죽이는 것

살생을 하면 내세에 인간으로 태어나도 수명이 단축된다고 합니다. 소극적으로는 불살생해야 하며, 적극적으로는 생명을 살려주는 방생(放生)을 하면서 자비스러운 마음을 가져야 할 것입니다.

이것이 바로 불살생계입니다.

그렇다고 이러한 업을 무조건 악업, 선업이라고 단정 지을 수 있는 것이 아닙니다. 어떤 마음을 가지고 업을 지었는가에 따라 살생, 도둑질, 거짓말 등도 바르게 쓰일 수가 있습니다.

로스탕의 자전적 명상록에 보면 "한 사람을 죽이면 그는 살인자이다. 수백만 명을 죽이면 그는 정복자이다. 모든 사람을 죽이면 그는 신이다."라고 했던 것처럼 말입니다.

보살은 그저 내버려두면 모든 중생을 죽일 것 같은 살인자를 일체 중생을 구하려는 마음에서 죽여 줄 수도 있는 것입니다.

물론 보살 자신은 그 무서운 과보를 분명히 받게 되겠지만, 중생을 위한 보살의 자비심이 앞서므로 마땅히 그럴 수 있는 것입니다.

2) 투도(偸盜) - 다른 사람이 주지 않은 물건을 취하는 것

도둑질을 하면 내세에 인간으로 태어나도 재물에 어려움을 겪는다고 합니다. 소극적으로는 불투도 할 것이며, 적극적으로는 부지런히 힘쓰고 노력하는 근면(勤勉)한 생활을 해야 할 것입니다. 또한 보시바라밀의 실천에 힘써야 합니다. 이렇게 실천하는 이는 무한한 복덕을 짓는 것이 됩니다. 이것이 두 번째로 불투도계입니다.

3) 사음(邪淫) - 청정치 못한 남녀관계를 갖는 것

음행을 저지르면, 내세에는 인간으로 태어나더라도 자기 아내, 남편이 남의 유혹을 받아 삿된 음행을 하게 됩니다. 소극적으로는 불사음하며 적극적으로는 올바른 이성관계를 가지고 정음(正淫)하는 청정한 생활을 해야 할 것입니다.

청정한 생활이라 하면 물론 이처럼 올바른 이성관계를 하는 것도 되지만, 출재가 수행자가 해야 할 청정행이라면 부처님 법으로 법계를 장엄하며 올바른 신행생활을 하는 것을 말합니다. 이것이 세 번째 불사음계인 것입니다.

4) 망어(妄語) - 거짓말하는 것

거짓말을 하면 남의 놀림을 받는 과보를 받는다고 합니다. 소극적으로는 불망어하며, 적극적으로는 바른 말, 정어(正語)를 해야 할 것입니다. 또한 부처님 경전과 조사 어록 등을 배우고 선설(宣說)하면서 항상 진실한 생활을 해야 할 것입니다. 이것이네 번째 불망어계입니다.

5) 양설(兩舌) - 이간질하는 것

이간질하는 말을 하면 절친한 친구에게 배반을 당하는 과보를 받는다고 합니다. 소극적으로는 불양설하고, 적극적으로는 허망하지 않은 진실된 말인 진어(眞語)를 해야 합니다. 또한 서로를 화합시켜 '모두가 하나'라는 부처님의 가르침으로 주위를 장엄해야 합니다. 이것이 다섯 번째 불양설계입니다.

6) 악구(惡口) - 거친 말하는 것

거친 욕설을 많이 하면 다음 생에 추한 음성을 갖게 된다고 합니다. 소극적으로는 불악구하고 적극적으로는 사랑스러운 말 애어(愛語)를 해야 합니다. 다른 사람의 선한 행위에 대하여 따뜻한 마음으로 칭찬하고, 악을 행하는 이에게는 올바른 길로 돌아올 수 있도록 충고를 아끼지 말아야 합니다. 이것이 여섯 번째 불악구계입니다.

7) 기어(綺語) - 꾸미는 말을 하는 것

꾸미는 말을 많이 하면 신용이 없어진다고 합니다. 소극적으로는 불기어 해야 하고, 적극적으로는 실다운 말, 실어(實語)를 해야 합니다. 누구에게나 정직하고 진실하게 대해야합니다. 이것이 일곱 번째 불기어계입니다.

8) 탐(貪) - 탐욕스러운 마음을 내는 것

탐욕이 많으면 욕심내는 마음이 점점 더 치성하여 탐심이 늘어갑니다. 이러한 사람은 다음 생에 아귀지옥에 태어난다고 합니다. 소극적으로는 불탐, 탐내지 말며 적극적으로는 널리 무주상보시를 베풀어야 합니다.

'내 것이다'라는 아상을 놓아버리고, 모든 것은 잠시 나에게로 온 것일 뿐이며, 인연이 다하면 사라진다는 사실을 올바르게 알아야 합니다. 이것이 여덟 번째 불탐욕계입니다.

9) 진(瞋) - 성내는 것

성냄이 많으면 작은 일에도 화를 잘 내는 난폭자가 됩니다. 이러한 사람은 다음 생에 아수라에 태어난다고 합니다.

극적으로는 성내지 말며, 적극적으로는 다른 이를 대할 때 항상 자비로운 마음으로 대해야 합니다. 이것이 아홉 번째 불진애계입니다.

10) 치(癡) - 어리석은 것

어리석음이 많으면 다음 생에 축생이 되거나, 사람으로 나더라도 어리석은 바보가 된다고 합니다. 소극적으로는 어리석은 마음을 없애야 하며 적극적으로는 슬기로움을 행하는 지혜를 닦아야 할 것입니다. 이것이 열 번째 불우치계입니다.

우리는 살아가면서 수없는 악한 행동, 악한 말을 하고, 악한 마음을 먹으며 살아갑니다. 때로는 모르고서 행하는 악행이 있는가 하면 알고서도 하는 악행이 있습니다. 왠지 남에게 잘해 주고 보시하면 내가 손해를 보는 것 같고, 바보가 되는 것 같기도 합니다. 요즘은 세상이 어떻게 돌아가는지 베풀기만 하고 정직하게 살아가면, 오히려 바보 취급을 받는다고 합니다. 사실로 그럴까요? 우리는 내 눈으로 확인하지 않은 것은 믿지 않는 경향이 있습니다. 그래서인지 독실한 불교 신자들도 인과의 도리를 망각한 채 머리 굴려 내 이익을 챙기고, 베풀며 정직하게 살면 오히려 멍청이라는 사회의 잘못된 인식에 이끌려 있는 경우가 대부분입니다.

분명히 말하지만, 이는 절대로 잘못된 사고방식이니 인과를 믿는 불자들은 항상 십선계(十善戒)를 널리 닦아 행할 일입니다.

(3) 인욕바라밀 수행

세 번째, 인욕바라밀은 참는 실천행입니다. 탐진치 삼독심 중에서 성내고 화내는 진심(嗔心)을 잘 닦을 수 있는 실천행인 것입니다. 우리는 하루에도 몇 번씩 자기 마음의 변화를 관찰하게 됩니다. 주위의 경계를 대할 때, 다른 이가 욕을 한마디 했을 경우, 혹은 폭력을 행사했을 경우 등 많은 상황에서 우리 마음속에는 성내는 마음이 일어나고, 욕됨을 참기 어려운 일들이 많게 마련입니다. 이럴 때마다 그 괴로운 상황에서 성내지 말고 잘 참아내라고 하는 것입니다.

여기에서 인욕이란, 그냥 성나는 마음을 꾹 누르고 있어야 한다는 말이 아니라, 그 마음에 걸리거나 휘둘리지 말고, 잘 놓아버려야 한다는 말입니다. 그 올라오는 마음이 공한 줄 바로 깨쳐 알 수 있게 되면 자연스럽게 성나는 마음이 놓이게 되기 때문입니다. 그러니 인욕바라밀은 지혜로운 안목으로 행할 일이지, 그냥 꽉 눌러 참기만 한다고 해서 인욕이 되는 것은 아닌 것입니다.

수행 정진할 때도 마찬가지입니다. 참선, 염불, 간경(看經), 주력(呪力)을 하려 해도 마음처럼 잘 되지 않을 것입니다. 다리도 아프고, 목도 아프고, 몸을 가만히 두고 오랫동안 정진을 하기란 그리 쉽지만은 않습니다. 이때, 이 어려움을 잘 참고 인욕하는 것 이 정진의 시작인 것입니다. 힘들다고 중단한다면 언제 정진해서 깨달음에 이를 것입니까? 108배, 1080배, 3000배를 하면서도 참 쉽고 재미있어서 하는 사람이 어디 있겠습니까. 육신이 너무 고되고 어려우니 수행인 것입니다. 수행이란 몸뚱이 착을 거스르는 것이지, 몸뚱이 착심, 아상이 시키는 대로 하는 것은 아니기 때문입니다. 힘들고 고되야 수행인 것입니다. 3000배를 할 때라도 처음 500배 정도에는 '내가 수행한다'는 아상 때문에 참 쉽고 그런대로 견딜 만합니다. 한 1000배, 2000배 정도 되면 정말 하기 싫고 미칠 것만 같습니다. 그 마음 잘 인욕하여 아상을 비우고, 몸뚱이 착심을 잘 다스려야 그때부터 수행은 시작되는 것입니다. 즉, 인욕바라밀의 수행이 시작되는 것입니다.

우리는 연기(緣起)라는 존재의 실상을 올바로 깨닫지 못하기 때문에, '나'라고 했을 때 이것은 다만 연기되어진 인연화합의 산물일 뿐임을 알지 못합니다. 그렇기에 '나다' 하는 집착을 가지게 되며, 내가 원하는 대로 되지 않았을 때 화를 내고 성을 내게 되는 것입니다. '나다' 하는 상이 없다면 누가 화를 낼 것입니까? 화를 내고 있는 주체가 바로 '나'인 것입니다. 화가 날 때 그 마음을 진실로 잘 다루기 위해서는 '나다' 하는 상을 놓아버려야 합니다. 화나는 마음을 있는 그대로 관찰하고 그 마음을 놓았을 때 성내는 마음은 이내 고요해지는 것입니다.

다시 말해 인욕바라밀은 앞에서도 말했듯이 무엇을 억지로 참으라고 하는 것이 아닙니다. 억지로 참는다면 도리어 마음에 병을 만드는 것밖에 되지 않습니다. 이것은 더 위험한 일입니다. 마음에 꽉 채워두면 언젠가는 넘치고 폭발할 것이기 때문입니다. 마음에 꽉 눌러두게 되면 시간이 흐르면서 그 마음이 무거워 가라앉습니다. 가라앉다 보니 우선은 그리 괴로운 줄 모릅니다. 그러다 보니 사람들은 그것이 없어진 것인 줄 안다는 말입니다. 그러니 '시간이 해결해 줄 거야'라는 말을 많이 하는 것이지요. 아무리 괴로운 일, 성나는 일도 시간이 약이 되는 줄 안다는 말입니다.

하지만 이 말은 어찌 보면 참으로 위험한 말일 수도 있습니다. 시간이 지나면 그 눌러 놓은 마음이 풀리지 않은 채 그대로 가라앉아 깊은 의식 속으로 자리 잡게 됩니다. 업이 된다는 말이지요. 그것은 해결이 아니라 잠시 뒤로 미루어 놓는 것에 불과합니다. 그 결과는 또다시 언젠가 인연을 만나면 그대로 드러나게 될 것입니다. 어쩌면 지금 해결하지 못한 과보로 더욱 커진 업이 된 채로 말입니다.

그러니 꽉 눌러 놓는다고 그것이 인욕바라밀이 되는 것이 아닙니다. 바른 지혜를 가지고, 바른 알아차림을 가지고 온전히 그 마음을 비우고 놓아서 온전히 풀고 가는 것이 참된 인욕바라밀의 실천인 것입니다.

위에서 말했듯이, 연기의 이치를 올바로 알고 무아의 이치를 올바로 깨달았을 때 자연히 이루어지는 생활 실천의 길이 바로 인욕바라밀인 것입니다. 인욕바라밀이야말로 모든 수행의 근본이 되며 가장 훌륭한 방법이 됩니다.

> 몸을 절제하고 말을 삼가고, 그 마음을 거두고, 화내는 마음을 버려야 하나니, 도를 행함에는 인욕이 가장 훌륭한 방법이다.
>
> 『법구경』

화를 낸다고 했을 때는 반드시 그 화를 낸 대상이 있게 마련입니다. 대상에 대해 연기라는 것, 무아라는 것을 올바로 알지 못하기에 일어나는 괴로움이니, 그 대상에 대한 집착을 놓아버리면 자연히 인욕이 되는 것입니다. 즉 마음을 비워내는 작업이 바로 인욕바라밀의 핵심이 됩니다. 참고 나서 그 한이 쌓인다면 이것은 인욕을 하여 비워낸 것이 아니라 도리어 더 큰 원한을 쌓는 것이 될 수도 있다고 하였습니다.

사실 살아가며 인욕행만 제대로 할 수 있다면 어떠한 괴로움도 능히 이겨 낼 수 있을 것입니다. 경계가 닥쳤을 때 그것에 얽매여 화내고 괴로워할 것이 아니라 그 경계를 수행의 재료로 돌릴 수 있어야 합니다. 그래서 그것을 잘 참고 이겨냈을 때, 그 괴롭던 경계가 감사하게 느껴진다면 이것이야말로 진정한 인욕바라밀의 온전한 수행이 됩니다. 이러한 인욕바라밀이야말로 가장 훌륭한 생활 수행 방법인 것입니다. 내 앞에 다가오는 세상 모든 경계가 나를 이끌어 주고, 내 수행을 도와주는 참으로 감사하고 고마운 경계로 받아들여져야 한다는 말입니다. 부처님께서도 그렇게 말씀하셨습니다.

> 만일 나쁘게 꾸짖는 말을 기쁘게 참고 받아서 감로(甘露)를 마시는 것과 같이 하지 못하는 자는 도에 들어갈 지혜인이라고 이름하지 못한다.
>
> 『유교경』

다툼으로써 다툼을 그치려 하면 필경 그치지 못한다. 오직 참아야 능히 다툼을 그치느니라.

『중아함경』

인내는 보리의 바른 인(因)이다. 아뇩다라삼먁삼보리는 인내의 결실이다.

『우바새계경』

인욕바라밀 수행을 잘 닦으셨던 스님으로 유명하신 분 중 청담스님에 대한 재미있는 일화가 있어서 소개해 봅니다. 청담 스님이 해인사에 계실 때의 이야기입니다. 대중공사 시간에 스님께서 말씀을 하시기 시작하면 한없이 길어지기 일쑤였다고 합니다.

나의 은사 스님이신 도문 스님께서도 대중공사 시간이면 항상 말씀이 길어지십니다. 어떤 때는 말씀이 길어지신 나머지, 아침 대중공사시간에 시작하여 그 자리에 앉아 그대로 점심 발우 공양시간까지 가는 경우도 종종 있었습니다. 청담 스님도 이러하셨는가 봅니다.

하루는 청담 스님의 인욕행에 대해 익히 들은 제자 중 한 스님이 청담 스님의 인욕행을 시험해 보기로 작정을 하고는 대중공사시간에 대뜸 스님의 앞으로 나가 큰스님의 뺨을 한 대 올려붙였다고 합니다. 그런데 청담 스님께서는 그 수좌를 쳐다보지도 않으시고는 하시던 말씀만을 계속하셨다고 합니다.

(4) 선정바라밀 수행

선정바라밀은 잡념을 제어하여 마음을 고요히 가라앉히는 수행입니다. 진정한 이치를 사유하고, 생각을 고요히 하며 마음이 산란치 않고 평온하게 하는 수행 방법인 것입니다. 나아가 생각을 끊고 자기의 본래 성품을 보고자 하는 실천행입니다. 이 실천을 위해서는 사량분별하는 마음에서 벗어나야 합니다. 기존의 고정된 관념을 과감히 타파해 버리고, 있는 그대로의 현실을 있는 그대로 비추어 보기 위해 분별심을 버려야 합니다. 오랫동안 곰곰이 사량분별하고 따져 본다고, 올바른 판단을 내릴 수 있는 것은 아닙니다. 선정에 들어 고요해졌을 때, 일체 사물의 관찰과 판단이 확연히 드러나는 것임을 알아야 합니다. 이것이 선정바라밀의 올바른 실천인 것입니다.

생활 속에서도 마찬가지입니다. 우리는 문제가 주어졌을 때 이것저것 사량하고 분별하며 분석하고 해답을 찾기 위해 이리저리로 머리를 굴립니다. 최대한 많은 정보를 찾아내어 그 복잡한 정보를 짜맞추기 위해 아옹다옹거립니다. 그렇게 해서 나온 해답만이 가장 과학적이고, 가장 현명한 방법이라 생각합니다. 살며 우리 앞에 떨어진 모든 결정이란 대부분 이렇게 만들어진 결정이기 쉽습니다.

그러나 그러한 복잡한 정보를 짜 맞추는 해답보다 고요하고 텅빈 가운데서 한 생각 일어나는 참된 해답을 찾을 수 있어야 할 것입니다.

그냥 턱 놓고 가면 맑은 결정을 할 수 있습니다. 고요한 가운데, 텅 비어 있는 가운데 우리의 의식은 가장 맑게 깨어 있을 수 있기 때문입니다. 이것이 바로 선정바라밀을 통한 삶의 결정방법이며, 해답을 찾는 방법이고, 선정을 생활 속에서 실천할 수 있는 방법이 되는 것입니다.

선정이라고 하면 가부좌하고 앉아 있는 것만을 생각하기 쉬운데 이것은 작은 의미의 선정에 불과합니다. 행주좌와 어묵동정 간에 언제라도 실천할 수 있는 것이라야 합니다. 진정한 선정은 가족, 직장, 학교 등 실제 생활 속에서 이루어지는 수행이어야 한다는 말입니다.

> 앉아 있다고 해서 좌선이 될 수는 없다. 삼계에 있으면서 몸과 마음이 움직이지 않는 것을 좌선이라 한다. 무심(無心)한 가운데 행동하는 것을 좌선이라 한다. 번뇌를 끊지 않고 열반에 드는 것을 좌선이라 한다.
>
> 『유마경』

이처럼 참된 선정이란 앉아 있을 때만 마음이 고요하다고 되는 것이 아닙니다. 그 고요함을 생활 속에서, 몸이 움직이는 가운데에서도, 그대로 써 먹을 수 있어야 참된 좌선이 되는 것입니다. 무심한 가운데 행동한다는 것은 일상 가운데 몸은 바쁘게 움직이고, 일하고, 생활하지만, 마음은 그대로 놓아두고(방하착), 집착은 그대로 놓아두고 행동해야 함을 이르는 것입니다.

경계 따라 일어나고 사라지는 마음은 산란한 마음입니다. 바로 그 놈을 놓아버려 생활 속에서의 그 어떤 경계라도 턱 놓고 여여하고 고요하게 살아갈 수 있어야 할 것입니다. 그것이 바로 생활참선인 것입니다. 생활참선이란 이처럼 몸은 움직이고 생활하더라도 마음은 턱 놓고 살기에 고요하며 평온할 수 있음을 의미합니다. 방하착의 실천이 바로 생활참선의 길이 되는 것입니다. 이렇듯 생활 속에서 올바른 선정의 실천을 위해 우리는 항상 마음을 관찰하여 비추어 보아야 합니다. 마음을 놓치지 않고 관찰하는 것이 바로 무심으로 살아가는 생활선정의 구체적인 수행의 방법이 되는 것입니다.

> 탐욕을 버리고(방하착) 악한 법을 여의며, 각(覺, 깨달음)과 관(觀, 알아차림)으로써 욕계의 악을 떠나는 데서 생기는 기쁨과 즐거움으로 초선(初禪)을 얻는다.
>
> 『중아함경』

항상 복잡하고 어수선한 마음에 이끌려 살아갈 것이 아니라 마음을 관찰하여 스스로 마음을 단속할 수 있어야 할 것입니다. 이렇게 마음을 항상 관찰하여, 어떠한 경계가 닥쳐도 집착하지 않고, 그 집착심을 놓을 수 있을 때 선정의 완성, 즉 선정바라밀이 있을 수 있습니다.

> 비구가 모든 사물에 대해 집착하지 않으면(방하착), 그런 비구는 사물(외경계)이나 자신의 거칠고 미세한 마음으로부터도(내경계) 자유롭게 선정을 닦을 수 있다.
>
> 『잡아함경』

집착을 놓았을 때 모든 분별심으로부터 벗어나 자유롭게 선정을 닦을 수 있습니다. 바깥으로부터의 일체외부 경계가 닥칠 때, 안으로부터의 마음속 온갖 내부의 경계가 일어날 때 바로바로 방하착하는 것이 진정한 선정바라밀이라는 말입니다. 그리하여 어떠한 집착에서도 훌훌 벗어나 자유로운 삶을 살아가는 것, 이것이 수행자의 삶인 것입니다.

요즈음 같이 바깥세상이 복잡하고 다양할수록 더욱 우리의 내면은 중심을 잡기가 어려워집니다. 우리의 마음은 산란하고 정신을 챙기기가 어려워집니다. 이럴 때일수록 더욱 생활 수행자들의 선정바라밀은 세상을 맑고 향기롭게 정화해 줄 것입니다. 바깥 경계에 휩쓸리기 쉬운 우리의 마음을 올곧게 잡아줄 수 있을 것입니다. 바른 선정으로 이 정신없는 세상에 홀연히 깨어 있으시길 빕니다.

(5) 정진바라밀 수행

정진바라밀은 게으르지 말고, 근면하게 부지런히 닦아 나아가라는 것입니다. 보시, 지계, 인욕, 선정, 지혜바라밀을 끊임없이 계속해서 닦아 나가는 것을 말한다고도 할 수 있습니다. 우리는 누구나 새해가 밝아오거나, 무언가를 시작할 때면 항상 다짐을 하고 원을 세웁니다. 그러나 이것을 끝까지 잘 실천하는 이는 얼마 되지 않습니다. 아마도 자신이 세운 원을 반드시 끝까지 실천할 수 있는 사람이라면 어떤 일이라도 충분히 해낼 수 있는 사람일 것입니다. 과연 이런 사람이 얼마나 될까요? 정진한다는 것은 너무나도 어려운 일이기도 합니다. 정진의 과정에는 항상 유혹이나 마장이 뒤따르게 마련이기 때문입니다. 그렇기에 정진을 하기 위해서는 그 어떤 유혹이나 마장도 과감히 이겨낼 수 있는 힘이 필요합니다. 그러기 위해서는 우선 목표가 뚜렷해야 할 것입니다. 다시 말해 어떤 난관도 극복하기 위해서 원을 뚜렷이 세워야 한다는 것입니다. 높이뛰기 선수가 목표가 되는 장대도 걸치지 않고 뛰어넘으려 한다면 과연 얼마를 뛸 수 있겠습니까?

그러나 목표인 장대가 어느 정도의 선에 걸쳐져 있다면 그 목표를 뛰어넘기 위해서 있는 힘을 다해 질주할 것입니다. 이렇듯 우리도 올바른 정진을 하기 위해서는 뚜렷한 원을 세우는 것이 필요합니다.

대학생 시절의 일입니다. 나는 중 · 고등학교를 거치며 영어라는 과목에 대해 큰 콤플렉스를 가지고 있었습니다. 유독 영어라는 과목에 대해서는 자신이 없었지요. 그래서 이것이 대학 1, 2학년 때까지 계속해서 마음속의 장애가 되고 있다는 것을 알았습니다.

영어 얘기만 나오면 왠지 모르게 약해지고, 부끄럽고 자신감을 상실하게 하고 있었던 것입니다. 그래서 대학교 2학년 때 영어에 대한 원을 세웠습니다. 까짓 영어를 하나 제대로 못해서 이렇게 인생을 기죽고 살 필요가 있는가? 꼭 영어라는 벽을 넘어보리라는 원을 세웠던 것입니다. 그리고는 3, 4학년을 걸치는 2년 동안은 영어와 전쟁이라도 하듯 달려들었습니다. 스스로 원을 세우니, 누가 시키는 것도 아니었는데 새벽 4시 30분이면 어김없이 일어나 학교로 향했고, 항상 도서관의 불을 켜는 것은 내 몫이었습니다. 하루에 15시간 정도를 공부에 투자하며 지냈어도 피곤함 때문에 힘들었던 적은 별로 없었던 것 같습니다. 그 영어에 대한 원이 컸었기에 그 원에 대한 실천 또한 꾸준했을 것입니다.

그러나 처음 출가를 하여 행자 생활을 할 때에는 왜 그렇게 힘이 들던지. 새벽 예불이 끝나면 5시가 되고, 아침공양 시간까지는 두 시간의 공백이 있었습니다. 그런데 다섯, 여섯 시간 잠을 자더라도 잠이 모자라고 피곤하여 항상 그 시간에는 구석에서 졸기 일쑤였습니다.

그러던 중, 가만히 관(觀)해 보니 몸에 문제가 있는 것이 아니라 마음에 문제가 있었다는 것을 알았습니다. 스스로 열심히 정진하리라는 마음은 없고, 처음 출가한 행자라는 심리적 압박감에 시달리는 나약한 마음 때문에 그렇게 피곤했던 것이었습니다. 그러다가 행자의 딱지를 떼고, 스님이 되고 나서는 어떤 일이 계기가 되어 스스로 너무 게으른 것이 아닌가 하는 한숨과 함께 이제부터는 열심히 정진해야겠다는 생각이 문득 들고, 다시 수행하리란 원을 세우게 되었습니다. 그러고 나니 어느새 피곤하다는 생각이 쑥 들어가는 것입니다.

정진도 이와 같을 것입니다. 주체 의식을 가지고 스스로 자기 일을 찾아서 하는 사람은 괴로움, 피곤함 등을 느끼지 않는 법입니다. 스스로 세운 밝고 견고한 원이 있기 때문입니다. 모든 일을 할 때라도 마찬가지입니다. 스스로가 그 일의 주인이 되어 주체적으로 행하였을 때라면 중도에 포기할 수 없이 꾸준한 정진을 해나갈 수 있을 터입니다. 그리하여 마음이 피곤한 줄 모르면 자연히 몸 또한 마음을 따르기 마련입니다. 그렇기에 정진은 '주체의식의 확립'이라고도 할 수 있을 것입니다. 자신의 삶에 '주인공'이 된다는 것이지요. 또한 이렇게 애써 세운 원은 간절해야 합니다. 한 젊은이의 일화가 있습니다.

어느 날 한 젊은이가 성자를 찾아왔다. 성자는 그때 갠지스 강에서 목욕을 하고 있었다. 그 젊은이는 성자에게 어떻게 하면 신(神)을 찾을 수 있느냐고 물었다. 성자는 그 젊은이를 붙잡아 깊은 물속에 집어넣어 버렸다. 젊은이가 숨이 막혀 거의 죽은 상태가 되었을 때에야 끄집어내었다.

"왜 그러셨습니까?"

젊은이는 노여움을 꾹 참으며 도저히 믿어지지 않는 듯한 얼굴 표정을 지어 보였다.

"네가 물속에 들어가 있는 동안 공기를 원하였던 것같이 간절히 신을 찾을 때에만 너는 신을 발견할 것이다."라고 성자가 대답했다.

이처럼 하고자 하는 일에 대한 간절한 마음이 있어야만 정진바라밀은 쉽게 실천될 수 있는 것입니다. 간절한 마음이 있어야 견고한 서원 또한 성립될 수 있는 노릇이지요. 굳은 서원을 세워 그 서원에 대한 간절한 마음을 가진다면 그 마음은 그대로 정진바라밀 수행이 되는 것입니다.

정진바라밀은 모든 수행자가 가야 할 길입니다. 사람들은 누구나 몸과 마음에 딱 붙어 있는 아상을 연습하는 업습(業習) 때문에 수행을 하려 해도 금세 포기하고 맙니다. 수행의 마음보다 아상의 마음이 크기 때문입니다. 처음 발심한 마음만 꾸준히 유지하여 정진할 수 있다면 그 사람의 최종 목적지인 깨달음은 문제도 아닙니다. 정진바라밀만 있다면 그대로 깨달음이라 할 수도 있을 노릇입니다. 법성게의 '초발심시변정각'이란 말은 이를 두고 하는 말인 것입니다. 정진바라밀이 실천되어졌을 때 바로 '초발심시변정각'이 그 의미를 발할 수 있다는 말입니다. 꾸준한 정진도 없이 어설픈 초발심만 가진다고 그대로 변정각이 될 수 없는 노릇입니다. 그래서 처음 발심하는 마음이 중요하고, 그 이상으로 그 마음을 꾸준히 유지하는 정진바라밀이 중요한 것입니다.

초발심의 서원이 자동차에 시동을 거는 일이라면 정진바라밀은 시동을 끄지 않고 계속해서 달리는 일입니다. 그렇게만 된다면 목적지까지 도달하는 것은 당연한 귀결이 될 것입니다. 출가하지 않은 재가생활 수행자님들에게 특히 가장 중요한 덕목이 바로 정진바라밀이 아닐까 생각해 봅니다. 누구나 생활 속에서 살아가면서도 순간순간 발심을 합니다. 그러나 생활 속에서 일어나는 각종 경계며, 환경들 때문에 그 순수했던 초심을 놓치고 중도에 포기하는 경우가 왕왕 생겨납니다.

출가했을 때보다 재가로 있다 보니 그만큼 경계가 많고 경계에 물들고 끄달릴 일들이 많기 때문입니다. 오히려 그만큼 닦아야 할 경계가 많다는 이야기일 것입니다. 초발심의 원을 세우고 나서는 '끝장을 보겠다'는 마음으로 한 치도 아상과 타협하지 말고 정진바라밀, 정진바라밀을 되뇌며 정진하셔야 할 것입니다.

(6) 반야바라밀 수행

반야바라밀은 완전한 지혜라는 의미로써, 우리 존재의 근원적실상이 환히 밝아져서 일체의 모든 실상을 투철히 깨달아 보는 것을 말합니다. 이것은 '마하반야바라밀다심경'이란 제목을 설명할 때 이미 언급하였던 '반야'와 중복되는 내용이므로 간략히 살펴보도록 하겠습니다. 이 반야라는 밝은 지혜는, 분별하고 사량하는 지혜가 아니라 있는 그대로의 현실을 올바로 관찰했을 때 나타나는 존재 근원의 바탕자리를 깨치는 지혜입니다.

이 반야를 통해서 우리는 그동안 어리석은 마음으로 집착해 왔던 '나다', '내 것이다', '내가 옳다', '내 맘대로 한다'고 하는 아상의 굴레에서 시원스레 벗어날 수 있는 것입니다. 일체의 모든 분별, 사량의 세계는 바로 이 아상이 근본이 되어 나타나게 된 것입니다.

'나다' 하는 상 때문에 탐 · 진 · 치 삼독심이 나온 것이며, 이 삼독심을 몸과 입과 뜻으로 어리석게 굴려 신구의 삼악업을 짓게 되는 것입니다. 그 결과 이렇게 생사 윤회의 과정을 끊임없이 돌고 도는 것입니다.

반야지혜라는 것은 바로 이 어리석은 윤회의 굴레에서 훤출하게 벗어나는 길입니다.

반야가 드러날 때, '나다' 하는 착각에서 벗어나게 되며, 나와 너를 분별하는 사량의 경지에서 과감히 벗어나 자타가 둘이 아닌 공의 세계, 연기의 세계, 무아의 세계, 나아가 일체와 내가 둘이 아닌 존재로서의 대아적(大我的) 깨달음이 열리는 것입니다. 그렇기 때문에 반야의 지혜를 무분별지(無分別智)라고도 부르는 것입니다. 나와 너를 가르는 분별심이 모두 사라지는 완전한 평등일여(平等一如)의 깨달음이기 때문입니다.

이 무분별지의 세계야말로 텅 비어 있기에 한없이 꽉 차고 아름다운 세계인 것입니다. 이 무분별지, 반야의 실천을 위해서 우리는 마음속에 가득 차 있는 분별과 집착을 모두 놓아버려야 할 것입니다. 반야의 지혜는 연기, 공, 무아를 밝게 깨쳐 보는 지혜라 하였습니다.

다시 말해 일체 존재의 실상이 연기하는 인연가합의 존재로 고정된 실체가 없어 공하며, 무아라는 것을 밝게 깨쳐 아는 지혜입니다.

그 말은 일체 제법이 텅 비어 있기에 어느 하나 분별할 것도 없고, 어느 하나 집착할 것도 없다는 말입니다.

무분별이며, 무집착의 지혜를 의미하는 것입니다. 그렇기에 분별하는 마음, 집착하는 마음을 다 놓아버려야 밝은 반야지혜가 드러나는 법입니다.

방하착 생활 수행이야말로 반야지혜를 드러내는 밝은 수행법이 될 것입니다. 경전에서는 반야야말로 모든 부처님의 어머니라고 말하고 있습니다.

여래는 지혜로써 무지한 중생을 제도한다. 만일 사람을 관찰하여 그 본말을 추구할진대, 과거, 당래(當來), 현재의 제불이 누구를 어머니로 삼았기 때문인가? 마땅히 알라. 반야(지혜)로써 무변한 중생을 제도하는 것이니, 지혜가 곧 어머니이다.

『불승도리천위모설법경』

5. 조견(照見)

조견(照見)이란 '비추어 본다'는 의미입니다. 있는 그대로의 현실을 있는 그대로 비추어 보는 것을 말합니다. 있는 그대로라고 하면 고정관념, 편견, 선입견이나 어떤 상(相)을 짓지 않고 바라보는 것을 의미합니다. 어느 한쪽으로 치우치지 않는 중도(中道)의 관찰이기도 합니다. 부처님도 바로 이 현실의 조견을 통해 확연한 깨달음을 이룰 수 있었던 것입니다. 이것은 팔정도의 정견(正見)을 의미하기도 합니다.

부처님은 어떤 형이상학적인 세계라든가, 절대자에 의해서 피동적으로 깨달음을 얻으신 분이 아닙니다. 다만 부처님께서는 있는 그대로의 현실에 대해 있는 그대로 비추어 보셨기에 깨달음을 얻을 수 있었던 것입니다. 다시 말해 부처님의 깨달음은 전적으로 현실에 대한 비춤, 즉 조견의 결과라는 말입니다. '나'에 대한 조견, '현실'에 대한 조견이 바로 깨달음으로 가는 수행자의 바른길임을 보여주신 것입니다. '나' 그리고 '현실' 이외의 그 어떤 것에 의해서 깨달음을 얻을 수는 없습니다. 스스로 나와 내 밖의 현실을 있는 그대로 비추어 봄[조견]으로써 나와 내 밖의 현실이 어떠한 모습으로 구성되어 있으며, 어떠한 법칙성을 가지고 돌아가고 있는지, 어떠한 성질과 속성을 가지고 있는지 등에 대한 온전한 깨침을 얻을 수 있었던 것입니다.

우리가 근본불교 교설이라고 하는 연기법, 삼법인, 오온, 육근, 십이처, 십팔계, 업, 윤회, 사성제, 팔정도, 사념처 등 이 모든 교설은 고타마 싯다르타의 현실[일체, 제법, 우주, 세계]에 대한 올바른 관찰이 있었기에 나올 수 있었던 것이라 말할 수 있습니다. 현실을 가만히 관찰해 봄으로써 연기법이라는 현실의 법칙을 조견할 수 있었고, 그 연기법을 통해 현실의 속성, 성질인 삼법인의 교설이 나오게 된 것입니다.

또한 현실의 구성 방식을 가만히 비추어 보니 우리의 신, 구, 의 3가지로 행한 행위가 업이 되어 윤회의 수레바퀴를 돌고 돈다는 것을 여실하게 보신 것입니다. 이렇게 현실의 법칙, 현실의 성질, 현실의 구성 방식에 대하여 조견하시고는, 그렇다면 현실, 일체, 제법이란 과연 무엇인가를 비추어 보셨습니다. 오온, 십이처, 십팔계라는 교설이 바로 현실의 모습, 일체 제법, 다시 말해 불교의 우주관, 세계관인 것입니다. 부처님께서 이와 같이 비추어 보신 결과, 오온이 모두 공함을 깨달으셨습니다. 즉 조견의 결과 오온개공(五蘊皆空)을 알게 된 것입니다.

이것은 근본불교의 핵심 가르침인 삼법인의 무아(無我)의 교설인 것입니다. 그렇다면 부처님께서 비추어 보신[照見] 가르침에 대해서 개괄적으로 살펴보도록 하겠습니다. 다시 말해 부처님께서 말씀하신 근본 가르침이 무엇인지를 우선적으로 살펴보도록 하겠습니다. 그 이유는 근본불교의 가르침의 전반적 교설을 알고 있어야, 이것이 대승불교의 반야 공 사상에 와서 오온개공(五蘊皆空)이라는 짧은 경구로 표현된 연유를 알 수 있을 것이기 때문입니다. 요컨대, 석가모니 부처님께서 설하신 근본불교의 교설을 명확히 이해하고 있어야만 대승의 공 사상을 제대로 이해할 수 있을 것이기 때문입니다.

언뜻 보기에는 대승의 공 사상이 근본교리를 부정하고 있는 듯 보이지만, 이는 다만 시대적 배경과 현실 상황에 따라 겉모습만 잠시 달라진 것일 뿐 그 가르침의 본질은 하나로 통일되어 있으며, 새로운 각도에서 재조명 되고 있는 것이라 할 수 있습니다.

(1) 현실의 조견

그러면 여기서 불교의 근본교설, 다시 말해 기초 교리를 체계적, 유기적으로 정리해보고 넘어가는 것이 순서일 것입니다. 그래야만 앞으로 나오게 될 반야심경의 모든 가르침에 대해 쉽게 이해하실 수 있을 것입니다.

반야심경은 언뜻 보기에 부처님께서 설하신 근본 교설의 가르침을 정면으로 부정하는 것처럼 보이기 때문입니다. 색수상행식[오온]을 부정하고, 안이비설신의[육근]와 색성향미촉법[육경]을 부정하며 십팔계, 12연기, 사성제를 비롯 깨달음까지 부정하여 어디에도 얻을 것이 없다는 무소득의 가르침을 설하고 있습니다. 물론 이 부정은 부정을 위한 부정이 아닌 삿된 것을 파하고 오히려 밝은 것을 드러내고자 하는 파사현정의 의미를 내포하고 있음은 이후에 따로 설명할 것입니다. 여하튼 이러한 반야심경의 본문을 이해하고자 한다면 마땅히 근본 불교의 교설에 대한 포괄적인 이해가 선행되어야 합니다.

보통 10년, 20년 아니 평생을 두고 부처님의 가르침을 공부해온 사람도 부처님의 가르침에 대하여 명확하고 체계적인 정리를 제대로 하지 못하고 있음을 많이 보아왔습니다. 의례히 부처님의 법이라고 하면 연기법이고, 삼법인이며, 사성제, 팔정도, 오온, 십이연기, 십이처, 업, 윤회가 있다고 근본불교 교설을 중구난방식으로 나열하는 정도입니다. 그러나 이러한 교설이 왜 나왔으며, 어떻게 서로 연관 관계를 가지고 있는지, 이러한 교설이 불교의 핵심사상이라고 한다면 이것이 우리가 가지고 있는 괴로움을 어떻게 해결해 줄 수 있는지 등에 대해 포괄적으로 검토하고 체계적으로 정리하는 작업이 우리에게 가장 중요할 것입니다.

이러한 체계가 잡혀야만 이후 부파불교와 대승불교의 중관(中觀), 유식(唯識), 밀교(密敎), 천태(天台), 화엄(華嚴), 선(禪), 정토(淨土) 사상 등의 역사적 전개를 공부해 나아감에 있어서 교리의 역사, 즉 불교 사상사를 이해하는 과정에서 헤매지 않을 수 있을 것이기 때문입니다. 또한 이러한 체계를 토대로 반야심경의 공 사상을 살펴보아야만 공사상의 올바른 이해가 가능하기 때문입니다. 그러면 다음 강의에는 근본교설에 대한 개략적이고 체계적인 정리를 해두고, 그 뒤에 반야심경 본문을 공부하며 좀 더 자세한 교리의 실천적인 공부를 하도록 하겠습니다.

1) 연기법 – 현실의 법칙

부처님께서 깨달으신 진리는 어떤 절대자에 의해서 주어진 깨달음이 아니요, '나' 밖에서 얻은 소극적인 깨달음이 아닙니다. 부처님께서는 오직 자기 자신의 의지로 '나'와 '나' 밖의 현실 그 자체를 여실히 관찰하셨고, 그로 인해 현실이 어떠한 법칙으로 이루어져 있는가를 깨달으셨습니다.

부처님께서는 있는 그대로의 현실을 있는 그대로 여실히 관찰함으로써[正見] 비로소 현실이 어떠한 규칙, 법칙을 가지고 있는가를 보셨던 것입니다. 언뜻 보기에는 그저 복잡하고 불규칙적으로 돌아가고 있는 것 같은 현실세계가 깨달음의 밝은 혜안(慧眼)으로 보니 모두가 철저히 규칙적이고 체계적으로 정리되어 있음을 아셨습니다. 우연히 일어나거나, 숙명적이라거나, 아무 이유 없이 일어나는 일이란 결코 있을 수 없음을 여실히 아셨습니다. 이 사실이 바로 연기의 법칙인 것입니다.

일체 모든 존재는 0.1%의 오차도 없이 철저하게 그럴만한 인과 연이 서로 화합하여 일어나고, 멸할 때도 마찬가지로 인연이다 했으므로 멸한다는 사실을 깨달으셨습니다. 그래서 이것을 부처님께서 깨달으신 진리의 핵심이라 하며 '연기를 보면 부처님을 본다'고 한 것입니다.

2) 삼법인 – 현실의 속성

이와 같은 현실의 관찰을 통해서, 현실은 연기법이라는 법칙으로 인해 모든 존재가 역동적이고도 박진감 넘치게 돌아가고 있다는 것을 깨달으셨던 것입니다. 이러한 깨달음은 다만 연기법의 확신에서 그치는 단편적인 교설이 아닙니다. 현실이 연기법이라는 법칙으로 움직인다는 사실은 현실이 어떠한 속성을 가지고 있는가를 알려주기에 충분하였습니다. 현실의 속성, 일체 제법의 속성은 과연 어떠한가?

일체의 모든 존재가 서로 연관되어 생(生)하고 인과 연이 다하면 멸(滅)한다는 진리는, 이 세상 어떤 것도 항상함이 없다는 것을 의미합니다. 인과 연의 화합으로 이루어졌으므로 이 인과 연의 화합이 다하면 반드시 어떠한 존재도 멸하게 마련인 것입니다. 우리가 느낄 수 있는 어떠한 존재도 반드시 멸할 수밖에 없다는 것이 바로 현실의 첫 번째 속성인 제행무상(諸行無常)인 것입니다.

이렇게 일체 제법은 어떠한 것도 항상하지 않으며[無常], 반드시 언젠가는 멸하는 속성을 가지고 있다면 이 사실이 의미하는 또 다른 중요한 사실을 유추하여 생각할 수 있습니다. 그것은 바로 어떠한 존재도 '나다'라고 할 만한 고정된 아(我)가 없다는 것입니다. 우리가 흔히 생각하는 '나'는 인과 연이 서로 화합하여 잠시 일어난 존재일 뿐이며, 인과 연이 다하면 언젠가 반드시 멸할 수밖에 없는 존재입니다. 그러므로 '나'라는 것은 고정된 '나'가 아니고, 연기된 존재로서 인연 따라 잠시 만들어진 나, 거짓된 나일뿐인 것입니다. 그렇기에 현실의 두 번째 속성을 제법무아(諸法無我)라고 하는 것입니다.

이러한 현실을 다시 한 번 음미해 보겠습니다. 우리가 살고 있는 이 세상의 모든 존재는 다만 그럴만한 인과 연이 화합함으로 인해 이루어진 것이고, 인과 연이 다하면 사라질 수밖에 없는, 항상하지 않는 무상(無常)한 존재이며, 그렇기에 우리는 '나다' 하고 내세울 것이 없는 무아(無我)의 존재인 것입니다.

이러한 사실이 바로 우리의 현실은 고(苦)라는 것을 말해주고 있습니다. 무언가 항상할 때 행복이 있고, 내가 있을 때 행복한 것이지 무상하고 무아인데 행복하다고 할 수 있을까요?

예를 들어, 우리가 많은 돈을 가지고 있는 재벌의 아들, 딸이라고 해봅시다. 분명히 누릴 수 있는 것을 대부분 누릴 수 있으며, 그렇기에 행복에 젖어 살 수 있을 것입니다. 그러나 하루아침에 기업이 부도가 나서 그야말로 완전히 망했다고 생각해 보면 어떻겠습니까. 얼마나 고통스러우면 이러한 일로 자살을 하는 경우까지 신문에 나오겠습니까.

이것은 '돈'이라는 것이 항상하리라[常] 생각하며, 내 돈[我]이라는 생각을 가지고 있었는데, 그러한 생각이 무너졌을 때 오는 불가피한 괴로움[苦]입니다.

이렇듯 연기하는 세계는 무상하고 무아이므로 다음에 올 수밖에 없는 존재의 속성은 괴로움[苦]인 것입니다. 이것을 일체개고(一切皆苦)라 하는 것입니다.

3) 오온, 십이처 - 현실의 구조

지금까지 현실을 움직이는 근본 법칙과 현실의 속성을 차례로 살펴보았습니다. 이렇게 현실에 대하여 살펴보았지만, 그렇다면 과연 '현실'이라는 것이 무엇인가 하는 의문이 일어날 것입니다. 부처님께서는 어리석은 중생들의 의문에 좀 더 자상한 대답을 하고 계십니다.

현실이라는 것은 다른 말로 일체(一切)라고도 하며, 제법(諸法)이라고도 합니다. 좀 더 쉽게 말하면 이 세계, 이 우주 전체를 의미한다고 할 수 있을 것입니다. 현실을 보는 안목을 요즈음 용어를 사용해 표현하면 우주관, 혹은 세계관이라 하겠습니다. 요즘 현대과학의 우주관에 대해서는 많이 들어서 알고 있을 것이지만, 과학이 만들어낸 우주관은 아주 커다란 오점을 가지고 있다는 사실을 아는 사람은 그리 많지 않을 것입니다. 그것은 바로 이 세계, 이 우주를 바라봄에 있어 단지 물질적인 것만을 측정하는 데에 그치고 있다는 것입니다.

과학이라는 것이 본래 그렇듯이, 물질세계의 법칙을 알아내고 관찰하는 것에 그칠 수밖에 없습니다. 그곳에 약간의 정신세계가 들어가면 과학에서는 혼동이 되고 맙니다. 불규칙이 되고 마는 것입니다. 그러나 정신세계까지 포함하여 생각한다면 전혀 혼동될 수 없는 인과 연의 지극히 규칙적인 연기로써의 '진짜 과학', '참과학'이 됩니다. 이러한 연기로써의 규칙적인 세계를 불교에서는 법계(法界)라고 부릅니다.

불교에서는 바로 지금[시간], 이곳[공간]에서의 '나'를 중심으로 일체 세계, 우주를 바라봅니다. 우리가 지금까지 언급한 현실이라는 것은 바로 '나'를 중심으로 펼쳐진다는 말입니다. 그 대표적인 것이 바로 오온(五蘊)과 십이처(十二處)의 교설입니다. 오온이라고 하면 색(色), 수(受), 상(相), 행(行), 식(識)을 말하는데, 여기에서 물질세계는 색으로 간단히 표현되는 반면에, 정신세계는 오히려 더 많은 비중을 두어, 수, 상, 행, 식으로 나누고 있음을 볼 수 있습니다.

다음으로 십이처라고 하면, 안(眼), 이(耳), 비(鼻), 설(舌), 신(身), 의(意)의 육근(六根)과 색(色), 성(聲), 향(香), 미(味), 촉(觸), 법(法)인 육경(六境)을 말하는 것으로써, 육근은 인간의 감각기관인 눈, 귀, 코, 혀, 몸, 뜻을 말하는 것이고 육경은 빛깔, 소리, 냄새, 맛, 감촉, 법을 말하는 것입니다.

다시 말해 '나'라고 하는 육근의 감각기관에서 느낄 수 있는 대상만을 일체의 존재로 간주하고 있음을 알 수 있습니다. 내가 눈으로 보고, 귀로 듣고, 코로 냄새를, 혀로 맛을, 몸으로 감촉을 느낄 수 있고, 의지로 생각할 수 있는 영역만을 일체 제법인 현실의 세계로 간주한다는 것입니다. 이렇게 불교에서는 지극히 현실적인 우주관을 내세우고 있으며, 우리의 육근, 즉 나를 중심으로 우주를 바라보고 있습니다.

4) 업과 윤회 – 현실의 존재방식

이상과 같은 현실이 엄연한 진리로 당당히 버티고 있지만 우리의 온갖 분별 사량심은 도저히 이러한 이치를 깨닫지 못하고 있습니다. 우리는 연기(緣起)의 진리를 알지 못하므로 나쁜 짓을 하고도 그 과보에 대해서는 무감각하며, 피해 가길 바라고, 무상(無常)의 진리를 알지 못하기에 내 육신, 내 재산, 내 명예에 집착하여 그것이 멸할 때 괴로움에 빠지게 되고, 무아(無我)의 진리를 알지 못하기 때문에 '나다', '내 것이다', '내가 옳다', '내 마음대로 한다'고 하는 어리석은 생각으로 온갖 나를 위한 이기심을 키워가고 있는 것입니다.

이렇게 진리를 올바로 알지 못하는 무명(無明)으로 인해 우리는 '나다'라는 생각에 갇혀 몸과 말과 뜻으로 나를 위한 이기적인 행위를 짓고 사는 것입니다. 이렇게 신(身), 구(口), 의(意)로 세 가지 어리석은 행위를 지음으로 인해 우리는 그에 합당한 결과를 받게 됩니다. 그것은 업(業)이라는 방식으로 존재하여 언젠가 우리에게 과보를 가져다주게 되는 것입니다.

다시 말해 진리를 올바로 알지 못하는 어리석음으로 인해 몸으로, 입으로, 뜻으로 짓는 모든 행위가 신업(身業), 구업(口業), 의업(意業)을 만들게 하는 것입니다. 이러한 삼업(三業)은 우리의 삶을 윤회의 수레바퀴로 몰아갑니다. 업을 짓기에 그 업에 대한 과보를 받아야 하고, 과보를 받기 위해 우리는 우리가 지은 업의 종류에 따라 여섯 갈래의 길[육도(六道)]을 언제까지고 돌고

도는 것입니다. 착한 행을 많이 하면 선업(善業)을 받아 내세에 천상이나 인간 중에도 좋게 태어나고, 악업을 많이 지으면 내세에 지옥에 태어나는 것입니다.

윤회의 세계는 크게 여섯 가지가 있다고 합니다. 지옥, 아귀, 축생, 아수라, 인간, 천상이 그것입니다. 선한 업을 지은 과보는 천상이며, 악한 업을 지은 과보는 지옥입니다. 그리고 탐, 진, 치, 삼독심에 따라서 탐냄을 많이 일으킨 사람은 아귀가 되고, 성내고 화를 잘 내는 사람은 아수라에 나며, 어리석은 과보는 축생의 몸을 받게 되는 것입니다.

여기에서 인간계는 지옥, 천상, 아귀, 아수라, 축생의 모든 존재들이 공존하는 세계입니다. 인간의 세계에는 선하고, 악하고, 탐내고, 성내고, 욕심내는 등의 다양한 사람이 존재하고, 같은 사람일 지라도 어떨 때는 선하고, 또 다른 때는 악하며, 성내기도 하고, 탐내기도 하고, 어리석은 행위를 짓기도 하는 것입니다. 그래서 인간계에서만 업을 지을 수 있다고 합니다.

다른 다섯 가지의 세계는 다만 과보를 받는 세계일 뿐 입니다. 그러니 다음 생에 수행하고, 다음 생에 복 짓는다는 생각은 가당치도 않은 말일 뿐입니다. 오직 지금, 여기만이 있을 뿐입니다. 이상에서 언급한 것처럼 부처님께서는 오로지 현실의 조견을 통해 현실의 법칙과 속성 그리고 현실의 구조와 존재방식을 여실하게 비추어 보신 것입니다.

⑵ 조견의 체계성(사성제)

위에서 현실에 대해 명확하고도 편견 없는 있는 그대로의 모습을 관찰하여, 일체 제법에 대해 일목요연하게 살펴보았습니다.

여기에서 얻은 결론은 현실의 여실한 모습은 바로 '괴로움'이라는 것이었습니다. 그렇다면, 이번 장에서는 그 현실의 괴로움에서 벗어나는 방법을 배울 차례입니다. 부처님께서는 오직 괴로움과 괴로움의 소멸에 대해서만 말씀을 하셨다고 경전에 수차례에 걸쳐 나오는 것을 볼 수 있습니다. 팔만 사천의 대장경이 있고, 수많은 경전이 있으며, 45년여 동안 전법포교를 하셨지만, 그 많은 양의 경전과 기나긴 기간 동안 부처님께서 하신 말씀은 바로 '괴로움'과 '괴로움의 소멸'에 대한 것뿐이라는 것입니다.

이 괴로움과 괴로움의 소멸에 대한 체계적인 정리가 바로 사성제(四聖諦)라 할 수 있습니다. 이는 말 그대로 네 가지 성스러운 진리라는 의미입니다. 사성제는 고성제(苦聖諦), 집성제(集聖諦), 멸성제(滅聖諦), 도성제(道聖諦)를 말합니다.

그럼 하나하나 살펴보도록 하겠습니다.

1) 고성제 – 생노병사

고성제란, '현실을 여실히 살펴보니 괴로움이다'라고 하는 괴로움의 진리입니다. 태어남이 괴로움이고, 늙는 것이 괴로움이고, 병드는 것, 죽는 것이 괴로움이며, 사랑하는 대상을 보지 못하는 것이 괴로움이고, 미워하지만 봐야 하는 것이 괴롭고, 구하고자 하나 얻지 못하는 것이 괴롭고, 오온이 치성하여 괴롭습니다.

2) 집성제 – 십이연기

이러한 현실의 괴로움에서 벗어나기 위해서는 괴로움의 원인을 먼저 살펴보아야 합니다. 왜 괴로운지를 알아야 그 원인을 소멸시킬 수 있기 때문입니다. 집성제란, 괴로움의 원인에 대한 성스러운 진리인 것입니다.

부처님께서는 '노병사(老病死)'의 괴로움의 원인을 파악하기 위하여 고요히 일체의 경계를 여실히 조견하시고는, 그 원인이 생(生)에 있음을 아셨습니다. 태어났기에 노병사의 괴로움이 있다는 것입니다. 그렇다면 생의 원인은 무엇인가를 살펴보니, 욕계, 색계, 무색계의 삼계의 생사 윤회하는 테두리인 유(有)로 말미암는 것임을 아셨고, 그 원인은 다시 어떤 대상에 집착하는 취(取)에 있음을 아셨으며, 또 그 원인은 애(愛), 그리고 그 원인은 수(受)……, 이렇게 하나하나 그 원인을 고찰해 올라가니 결국에는 무명(無明)이 생로병사의 근본 원인임을 여실히 아셨던 것입니다. 이것이 바로 십이연기입니다.

무명이 생사 윤회의 근본 원인임을 알았지만, 무명은 말 그대로 근본이 되는 원인이기에, 보다 직접적인 원인이 무엇인가를 현실에 비추어 보니, 애(愛)와 취(取)라는 것을 알았습니다. 다시 말해 좋아하는 것을 취하고, 싫어하는 것은 버리려는 취착심,

집착심이 바로 생사윤회의 직접적 원인이라는 것입니다. 그러므로 이러한 생사의 괴로움을 없애려면 그 원인을 없애야하므로, 우리가 할 수 있는 모든 수행의 초점(焦點)은 무집착에 있었습니다.

그래서 모든 수행의 핵심, 본바탕은 집착을 놓아버리는 방하착(放下着)이 되어야 한다고 말한 것입니다.

이렇듯 우리의 마음을 어지럽히고 미혹하게 하여 더럽히게 하는 모든 정신작용을 한마디로 번뇌(煩惱)라고 합니다. 이것이 바로 괴로움의 원인인 것입니다.

3) 멸성제 – 열반, 해탈

괴로움의 원인이 소멸된 상태를 괴로움의 소멸에 대한 진리라 하여 멸성제(滅聖諦)하고 합니다. 괴로움의 소멸에 이르기 위해서는 실천이 필요합니다. 그 실천의 길이 바로 도성제(道聖諦)로, 괴로움 소멸에 이르는 길에 대한 진리를 말합니다.

4) 도성제 – 중도, 팔정도

도성제는 괴로움의 소멸, 즉 열반에 이르는 길입니다. 이 도성제는 괴로움을 멸할 수 있다는 확신을 심어주고, 그 열반에 이르는 구체적인 방법을 제시하고 있습니다. 이것은 다른 말로 중도(中道)라고도 부르는 것으로, 양극단을 떠난 길입니다. 즉 지나치게 쾌락적인 생활도 아니고, 반대로 극단적인 고행 생활도 아닌, 몸과 마음의 조화를 유지할 수 있는 상태의 길을 말합니다. 거문고 줄은 지나치게 팽팽하거나, 지나치게 느슨해도 좋은 소리가 날 수 없고, 가장 좋은 소리를 위해서는 그 줄이 적당한 긴장 상태를 유지해야 하듯이, 열반을 얻기 위한 수행의 길 또한 극단적인 것을 피하고, 중도를 실천해야 하는 것이었습니다. 이 중도를 구체적으로 말한 것이 바로 팔정도입니다. 팔정도의 정(正)이 바로 중도의 중(中)을 의미하는 것입니다.

팔정도는 불교 수행의 세 가지 핵심인 계(戒), 정(定), 혜(慧) 삼학(三學)을 의미한다고 할 수 있습니다. 따라서 팔정도는 계정혜 삼학을 중도설에 입각하여 세분하여 구체화한 것이라고도 할 수 있습니다. 즉 정어(正語), 정업(正業), 정명(正命)은 계(戒)를 의미하며, 이러한 계행을 통한 올바른 생활을 바탕으로 올바른 수행 생활을 해야 합니다. 그러한 바른 수행이 바로 정(定)이며, 정정진(正精進), 정념(正念), 정정(正定)의 세 가지가 바로 그것입니다. 이러한 바른 수행을 통하여 밝은 지혜를 증득할 수 있으니, 이것이 혜(慧)이며, 정견(正見)과 정사(正思)가 여기에 속한다고 할 수 있습니다.

팔정도에서 수행의 핵심은 정견(正見)과 정정(正定)이라고 할 수 있습니다. 팔정도의 핵심인 정견, 정정을 말하기 앞서 나머지 정사유[바른 사유 - 의업], 정어[바른 말 - 구업], 정업[바른 행동- 신업], 정명[바른 생활], 정정진[바른 노력], 정념[바른 관찰] 등은 종교적, 윤리적 생활의 핵심이라 할 수 있습니다. 여기에서 불교 윤리 사상을 살펴볼 수 있습니다.

불교 윤리의 핵심은 십선업입니다. 십선업은 뜻으로 지은 세 가지 업인 불탐, 불진, 불치와, 입으로 지은 네 가지 업인불망어, 불기어, 불양설, 불악구 및 몸으로 지은 세 가지 업인 불살생, 불투도, 불사음을 말합니다.

이러한 윤리 생활이 바탕이 되어 수행 생활로 나아가면, 팔정도의 핵심인 정념과 정정을 만나게 됩니다. 그중에서도 핵심은 정념(正念)입니다. 이 원리에 입각해 지관겸수(止觀兼修), 정혜쌍수(定慧雙修) 등의 교학이 나올 수 있었던 것입니다. 반야심경의 조견(照見) 또한 이 정념에서 나온 것임은 말할 것도 없습니다. 이렇게 정념과 정정을 올바로 끊임없이 수행하는 것이 정정진이며, 이렇게 수행했을 때 나타나는 올바른 견해가 바로 정견(正見)인 것입니다.

정념이란, 우리의 몸과 느낌, 마음, 그리고 대상에 대하여 가만히 비추어 보는 관찰 수행법입니다. 정정이란, 마음을 한곳에 집중하는 것, 즉 일체 경계에 집착하여 끄달리지 않고, 항상 마음을 한곳에 집중할 수 있는 것을 말합니다. 이 두 가지 실천이 바로 참선인 것입니다. 진정한 참선은 가부좌하고 앉아서만 하는 것이 아니고, 일상생활에서 항상 마음을 흩트리지 않으며[정정], 일체경계를 대함에 항상 비추어 볼 수 있는 자세[정념]를 의미합니다. 이럴 때에 행주좌와 어묵동정(行住坐臥語默動靜) 모두가 참선이 되는 것입니다. 이것을 생활 참선, 생활 수행이라 할 수 있을 것입니다.

이러한 정념, 정정의 구체적인 수행법이 바로 사념처 수행입니다. 이 수행법은 요즈음 우리가 잘 알고 있는 위빠사나를 말합니다. 즉 신(身), 수(受), 심(心), 법(法) 이 네 가지에 마음을 집중하여 관하는 것입니다. 다시 말해 일체 모든 경계를 관하는 것입니다. 항상 깨어 있으라는 것입니다. 어떤 경계에서든지 관을 하면 그 경계를 객관적으로 관조하게 되므로 그것에 대한 집착을 놓을 수 있습니다. 즉 화가 나서 싸울 때 그 순간 자신을 관찰하는 것과 하지 않는 것은 큰 차이가 있게 마련입니다. 관하는 것은 그 싸움에 대한 집착을 놓을 수 있도록 도와주지만, 관[알아차림]하지 않는다면 그 싸움에 흠뻑 빠져들어 흥분하게 되므로 어떤 일이 벌어질지 알 수 없습니다. 즉 관을 하면 집착을 놓을 수 있게 됩니다[방하착(放下着)]. 이 사념처, 위빠사나 수행 또한 그 핵심은 무집착인 것입니다.

반야심경의 '조견'이라는 단어는 바로 이 위빠사나와 일맥상통하는 개념이라 할 수 있을 것입니다. 이 '조견'을 수행법으로 재정립한 것이 바로 위빠사나입니다.

이것이 근본 불교의 '정념'에서 온 것임은 앞에서 미리 살펴보았던 바와 같습니다. 이렇게 가만히 신, 수, 심, 법에 대해 관찰을 할 때 올바른 반야의 지혜가 드러나게 됩니다. 이렇게 되면 편견과 고정관념이 전혀 배제된 올바른 진리의 관찰을 할 수 있습니다.

이 올바른 궁극의 관찰이 바로 정견(正見)입니다. 다시 말해 우리의 사량 분별심과 분별의 대상을 가만히 비추어 보고 관찰하는 것이 '정념'이며, 그 결과 올바른 안목이 열리어 있는 그대로를 있는 그대로 관찰할 수 있는 혜안이 열리는데, 그것이 바로 '정견'인 것입니다. 반야심경에서의 '조견'은 이 '정념'과 '정견'을 포함하고 있습니다. '정념'의 수행을 통해 일체의 현상계를 '정견'했을 때 나타나는 진리가 바로 위에 말한 근본 교설이며, 오온이 모두 공하다는 진리인 것입니다.

6. 오온(五蘊)

이상에서 살펴본 것처럼, '조견'이란 '현실 세계의 근본 밑바탕까지 꿰뚫어 비추어 본 것'을 말합니다. 올바로 조견했을 때 반야의 지혜가 나타나는 것입니다. 이렇게 비추어 본 결과 나타나는 깨달음의 내용이 부처님이 깨달으신 연기법이며, 삼법인, 사성제, 오온 등의 교설이라는 것을 이미 살펴보았습니다. 그런데 이 모든 교설은 절대 서로 다른 교설이 아닙니다.

연기법의 세계이기에 삼법인이라는 현실의 속성을 알 수 있는 것이며, 그렇기에 일체가 공하며 무아라는 것을 알 수 있습니다. 다시 말해 '공', '무아'라는 것은 '없다'라는 부정적인 개념이 아니라, '일체 제법이 연기한다'는 사실을 다르게 표현하고 있는 것입니다. 연기이므로 공이고, 무아이며, 중도이고, 무분별인 것입니다. 이 내용은 처음에 제목을 살펴보며 이미 검토했던 부분이기도 합니다.

그렇다면 오온개공에 대해 어느 정도 이해가 갈 수 있을 것입니다. 오온이라고 하면 일체 현실의 세계를 다섯 가지로 나눈 것입니다. 또한 인간을 다섯 가지 요소로 나눈 것이기도 합니다. 이 오온을 특별히 인간에 적용시켜 말할 경우 오취온(五趣蘊)이라고 부르기도 합니다. 그러면 앞으로 오온개공에 대하여 살펴보기에 앞서 오온에 대해 구체적으로 이해하고, 근본 불교에서의 오온무아가 어떤 의미를 가지는지 알아보도록 하겠습니다.

그 후에 반야심경에서의 오온개공의 이치를 살펴보면 좀 더 쉽게 이해할 수 있을 것이라 생각됩니다. 그러면 오온에 대해 좀 더 자세히 살펴보도록 하겠습니다.

오온의 '蘊(Skandha)'은 '모임'이라는 뜻입니다. 때로는 음(陰)이라고 번역하기도 합니다. 다시 말해 일체의 현상세계는 색, 수, 상, 행, 식의 다섯 가지 모임으로 이루어졌음을 나타내는 것입니다.

이러한 오온은 좁은 의미로 볼 때 인간 존재를 나타내는 것으로 이해할 수 있으나, 넓은 의미로 쓰일 때는 일체의 존재를 가리킵니다. 일체의 구조를 다섯 가지로 나눌 수 있다는 말인데, 색은 현상계의 물질 전체를 포괄하는 것이며, 수, 상, 행, 식은 정신세계의 총체를 네 가지로 나눈 것입니다. 이러한 현상의 분류법은 물질보다는 정신에 중점을 두고 있는 분류법입니다. 오온설은 물질은 끊임없이 변하는 것으로써 무상한 것으로 이해하지만, 정신은 실체적이며, 영원하다고 믿고 그에 집착하는 사람들을 대상으로 설법한 교설입니다. 그러므로 오온은 물질보다 정신을 더 자세하게 분류하고 있는 것입니다.

인간과 일체만유는 물질적인 요소인 색(色)과, 정신적인 요소인 수상행식(受想行識) 등 다섯 개의 요소로 이루어져 있습니다. 특별히 인간의 분류법으로 볼 때는 오취온이라는 말을 쓰기도 합니다. 오온으로 이루어져 있는 인간에 대하여 고정적인 자아[나]가 있다고 생각하고, 그것에 집착[취]하기 때문에 붙여진 이름입니다.

그러면 여기서 오온을 하나하나 살펴보도록 하겠습니다.

(1) 색온(色蘊)

색이란 빛과 모양을 가진 물질을 의미하며, 인간에게 있어서는 육체를 가리킵니다. 이러한 색은 네 가지 요소로 이루어졌습니다. 이를 사대(四大)라고 하며, 지, 수, 화, 풍의 네 가지를 말합니다. 지(地)라는 것은 우리의 몸에서 뼈, 손톱, 머리카락, 살 등 딱딱한 부분을 말하는 것이며, 이러한 것은 우리가 죽을 때 모두 땅[地]으로 돌아가기 때문에 그렇게 명한 것입니다. 우리가 수억 겁을 윤회한 이 땅의 이 모든 자연, 흙, 나무 등이 모두 과거, 또 그전 과거에는 나의 몸이었을 수 있는 것이며, 지금 나의 몸 또한 백 년 내지 이백 년 후면 다시 처음 나왔던 그 자리로 돌아갈 것입니다.

다시 말해 우리의 육신, 지(地)는 일체 세간의 지가 인연을 만나 우리의 몸을 잠시 이루고 있을 뿐인 것입니다. 내 앞에 떨어진 흙 한 줌, 나무 한 토막이 과거나 미래의 어느 순간 나의 몸을 이루는 내가 되어 있을지 모르는 일입니다. 이러한 사실을 올바로 보지 못하기에 우리는 이 육신에 집착합니다. 그런 까닭에, 자신의 몸은 그렇게 아끼며 집착하지만, 자연에 대해서는 내 몸처럼 아끼고 잘 가꾸지 않는 것이 우리네 마음인 것입니다. 우리의 몸을 이루는 색(色)이 항상하는 것이 아님을 안다면 이 몸뚱이에 그렇게 집착하지 않을 수 있을 것입니다.

우리의 몸뿐 아니라 대지 위에 있는 나무, 돌, 광석들은 모두 항상하지 않습니다. 현대 과학에서 모든 물질은 우리의 눈으로 보기에는 고정되어 있는 것처럼 보이지만, 실은 하나하나가 모두 플러스, 마이너스의 스핀 운동을 끊임없이 반복하고 있다고 설명하고 있습니다.

우리의 몸도 세포 하나하나가 죽고 새로 생기기를 끊임없이 반복하여 몸이 전혀 새로운 세포로 변화되는데 그다지 긴 시간이 걸리지 않는다고 합니다. 이처럼 색온은 무상한 것, 항상하지 않는 것입니다.

(2) 수온(受蘊)

수란 감수작용(感受作用)을 말합니다. 여기에는 세 가지가 있으니, 고수(苦受)와 낙수(樂受), 그리고 불고불락수(不苦不樂受)입니다. 즐거운[좋다] 감정과 괴로운[싫다] 감정, 그리고 괴로움도 즐거움도 아닌 감정을 말합니다. 우리의 주관적, 내적인 감각기관인 육근(六根)과 그것에 상응하는 외적인 대상인 육경(六境)이 서로 만날 때 이러한 세 가지 감정이 생기는 것입니다.

안근(眼根)[눈-모양]으로 색을 바라볼 때, 예컨대 우리가 아름다운 경치를 볼 때, 남자들이 몸매 잘 빠진 여자들을 볼 때 좋다는 감정이 생기며, 공포영화나, 징그러운 해골을 보던가, 자신이 싫어하는 사람을 볼 때 싫다는 감정이 생깁니다. 그러나 무심코 지나다니는 사람을 멍하니 지켜볼 때처럼 아무런 감정도 생기지 않을 때도 있는 것입니다.

이근(耳根)[귀-소리]으로 무언가를 들을 때, 즉 욕을 듣던가 꾸지람을 들으면 싫은 감정이 생길 것이며, 칭찬을 들으면 좋다는 감정이 생기는 것입니다. 이와 유사하게, 비근(鼻根)[코-냄새], 설근(舌根)[혀-맛], 신근(身根)[몸-접촉], 의근(意根)[뜻-생각]들도 이러한 세 가지 감정을 나타내기 마련인 것입니다.

이러한 수온(受蘊)의 감정은 그때그때 인연이 생함에 의해 잠시 나타났다가 그 인연이 다하면 사라지게 마련입니다. 비근[코]으로 나쁜 냄새를 맡고 나서도 잠시 후, 혹은 다른 장소로 이동함으로써 다시 좋은 냄새를 맡을 수 있는 것과 같습니다. 의근에서도 마찬가지입니다. 좋은 생각이 들다가도 과거의 좋지 않았던 일을 회상하며 순간 기분이 나빠질 수 있는 것입니다. 이처럼 수온의 세 가지 감정도, 색온(色蘊)의 그것과 같이, 영원한 것이 아니고 순간순간 변해가는 것들입니다.

이와 같이 수온의 감정이 무상한 것임을, 그리고 그 감정에 실체가 없는 것임을 알아 거짓임을 안다면, 좋고 나쁜 감정에 얽매여 괴로워하는 우(愚)를 범하는 일은 없을 것입니다. 우리들은 기분 나쁜 일이 있으면 그 일에 마음을 꽁꽁 묶어 두고 괴로워하며, 기분 좋은 일이 있으면 한없이 들뜬 마음을 억누르지 못하게 마련입니다. 이 두 가지 감정 모두가 고정된 실체가 없음을 알아 거기에 얽매이거나 회피

하는 두 가지 모두에서 자유로울 수 있는 넓은 마음이 수행자의 바른 행이라 하겠습니다.

기분 나쁜 마음과 좋은 마음에서 자유로울 수 있으려면, 그 경계에 처했을 때, '이 감정은 실체가 아니다'라고 관(觀)함으로써 어느 정도 자유로워질 수 있을 것입니다. 이와 같이 수온 또한 항상하지 않는 무상한 것입니다.

⑶ 상온(想蘊)

상은 개념, 또는 표상(表象) 작용이라고 합니다. 다시 말해 대상에 대하여 식별하고, 그 대상들에 이름을 부여하는 작용을 말하는 것입니다. 법당의 부처님을 뵙고, '아! 저 분은 부처님이시구나!' 하고 개념을 만드는 작용을 말하는 것입니다. 일체의 모든 것에 대하여 상을 짓는 것을 말합니다. 무언가를 보면, 이전에 우리가 이름 지어 놓은 것을 되살려 기억 속에 개념 지어 놓은 것을 떠올리게 마련입니다. 예컨대 머리를 깎고, 회색 먹물 옷을 입은 분은 스님이라는 개념을 가지고, '스님'이라고 이름 짓는 것을 말합니다.

그렇다면, 이러한 상은 고정불변한 것일까요? 우리들은 고정된 것으로 생각하기 쉽습니다. 또 그런 생각을 가지고 살아가기 때문에 고정관념, 편견, 선입견에 빠져 자유로운 생각을 할 수 없고, 올바른 판단을 할 수 없는 것입니다. 우리가 가지고 있는 상, 일체대상에 대한 표상, 이름들은 우리가 그렇게 정해놓은 것이지 그것이 전부인 것은 아닙니다. 한글을 만들 때 하늘, 나무, 스님, 꽃, 집, 절, 아버지, 자식 등의 개념을 대상에 접목시켜 이름 붙인 것뿐이란 말입니다.

흔히 우리들은 살아온 환경, 사회가 제공하는 고정관념에 빠져 그것이 절대인 것처럼 생활하기 쉽습니다. 상을 짓는다는 것이 얼마나 우리의 삶에 크게 작용하는가 예를 들어보겠습니다.

우리는 절에 나와서 염불하고, 절하며, 주력하고, 열심히 수행 정진을 합니다. 동시에, 다른 이들이 열심히 수행 정진하는 것을 보면 우리는 참 좋다는 생각을 하고, 신심이 있다고 생각합니다. '나도 저렇게 열심히 정진을 했으면' 하고 원합니다. 그러나 우리는 사이비 종교 집단에서 사람들이 모여 무언가를 입으로 열심히 외우며, 팔을 들고 소리를 지르며, 그들 모두가 열심히 기도를 하는 모습을 볼 때, 참 잘못되었다는 생각을 하며, 올바르지 못한 종교에 빠진 그들이 불쌍하다는 생각, 측은하다는 생각을 하기도 할 것입니다. 그러나 그들은 반대로 우리가 절에서 정진하는 것을 보면 우리와 같은 생각을 낼 것임에 분명합니다.

불교는 공인된 정식 종교니까 그렇지 않다고 한다면 이것도 고정관념에 불과합니다. 불교도 처음 우리나라에 들어올 때는 사이비 종교에 지나지 않았습니다. 그래서 스님들이 몰래 숨어서 불법을 펴기도 했던 것이지요. 이처럼 종교에 대해 하나의 상을 지어놓음으로 인해서 우리의 마음, 우리의 잣대로 남의 신앙생활에 대해 평가를 합니다. 우리가 어떤 종교를 가지고 있느냐에 따라서 다른 종교에 대해

극단적으로 좋고 나쁜 평가를 하게 된다는 것입니다.

같은 사람들끼리, 이렇듯 하나의 동일한 대상에 대해서 극단적으로 다른 평가를 한다는 것은, 그 사람들이 각기 그 행위에 대해 엄청나게 서로 다른 상을 가지고 있다는 것이며, 그 상에 대해 '내가 옳다'는 집착을 하고 있기 때문인 것입니다. 자신의 입장이 틀릴 수 있음을 전제하지 않습니다. 지독한 고정관념이며, 상인 것입니다.

이런 것 때문에 타 종교에 대해서 인정하지 못하고 분쟁이 일어나는 것이지요. 이렇듯 상을 짓는 것은 고정된 실체가 있는 것이 아니고, 사회의 환경과 조건에 따라 언제나 변할 수 있는 것이며, 실제로 항상 변하고 있는 것입니다. 그것을 모르고 자신의 상에 빠져 헤어나지 못한다면 언제까지나 괴로움에서 벗어날 수 없을 것입니다.

⑷ 행온(行蘊)

행이란 '형성하는 힘'을 말합니다. 그러나 여기서는 특히 인간의 의지 작용을 가리킵니다. 이러한 인간의 의지 작용, 행위로 인해 업을 짓게 되는 것입니다. 넓은 의미로 행은 수, 상, 식을 제외한 모든 정신 작용을 총괄한다고 합니다. 예를 들면 기억, 상상, 추리 등의 정신 작용을 말합니다.

우리들은 몸으로, 입으로 행동하기에 앞서 정신적인 의지 작용이 일어난다는 것을 알고 있습니다. 이러한 행온으로 인하여 우리들은 선한 행위, 악한 행위 — 여기에서 선하다, 악하다는 판단은 상온에 해당한다 — 를 하며, 선과 악이라는 판단에 따라 윤리 생활을 할 수 있는 것입니다. 이렇게 생활을 하는 것이 바로 우리의 업이 되는 것인데, 이렇게 업을 짓게 하는 것이 바로 행온에 해당합니다. 이러한 인간의 의지 작용은 우리들이 기존에 가지고 있던 상에 기초한 선악이라는 개념 작용 등에 의지하여 생기게 마련입니다.

십이연기에서는 무명에 의해 행이 생긴다고 했는데, 상온에 대한 무명, 다시 말해 '항상한다'는 잘못된 생각 때문에 행이 생기는 것입니다. 이러한 행온 또한 무상한 것임은 말할 것도 없습니다. 그 기반인 상온이 무상하기 때문입니다.

(5) 식온(識蘊)

식은 일반적으로 분별, 인식 및 그 작용을 말합니다. 그러나 직접 대상을 판단하고 인식하는 작용을 하는 것은 상온의 작용이고, 식온은 다만 대상을 상이 생겨나기 전(前) 단계까지 인식할 수 있을 뿐입니다. 주의(注意) 작용 정도라 하면 될 것입니다. 쉽게 말해, 눈앞에 책 한 권이 있을 때 눈앞에 무언가가 나타난 것을 인식하는 작용을 말한다고 보면 됩니다.

그러면 이상에서 이야기했던 각각의 다섯 가지 온에 대하여 전체적인 이해를 돕기 위해 예를 들어 설명해 보도록 하겠습니다.

예컨대, 입안에 사탕이 하나 들어왔다고 할 때 무언가가 들어왔음을 아는 것이 바로 '식온'이며, 전의 기억, 사탕이라는 것에 대한 이전의 표상 작용에 의해 '아하! 사탕이구나!' 하고 느끼는 것이 '상온'이고, 달고 맛있다는 좋은 느낌이 바로 '수온'의 작용이고, 맛있으므로 빨아먹는 행위, 그리고 더 먹고 싶어서 다른 사탕을 찾는 행위, 다른 사탕을 찾아 먹는 행위 등이 바로 '행온'의 작용인 것입니다.

7. 개공(皆空)

처음 이러한 오온설이 대두된 것은 무아(無我)의 이론을 뒷받침하기 위해서였습니다. 다시 말해 오온 이론에서 말하고자 하는 것은, 인간 존재란 5개의 요소로 이루어져 있고, 이 각 요소들은 모두 비실체적인 것이므로 이와 같은 요소들로 이루어진 인간 존재 역시 비실체적인 존재, 즉 무아란 것입니다. 이러한 각각의 오온에는 고정 불변적인 것은 아무것도 없습니다. 그래서 경전에서 비유하기를, 색은 거품덩이 같고, 수는 거품방울 같고, 상은 신기루 같고, 행은 바나나 줄기 같고, 식은 허깨비 같은 것이라고 말하고 있는 것입니다. 이렇듯 비실체적인 것들의 집합체인 '존재' 또한 비실체적인 것임은 당연하다 하겠습니다. 이에 대해서 부처님께서는,

"비구들아, 무상한 색·수·상·행·식을 무상하다고 보면 올바른 견해를 얻는다."

"신체에는 실체도 없고 본질도 없다."

"비구들아, 어떻게 신체에 실체와 본질이 있겠는가?"

"비구들아, 어떻게 감각·표상·의지·의식에 실체와 본질이

있겠는가?"

"비구들아, 신체·감각·표상·의지·의식은 무상하다. 이것들이 일어나게 한 원인과 조건도 또한 무상하다."

"비구들아, 무상한 것에서 일어난 것들이 어떻게 영원하겠는가?"

"모이는 성질을 가진 것은 모두 흩어지는 성질을 가지고 있다."

라고 지적하고 있음을 볼 수 있습니다.

이 오온설은 무아이론을 뒷받침하는 것이며, 이러한 오온무아설은 불교 가르침의 핵심인 고(苦)의 문제를 해결해 주는 해답이 되는 것입니다. 부처님께서는 괴로움은 욕망 때문에 생기고, 욕망은 '내가 존재한다는 생각' 때문에 발생한다고 하셨습니다. 즉 '내가 존재한다는 생각', '나다'라고 하는 생각이 괴로움의 근본원인이라고 하셨습니다. '나다'라는 생각도 없고, '나의 것'이라는 생각, '내가 옳다'라는 생각이 없다는 것을 확실히 이해한다면 우리들은 무엇에 집착할 것이며, 누구에게 화를 내고, 질투를 하고, 두려움을 느낄까요?

앞에서 '나다'라는 상이 없으면 바로 부처를 볼 것이라고 했던 것도 이와 같은 말입니다. 이렇듯 무아의 이론은 '나다'라는 생각을 깨기 위해서 대두된 이론인 것입니다.

'나'라고 했을 때, 이 '나'는 바로 다름 아닌 오온을 말하고 있는 것이라 하였습니다. 또한 이상에서처럼 오온의 하나하나는 모두 연기된 존재로서 무아이며, 공이라고 하였습니다. 그렇기에 오온개공(五

蘊皆空)인 것입니다. 앞에서 설명한 무아의 개념이 바로 공의 개념과 일치하는 것입니다.

다시 한 번 거듭 강조하자면, '공'은 아무 것도 없다는 개념이 아닙니다. 유(有)와 무(無)를 초월한 존재의 실상을 있는 그대로 나타낸 개념, 이것이 바로 공(空)인 것입니다. 조견오온개공, 이것은 '일체를 모두 공한 것으로 비추어 본다'는 것으로, 현상적으로 본다면 '나'라고 하는 존재, '너'라는 존재, 그리고 이렇게 우주가 있는 것처럼 보이지만, 실상을 조견해 보면, 어느 것도 텅 비어 있어 공하다는 것을 말하는 것입니다. 이렇게 일체가 공하다는 것을 비추어 볼 수 있는 지혜가 바로 반야인 것입니다.

그러면 좀 더 쉽게 현대 과학을 예로 들어 공(空)을 설명해 보겠습니다. 하나의 나무, 돌, 아니 그보다 더 단단한 고철덩이가 있다고 해 봅니다. 이것은 꽉 차 있는 것처럼 보일 것입니다. 그러나 미세한 전자 현미경으로 살펴보면, 이것은 모두가 분자와 분자의 결합이며, 또한 그 분자도 자세히 쪼개 보면 원자와 원자의 결합으로 이루어져 있음을 볼 수 있습니다.

손가락만한 물체도 사실은 10의 24제곱 개, 즉 억(億)의 억의 억 개 정도의 원자들로 구성되어 있다고 합니다. 원자 또한 원자핵과 전자라는 것으로 쪼개집니다. 원자핵은 다시 양성자와 중성자가 결합되어 양의 전하를 띄게 되며, 전자는 음전하를 가지고 있습니다. 모든 물질은 바로 이처럼 분자, 전자, 그리고 더 미세하게는 원자핵과 전자라는 극히 작은 입자들이 모여 잠시 잠깐도 머무르지 않고 움직이고 있는 것입니다. 움직이고 있다는 것은 계속해서 변화하고 있다는 말입니다.

우리가 느끼기에는 고정되어 있는 것 같은 나무나 돌들도 실제로는 끊임없이 변화하고 있다는 것입니다. 이렇게 항상 변화하는 것, 무상(無常)한 것을 보고 어떻게 고정된 실체라고 할 수 있겠습니까.

또한 이러한 전자 따위의 입자들은 질량을 가지는 작은 덩어리이지만, 이것은 파동이라는 작은 떨림으로 바뀔 수 있다고 합니다. 다시 말해 물질이 에너지로 바뀔 수 있다는 말입니다.

이 또한 '모든 것은 변화한다'는 사실을 확인시켜 주고 있는 것입니다. 고정된 입자라고 생각한 것이 어느새 파동이라는 떨림으로 바뀔 수 있다는 것은, 곧 어느 것도 고정된 것은 있을 수 없다는 것을 의미합니다. 그렇기에 공(空)한 것입니다.

이처럼 현대 과학의 물리학도, 불교의 무상(無常)과 무아(無我)의 교설, 그리고 공(空) 사상을 뒷받침해주고 있는 것입니다. 앞으로 끊임없이 과학이 발전할수록 부처님의 가르침에 대한 이론적 뒷받침과 증명이 전개될 것이라 생각합니다.

8. 금강경 사구게와 오온개공

앞에서 600권이나 되는 『반야경』의 내용을 짧게 줄여 놓은 경이 바로 『금강경』이며, 그것을 더욱 줄여 놓은 것이 『반야심경』이라고 언급한 바 있습니다. 그렇다면 『금강경』의 사상과 『반야심경』의 사상은 결국 동일한 사상을 내포하고 있다고 말할 수 있을 것입니다.

앞에서도 『반야심경』의 가장 중요한 부분이 '조견오온개공 도일체고액'이라고 언급했던 것처럼, 이 부분에서 『반야심경』의 핵심이 여실히 드러나고 있습니다. 그렇다면 『금경경』에서도 가장 중요한 핵심은 '오온개공'이라는 내용과 동일한 의미를 가지고 있어야 한다는 말이 되기도 합니다.

그럼 여기에서는 『반야심경』의 핵심적인 내용을 『금강경』에서는 어떻게 표현하고 있는지 조금 살펴보기로 하겠습니다. 『금강경』의 사구게에 등장하는 핵심 사상을 살펴봄으로써 『반야심경』의 공 사상을 좀 더 쉽게 이해할 수 있기 때문입니다.

『금강경』 제1권 제1사구게 제5여리실견분에,

凡所有相 皆是虛妄 若見諸相非相 卽見如來

무릇 상이 있는 바는 다 허망함이니, 만약 모든 상이
상이 아님을 보면, 곧 여래를 볼 것이다.

『금강경』 제2권 제1사구게 제26법신비상분에,

若以色見我 以音聲求我 是人行邪道 不能見如來

만일 모양으로써 나를 보려 하거나, 음성으로써 나를 구하
거나 하면, 이 사람은 사도(邪道)를 행함이니, 능히 여래를

보지 못하리라.

『금강경』 종결 사구게 제32응화비진분에,

一切有爲法 如夢幻泡影 如露亦如電 應作如是觀

일체 하염 있는 법(유위법)은 꿈·환영·물거품·그림자와 같고, 이슬과, 또한 번개와 같으니, 마땅히 이와 같이 관할지어다.

라고 기록되어 있습니다.

이상의 모든 게송이 결국 상(相)을 깨라는 그 한 가지 법문인 것입니다. 상이라는 것은 꿈과 같고, 환영과 같아 그 고정된 실체가 없기 때문이라고 밝히고 있습니다. 그러므로 부처라는 것에도 상을 지어서는 안 되며, 여실히 상을 깨고 바라보아야지 음성이나 색상으로 부처를 보아서는 안 된다고 언급하고 있습니다. 상이 상이 아님을 바로 보기[正見 - 있는 그대로 보는 것]만 하면 여래, 부처라고 했는데 그럼 과연 상이란 무엇일까요?

상이라고 하면, 우리들이 지금까지 살아오면서, 혹은 무시 이래로 지어온 온갖 고정관념, 선입견 등을 의미합니다. 이러한 것들 때문에 대상을 인식할 때 그 대상의 있는 그대로의 모습을 보지 못하고, 자기 나름대로의 잣대를 가지고 색안경을 쓰고 대상을 바라보는 것입니다. 그러므로 같은 대상을 보더라도 백이면 백 명 모두가 그 대상에 대해서 제각각 다르게 판단, 생각하기 마련인 것입니다.

불교는 '나'를 중심으로 모든 일체를 바라봅니다. 나를 바로 보는 것이 불교이며, 인간 중심적인 종교가 바로 불교입니다. 상이라 했을 때 상은 무엇을 말하는 것인가? 물론 『금강경』에서는 아상(我相), 인상(人相), 중생상(衆生相), 수자상(壽者相) 등을 이야기하는데, 이 모든 상은 바로 '나'라는 상을 근본으로 하여 나오는 것임을 알아야 합니다. '나'라는 개인에 적용시키면, 상은 곧 '나'라는 상[我相], 즉 '나'라는 모양을 제멋대로 설정해 두고, 그 모양에 집착해 버리는 아집(我執)이 됩니다. 그리고 이 상을 일체대상에 적용시키면 법집(法執)이 됩니다. 있는 그대로의 모습을 진실하게 보면 그것이 곧 실상인데, 그 실상이란 것에 어떤 그림을 그려놓고 거기에 집착하는 것을 법집이라 말합니다.

그렇다면 금강경의 가르침에 의거해 생각해 볼 때, 아집을 깨고 법집을 깨면 부처가 된다는 것을 알 수 있습니다[若見諸相非相卽見如來]. 그런데 아집이 없는 이에게 어찌 법집이 있을 수 있겠습니까. 법집은 아집으로 인해 일어나는 것이기 때문입니다.

그렇다면 좀 더 자세히 아상(我相), 아집(我執)에 대하여 알아보기로 하겠습니다. 아집은 '나다' 하는 고집입니다. 쉽게 말하면, '이 몸뚱이에 대한 집착', '나에 대한 집착'을 없애버리는 것이 아상 타파의 첫걸음이며, 성불하는 첫 계단입니다. 마음을 닦는다고 하는 말도 사실은 아집, 아상을 깨는 작업인 것입니다. 모든 수행의 핵심은 무집착(無執着)이며 '나에 대한 무집착'이야말로 모든 불교 수행의 근본이 되는 실천적 가르침입니다.

應無所住 而生其心

응당 머무르는 바 없이 그 마음을 내라.

『금강경』

상에 머물러 집착하지 말고 마음을 내라는 말이니, 아상을 경계하는 뜻입니다. 마땅히 경계가 부딪쳐 옴에 마음을 내어야 하겠지만, 그 경계에 집착하여 머물러 있지 말라는 말입니다. 이 상(相)에 대한 집착이야말로 우리들의 자유를 구속하는 사슬이며 행복을 차단하는 걸림돌입니다.

명예, 돈, 권력 등의 오욕락(五慾樂)도 모든 것이 우리 스스로가 만들어낸 아상의 연장일 뿐입니다. '내 돈', '내 명예', '내 권력', '내 사랑', '내 자식' 하는 등 이 모두가 '내 것'이라고 고집하기 때문입니다. 이 '상'에 갇혀 그 울타리 안에서 바둥거리며, 그것을 얻었을 때 진정 고통을 안게 되었음을 알지 못하고, '명예, 돈, 권력'을 행복이라고 여기는 전도몽상(顚倒夢想)에 빠져 있는 이들이 많습니다. 이 고질적인 상에서 자유롭게 벗어날 수 있을 때 우리는 진정 자유롭게 될 수 있는 것입니다.

우리 인간 스스로가 만들어 놓은 행복의 기준에 속지 말아야 합니다. 그것은 고정되고 항상 하는 것이 아닌 것입니다. 잘못 만들어 놓은 상(相)임을 자각해야 합니다. 우리들이 가지고 있는 고질적인 고정관념임을 자각해야 합니다. 다시 말해 사회가 통념상 가지고 있는 고정관념, 즉 행복이란 돈 많고, 명예가 있는 것이라는 생각 등에서 과감하게 벗어날 수 있어야 한다는 말입니다. 물론 그것은 상당히 힘든 일이지만, 그것이 진리인 것입니다. 행복은 마음속에 있는 것이지, 돈이나 명예에 있는 것이 아닙니다. 스스로 만족한다면 그것이 바로 행복입니다.

이렇듯 '나'[반야심경에서는 오온(五蘊)으로 표현]라는 것은 주위의 조건에 의하여 인연생기(因緣生起)한 무상한 존재입니다. 그러므로 '나'에 어떤 상을 지어 두고, 거기에 얽매이는 것은 무아의 이치를 올바로 알지 못하는 어리석음의 결과입니다. 즉 일체의 모든 존재는 연기의 법으로써 인연으로 잠시 왔다가 인연이 다하면 흩어지는 존재이기에 무상하고 무아인데, 이 사실을 알지 못하기에 영원한 내가 있을 것이라 착각하고, 상을 짓게 된다는 것입니다. 이렇듯 무상하고 무아인 존재, 다시 말해 연기하는 존재이기에 '나'는 공인 것입니다. 상을 타파한 세계가 바로 공의 세계입니다.

이것은 반야심경에서 '오온개공'이라고 한 부분과 일치되는 부분이라 할 것입니다. 이처럼 반야심경의 핵심인 '조견오온개공 도일체고액'과 금강경의 핵심인 제1사구게 '약견제상비상 즉견여래'는 그 내용면에서 볼 때 같은 의미를 가지는 것입니다.

결론적으로 말해, '오온이 공함을 비추어 보고 일체고액을 건넜다(조견오온개공 도일체고액)'는 말은 '상이 상이 아님을 보면 여래를 볼 것이다(약견제상비상 즉견여래)'는 말과 같은 의미인 것입니다.

또한 '오온개공'과 '제상비상'이란 가르침 속에서 '고정관념을 깨라', '아집을 깨라', '방하착하라', '집착을 버려라', '나를 버려라', '마음을 비워라', '분별심을 없애라', '있는 그대로 보라(정견, 조견)', '선입견, 편견을 없애라', '무상, 무아를 올바로 보라', '연기법을 깨달으라', '공의 세계임을 알라'는 이 모든 가르침이 궁극에는 둘이 아니라는 사실이 자연스럽게 드러날 것입니다.

9. 오온개공의 실천 수행

그러면 먼저 이상의 내용을 '아상'의 관점에서 좀 더 구체적인 실천 수행의 방향으로 정리해 보겠습니다. 아상을 타파하는 것이야말로 '나'라는 존재가 공임을 여실히 보는 것이며, 아상이 타파되어 아공(我空)이 이루어졌을 때 그 기초 위에서 법공(法空), 즉 일체의 제법이 모두 공함을 여실히 볼 수 있다고 정리해 볼 수 있습니다. 그러므로 오온개공을 실천하기 위해서는 '아상 타파'가 수행의 관건이라고 할 수 있습니다. 그렇다면 아상을 타파하기 위해 무엇을 어떻게 해야 할까? 바로 이 점이 불교 수행의 핵심임을 바로 알아야 할 것입니다. 그럼 우선, 기본적으로 '나'를 버리는 작업부터 시작해야 할 것입니다.

우선 첫째로 이 몸을 보고, '나다'라고 하는 것을 타파해야 합니다. 몸뚱이 착심을 없애야 한다는 말입니다. 몸뚱이란 아상이 생기는 첫 번째 요인입니다. 내가 없다고, 공하다고 아무리 강조해도 이렇게 몸뚱이가 있는 것을 보고 누가 없다고 할 수 있겠습니까. 그러다 보니 몸뚱이 착심이 가장 큰 것입니다. 이 몸에 대한 애착 내지 집착을 여의려면 근면한 생활, 끊임없이 닦아가는 정진의 수행이 요구됩니다. '나'라고 생각하는 것으로 인해 몸을 편하게 하려는 마음이 생기고, 그 마음은 우리를 게으름과 나태로 몰고 갑니다. 내 몸 하나 편해 보자고 하는 마음이야말로 몸에 대한 애착심입니다.

그러므로 항상 이 몸을 부지런히 움직여 아상을 거스르는 생활을 해야 합니다. 수행자들이 이른 새벽부터 일어나 규칙적인 수행과 정진하는 이유도 바로 이 몸뚱이 착심이란 아상을 닦기 위한 수행입니다. 우리 생활 속의 수행자들도 절에서 혹은 집 안에서라도 매일같이 시간을 정해두고 꾸준히 닦아갈 일입니다. 몸이 피곤하다고 게으름을 피우면, 그것은 몸에 대한 탐착에 빠지는 아상을 높여가는 일입니다.

두 번째로 '내 것이다'라고 하는 물질적인 소유욕을 버려야 합니다. '아상'에 기초하여 나와 너를 가르는 마음이 있으니, 내 것, 네 것이라는 관념이 생기게 되고, 사랑스러운 것을 보면 내 것으로 만들기 위해 노력합니다. 사실 본래부터 내 것이고, 네 것이 어디에 있겠습니까? 다만 인연을 좇아서 물처럼 잠시 오고, 잠시 가는 것일 뿐입니다.

우리의 삶은 내 것으로 만들고자 하는 마음이 중심이 되어 모든 행을 하게 됩니다. 돈을 많이 벌어 내 것으로 하고 싶고, 좀 더 높은 명예와 지위를 가지기를 바라며, 좋은 친구, 동료를 가지기를 바라고, 좋은 배우자를 선택하기를 바라기 마련입니다. 이러한 행위 자체가 모두 아상에 기초한 것이므로 버리라는 것은 아닙니다. 다만, 우리는 이렇게 돈이나 명예, 그리고 사람들을 내 것으로 하고자 하는 소유욕이 있으니, 그것들이 무상한 줄을 올바로 알아 얽매여 집착하는 마음을 버리자는 것입니다. 다시 말해 거기에 대한 집착을 놓으라는 것입니다. 바로 방하착하라는 것입니다. '내 것이다'라는 아상이 없다면, 그것을 가지고 있을 경우 인연 따라 온 것임을 알아 잘 활용할 수 있고, 없어지더라도 내 것이라는 집착이 없으므로 괴롭지 않을 수 있습니다.

이렇게 '내 것이다'라는 상을 타파하기 위한 창조적이고 능동적인 삶의 방법이 바로 무주상보시의 삶입니다. 상에 머무름 없이 보시를 한다는 말입니다. 내 것, 네 것이라는 상에 머물지 않고, 작은 것이라도 남에게 보시하는 생활은 삶을 밝게 하고, 아상을 타파하는 데에 큰 도움을 줍니다. '무소유'가 모두를 소유하는 것이기 때문입니다.

'남에게 보시만 하면 나는 무얼 먹고 사나?' 걱정할 필요 없습니다. 나에게 있는 모든 것을 남에게 상없이 보시하여 내가 무소유가 되었을 때, 진정 우주 법계를 내가 소유하는 것이란 이치를 깨치게 될 것입니다. 저축을 하십시오. 저축을 하되, 나에게 하지 말고, 이 우주 법계에 상없이 저축을 하는 것입니다. 통장에 저축하면 그 액수만큼만 내 것이지만, 일체의 모든 대상에게 상없이 보시함으로써 저축을 삼으면, 그 사람은 법계를 품에 안은 것입니다. 이 사람에게는 무량대복(無量大福)이 따릅니다. 무량대복이란 나에게 있는 재산만을 쓸 수 있는 사람이 아니고, 내가 필요할 때 언제고 필요한 만큼의 재산을 법계에서 끌어다 쓸 수 있는 사람입니다.

어릴 적부터 아버님은 돈 걱정이 없으셨습니다. 나에게 큰 장사꾼이 되라고 하시며, 돈 걱정은 할 필요 없다고 하셨습니다. 돈은 은행에 얼마든지 있으니, 수단껏 가져다 쓰라고 일러 주셨습니다. 가져다 쓰는 수단을 올바로 배우라고 하셨던 것입니다. 그래야만 큰 사업가가 될 수 있다고 말입니다. 그런데 불교학과에 진학을 하고, 스님이 된 나를 보며 아버님은 사업가의 꿈을 포기하셨을 것입니다. 그러나 나는 진정으로 큰 사업가가 되어 은행에 있는 돈뿐 아니라 이 법계에 있는 돈, 그리고 그 하찮은 돈뿐 아니라 일체의 모든 물질, 정신적 얻음을 위해 그 수단을 배우고 있습니다. 작은 사업가가 아니라 진정으로 큰 사업가, 큰 도둑이 되려함입니다. 그 수단이 바로 무주상보시입니다. 은사 스님의 원력으로 현재 약 15곳에 불사가 진행 중입니다. 중생교화의 대원력이야말로 상이 없는 법보시, 무주상보시인 것입니다.

세 번째로 '내가 옳다'라는 나의 생각에 대한 고집, 고정관념, 선입견을 버려야 합니다. 우리는 스스로가 정해 놓거나, 혹은 사회가 정해 놓은 고정된 관념의 사슬에 얽매여 자유롭지 못한 삶을 살고 있습니다. 옳고 그르다는 것이 본래 없는데, 우리는 내 생각이 옳다고 고집하여 내 생각대로 되지 않을 때 괴로움을 느끼게 됩니다. 또한 고정관념에 빠져 그 관념대로 되지 않을 때 괴로움을 느끼게 됩니다.

진정 대자유인이 되어 걸림 없이 자유인으로 살려면, 우선 고정된 틀 속에서 벗어나야 합니다. 살아가면서 우리는 걸리는 것이 얼마나 많은가? 그 모든 걸림은 모두 내가 만든 것이며, 사회가 만들어 놓은 것이지, 본래 그렇게 정해진 것은 하나도 없습니다. 나에 대한 집착심이 곧 고정관념[편견, 선입견]이며, 고정관념이 극단화된 것이 바로 아집입니다.

만약 'A는 이러이러한 사람이다'라고 한다면, 이것이 바로 'A'라는 사람에 대하여 상을 가지는 것이며, 이는 'A'를 고정관념화시키는 것입니다. 또한 'A'를 '이러이러한 사람'으로 보는 것이 바로 분별심입니다. 그러므로 '있는 그대로 보라, 정견(正見)하라'고 하는 것입니다.

사심 없이 바라보아야 한다는 말입니다. 이처럼 공 사상은 부처님께서 말씀하신 연기의 사상, 무아의 사상에 철저히 충실한 사상입니다. 본래 연기의 존재이며, 텅 비어 있는 공으로써 적정한 우리의 마음에, 우리는 언제부터인가 무언가를 자꾸만 집어넣으려고 노력해 왔습니다. 온갖 분별심을 가지고, 편견과 고정관념의 벽을 만들어 놓고는, 스스로 만든 벽에 부딪쳐 힘들어하고 괴로워해 온 것이 우리들의 삶입니다. 이러한 고정관념의 벽이 있기에, 우리는 진정으로 자유롭지 못했고, 괴로웠던 것을 이제 올바로 깨쳐야 합니다.

좋고 나쁜 것, 선과 악, 자유와 부자유는 우리 스스로 만든 것일 뿐입니다. 이제 어떠한 극단적 편견으로부터도 자유로울 수 있는 삶을 살아야 합니다. 이것이 바로 공 사상이 우리에게 주고자 하는 올바른 가르침이요, 실천 수행의 삶인 것입니다. 너와 내가 서로 둘이 아닌 존재로서 연기의 존재라는 것을 올바로 알아 어디에도 치우치지 않는 중도의 삶, 어떠한 분별심도 '턱' 내려 놓을 수 있는 삶, 본래로 텅 비어 있기에 일체의 무거운 짐을 본래 자리에 내려놓고 가는 삶이야말로 공 사상이 우리에게 가르쳐주는 생활 속의 실천 수행인 것입니다. 일체의 모든 괴로움, 슬픔을 내려놓고, 어떠한 경계가 닥치더라도 본래로 텅 비어 있는 것을 안다면, 그 경계에 집착할 바가 없는 것입니다. 그러므로 어떠한 경계에도 얽매이지 않고 걸림 없이 사는 수행자가 될 수 있어야 하는 것입니다. 걸림 없이 산다는 것은 어떠한 장애라도 턱 믿고 맡기며, 방하착(放下着)하는 삶을 말하는 것입니다.

그렇다면 방하착(放下着)이란 무엇인가? '방(放)'은 '놓는다'는 뜻이며, '착(着)'은 '집착, 걸림'을 말합니다. 즉 공이라는 도리를 올바로 알지 못하고, 온갖 것들에 걸려 집착하는 것을 착이라고 하는 것입니다. 하(下)라는 것은 '아래'라는 의미이지만, 그 아래는 보통 '밑'을 의미하는 것이 아닙니다. 모든 존재의 가장 깊은 곳, 그 '아래'에 있는 뿌리와도 같은 우리의 '불성, 한마음, 본래 면목'을 의미하는 것입니다.

다시 말해 방하착은 공이라는 이치를 올바로 모르고 있기에 저지를 수 있는 우리 마음속의 온갖 집착들을 모두 마음의 바탕자리, 본래 면목의 한마음 자리에 놓아버리는 것을 의미합니다. 일체의 끄달림을 놓는 것입니다. 놓되 '몰록', '온전히' 놓아버리는 것입니다. 하나도 남기지 않고, 몽땅 놓아버리는 것입니다. 용광로 속에는 그 어떤 더럽고 녹슨 고철이라도 넣기만 하면 모두 용광로와 하나가 되어 녹게 마련입니다. 그렇듯 우리의 마음자리, 본래 면목, 참 주인공도 그와 같아 우리의 수많은 번뇌와 업장들을 모두 녹이기 마련입니다. 문제는, 이 모두를 스스로 놓아버릴 수 있는가 하는 것입니다. 놓으면 되지만 놓지를 못하는 것이 문제입니다.

우리들의 삶을 되돌아보면 어떠한가? 지금까지 우리의 삶은 끊임없이 붙잡기만 하는 삶이었습니다. 돈과 재물을 붙잡고, 지식을 붙잡고, 명예와 지위를 붙잡고, 이 모든 것들에 '내 것'이라는 상을 짓고, 빼앗기지 않으려고 애를 쓰며 살아왔습니다. 한 번도 '턱' 놓아본 적이 없습니다. 그렇기에 놓으면 큰일이 나고, 죽는 줄로만 잘못 알고 있는 것입니다.

내 것, 내 가족, 내 돈, 내 생각, 내 가치관 등등 '나'라는 의식으로 인해 모든 것을 가지려는 삶을 살아온 것입니다. '가지고 붙들려는 삶'을 '놓는 삶'으로 전환하기 위해서는 정말이지 커다란 의식의 전환이 필요합니다. 붙들었을 때 잘되는 것이 아니라, 놓았을 때 진정 잘되는 것이라는 의식의 전환 말입니다. 일체를 소유하지 않았을 때, 진정으로 무소유가 되었을 때 이 우주 전체를 소유하게 된다는 소중한 도리를 알아야 한다는 말입니다. 까짓 일체가 공(空)인 마당에 무엇이 아까울 것이 있나요? 공과 하나가 되었을 때, 우리 마음속에 본래 자리 잡고 있던 밝은 지혜가 환히 드러나게 되는 것입니다. 이것이 바로 '반야(般若)' 지혜인 것입니다.

그러므로 반야바라밀 수행은 무소득(無所得), 무소유(無所有), 무집착(無執着), 방하착(放下着)의 수행이며, 공과 하나가 되는 수행인 것입니다. 이것이 반야심경이 우리에게 던지는 실천 수행의 길인 것입니다. 일체를 놓는 것, 이것이 바로 반야바라밀입니다. 방하착입니다.

10. 도일체고액(度一切苦厄)

도일체고액(度一切苦厄)이란 일체의 고액[고통과 액난, 괴로움]을 건너 해탈, 열반에 이른다는 것을 의미합니다. 그러므로 조견오온개공 도일체고액이란 오온이 모두 공함을 비추어 봄으로써 깨달음에 이른다는 것입니다.

그러면 일체의 고액이 과연 무엇인가를 살펴보겠습니다. 경전에 나오는 세 가지 괴로움, 그리고 사고(四苦)와 팔고(八苦)를 차례로 살펴보도록 하겠습니다.

일반적으로 괴롭다는 말은, 그 성격상 세 가지로 나눌 수 있습니다.

> 어떤 사람이 사리불에게 물었다.
> "사리불이여, '고, 괴로움'이라고 하는데, 어떤 것을 고라고 합니까?"
> "벗이여, 이와 같은 세 가지가 고이다. 그것은 고고(苦苦) · 행고(行苦) · 괴고(壞苦)이다. 벗이여, 이 세 가지가 고이다."

첫째 고고(苦苦)란 괴로움의 괴로움이란 의미로써, 인간의 감각적인 괴로움을 의미합니다. 즉 육체적 고통을 의미하는 것이라 할 수 있습니다. 내 육체가 직접적으로 괴로움을 느끼는 것으로, 누군가에게 맞아서 아프다던가, 병으로 몸이 아프다던가, 배고파서 겪는 육신의 괴로움, 그리고 추워서 느끼는 괴로움 등입니다.

둘째로 행고(行苦)란 행의 괴로움이란 의미로써, 변하기 때문에 겪는 괴로움입니다. 다시 말해 삼법인 중 제행무상의 진리 때문에 오는 괴로움으로, 모든 것이 항상하지 않기 때문에 오는 괴로움을 의미합니다. 이 괴로움이 바로 불교의 고성제에서 말하는 괴로움과 가장 가까운 괴로움이라 할 수 있습니다.

즉, 불교에서 괴로움이라고 하면, 육체적 괴로움이나 혹은 다른 어떤 괴로움을 의미하기보다는, 일체 만유는 항상하지 않고 반드시 변화한다는 진리에 따른 괴로움을 의미한다고 할 수 있습니다. 지나간 과거를 생각하며 행복했던 때를 떠올리고, 다시 그때로 돌아가고 싶지만 그렇게 할 수 없는 괴로움이며, 늙고 병들어 예전처럼 한 십 년 정도 젊어지고 싶지만 그러지 못하는 괴로움 등이 모두 행고에 속합니다. 또한 사랑하던 이와의 사랑이 늘 계속되길 바라지만 시간이 지남에 따라 사랑하는 감정이 사라짐에서 오는 괴로움, 돈이 항상할 것 같고, 명예가 항상할 것 같고 권력이며, 지위, 계급, 사랑이 항상 할 것 같지만 그리고 내 주위에 있는 사람이 항상할 것 같지만 언젠가는 변화하게 마련이라는 데서 오는 괴로움 등이 모두 행고입니다. 우리가 흔히 괴로움이라고 말하는 생, 노, 병, 사의 인생 사고(四苦)가 여기에 포함되어 있는 것입니다.

셋째로 괴고(壞苦)는 부서짐의 괴로움이라는 의미로써, 항상하기를 바라지만 일체의 법은 항상하지 못하고, 언젠가는 반드시 부서지게 되는, 인간으로 말하면 죽음의 괴로움입니다. 자연을 보면성(成), 주(住), 괴(壞), 공(空)하여 반드시 변하여 부서지게 되고, 인간을 보더라도 생, 노, 병, 사 하여 반드시 죽음을 맞이하게 되는 것입니다. 이뿐 아니라, 현재에는 있는 것이지만 그것이 없어졌을 때 느끼는 괴로움도 괴고에 속하는데, 이는 우리가 재물, 지위, 혹은 명예 등을 상실했을 때 느끼는 괴로움입니다. 자세히 말해, 돈이나 나의 소유물 등이 인과 연이 다해 나에게서 멀어질 때 느끼는 괴로움도 바로 이 괴고에 속하는 것입니다. 이러한 괴로움 등은 괴고이면서 동시에 행고이기도 한 것입니다. 항상하지 않고 언젠가는 사라지게 되는 것이기 때문입니다.

이와 같이 경전에서는 괴로움의 성격상 세 가지로 나누고 있기도 하지만 그래도 불교에서 말하는 대표적인 고가 바로 사고와 팔고의 교설입니다. 경전에서는,

> 태어나는 것은 괴로움이다. 늙는 것은 괴로움이다. 병드는 것도 괴로움이며, 죽어야 하는 것 또한 괴로움이다. 사랑하는 사람과 헤어지는 것 또한 고통스러운 일이다. 원한이 있는 사람과 만나는 것 또한 고통스럽다. 구하나 얻어지지 않는 것도 고통스러움

이니, 요컨대 번뇌의 수풀 위에 뿌리를 박고 있는 내 몸이 존재하는 것이 고통이다. 비구들아, 이것이 괴로움이라는 진리이다.

라고 설함으로써 여덟 가지의 괴로움을 이야기하고 있습니다. 다시 말해 생(生)은 태어나는 괴로움이며, 노(老)는 늙는 괴로움, 병(病)은 병드는 괴로움, 사(死)는 죽는 괴로움으로 이상 네 가지를 사고(四苦)라고 말합니다. 여기에 다시 네 가지 괴로움을 더해 팔고(八苦)라 합니다.

그 네 가지란 원증회고(怨憎會苦)로 이는 미워하는 대상과 만나는 괴로움, 애별리고(愛別離苦)란 사랑하는 대상과 헤어져야 하는 괴로움, 구부득고(求不得苦)는 원하지만 얻지 못하는 괴로움이고, 오음성고(五蔭盛苦)는 오음이 치성하는 데서 오는 괴로움입니다. 오음이란 앞에서 배웠던 오온(五蘊)을 말합니다. 다시 말해 오음성고란 '나다'라고 아상을 내세우는 데서 오는 괴로움이라 할 수 있습니다. 이것을 몸과 마음의 괴로움으로 나누어 정리해 보면 생노병사 네 가지 괴로움은 몸의 괴로움이며, 원증회고, 애별리고, 구부득고 세 가지는 마음의 괴로움이고, 마지막 오음성고는 오온이 치성함에서 오는 괴로움으로 몸(색)과 마음(수상행식)의 괴로움이라할 수 있을 것입니다.

생, 노, 병, 사 + 원증회고, 애별리고, 구부득고, 오음성고 = 팔고(八苦)

그러면 좀 더 자세히 팔고에 대해 살펴보도록 하겠습니다. 앞에서 말한 사고, 팔고의 시발점은 생고(生苦)에 있습니다. 다시 말해, 나머지 일곱 가지의 괴로움은 우리가 이 세상에 태어났기에 생기는 부수적인 괴로움이라는 것입니다. 어찌 생각하면 태어나는 것이 무슨 고인가 하고 생각할지 모르겠으나 사실은 팔고 중 가장 큰 괴로움이라고 할 수 있을 것입니다. 가장 큰 괴로움이라기보다는 가장 근본이 되는 괴로움이라 할 수 있을 터입니다.

만일 태어나지 않았다면 늙고 병들고 죽는 등의 괴로움이 있지 않았을 것이기 때문입니다. 그 다음으로 늙고, 병들고, 죽는 괴로움인데 물론 이 세 가지는 누구나 괴로움이라고 인정하겠지만, 혹 어떤 사람은 늙고, 병들고, 죽는 것 말고, 그와 반대의 개념, 즉 젊고, 건강하고, 살아 있다는 즐거움이 있지 않은가 하는 의문을 제기하기도 할 것입니다. 즉 다시 말해 왜 젊고 건강하고 살아 있다는 즐거움도 있는데 왜 세상을 부정적으로 보고 '인생은 고다(일체개고)'라고 하는가 하고 말입니다. 이것은 한두 가지의 편협한 경우만을 생각하기 때문에 이러한 의문이 나온 것인데, 사성제의 고성제는 인생 전체를 보고 판단하는 것이지, 결코 어느 한 단면만을 보고 말하는 것이 아닙니다.

인생의 단면만을 본다면 젊은 것, 건강한 것, 살아 있다는것 그리고 사랑하는 사람을 만나서 행복하게 사는 것, 원하는 지위, 재물, 명예 등을 얻어서 즐거운 것 등을 즐거움이라고 말할 수도 있겠지만, 인생 전체를 보면 우리는 결국에 가서 '늙음과 죽음'이라는 궁극적 고통에서 벗어날 길이 없습니다. 그러므로 모든 즐거움의 바탕에는 늙음과 죽음이라는 괴로움이 이미 깔려 있고 정해져 있다는 것입니다.

그런가 하면, 병들어야 하는 괴로움도 마찬가지입니다. 어느 누구도 살아가면서 병 때문에 한번쯤 괴로워하지 않은 사람은 없을 것입니다. 평소에는 느끼지 못하지만, 막상 병이 육신을 엄습해 오면 그 괴로움이란 당해보지 않은 사람은 느끼기 힘들 것입니다. '돈을 잃으면 조금 잃은 것이요, 명예를 잃으면 많이 잃은 것이요, 건강을 잃으면 모두를 잃은 것이다.'라는 말이 있는 것처럼 말입니다. 건강할 때 항상 감사하며 살아야 합니다.

이상에서 말씀드린 생, 노, 병, 사의 사고(四苦) 말고도, 네 가지 괴로움이 더 있으니, 이를 합쳐 팔고(八苦)라고 한다 하였습니다. 그 첫째가 사랑하는 대상과 헤어지는 괴로움인 애별리고(愛別離苦)입니다. 사랑하는 사람, 아끼는 물건 등은 영원히 나의 것으로 할 수 없고 언젠가는 나와 멀어지게 마련입니다. 한창 열정적으로 사랑을 나누던 두 남녀가 언젠가 그중 한 명이 죽는다던가, 다른 이성과 눈이 맞아 헤어지려 한다면 이 괴로움은 그야말로 죽는 괴로움보다 더 할 것입니다. 그러니 이런 연유로 자살까지 하는 사람이 있는 것 아닌가 생각합니다.

그뿐 아니라 부모, 형제, 친지, 친구들과 어쩔 수 없이 헤어져야만 하는 괴로움도 애별리고입니다. 또한 사람과의 일이 아닌, 물건에 대한 집착도 마찬가지입니다. 어떠한 물건에 집착이 많을수록, 그 물건이 없어졌을 때 우리의 괴로움은 큰 것입니다.

다음은 그와 반대인 원증회고(怨憎會苦)인데, 원망스럽고 싫은 것과 만나야 하는 괴로움을 말합니다. 보기 싫은 사람, 얼굴만 보아도 화가 나고 답답하고 혹은 두려운 사람들과 항상 만나야 한다면 그보다 괴로운 일이 있을까요? 불자님들이 상담을 원할 때에도 보면, 싫어하고 증오하는 사람 때문에 괴로워하는 경우를 종종 봅니다.

한번은 결혼한지 얼마 안 된 부부인데, 부인이 사는 것이 지옥 같다고 하며 이야기를 꺼낸 적이 있습니다. 남편이 다른 여자의 사진을 지갑에 넣고 다니며, 다른 여자와 정을 통하고도 전혀 부인에게 부끄러워하거나 숨기려는 기색조차 없다는 것입니다.

누구와 어디에서 무얼 했느냐고 따지면, 귀찮다는 듯이 피곤하니 저리 꺼지라는 말까지 서슴없이 한다고 합니다. 돈을 벌어 노는 데에만 투자를 하고, 아이 얼굴 한번 따뜻하게 바라보는 법이 없다고 합니다. 집에 수도세, 전기세, 전화요금 용지는 몇 달이고 쌓여 있는데, 돈을 한 푼도 가져오는 법이 없다고 합니다. 이 보살님은 남편의 얼굴만 보면 화가 머리끝까지 치밀어 오르고, 괴로울 것입니다. 하도 답답하여 시부모님께 말씀드리니, '다 네가 잘못하니까 남편이 밖으로 나도는 것'이라며 오히려 꾸중을 하고, 부모님께 말씀드려도 '결혼한 지 얼마 되었다고 그러느냐'며, '다시 한 번 설득시키고, 잘 살도록 노력해 보라'고 하니 헤어질 수도 없고, 헤어진들 어디에서 무얼 해야 할지, 그 어린 자식은 어찌 해야 할지 막막한 처지였습니다. 그러니 남편 얼굴을 어쩔 수 없이 보기는 봐야 하는데, 얼마나 괴롭겠습니까? 상상만 해도 아찔하기 그지없습니다.

이런 예가 아니더라도 싫어하는 상대와 만나야 하는 괴로움은 얼마든지 있을 것입니다. 특히나 군대에서 보기 싫고 두렵기까지 한 선임병 때문에 너무 괴로운 나머지 자살까지 하는 경우를 종종 봅니다. 군에서 자살하는 경우를 보면 첫째가 사랑하는 이와 헤어짐에서 오는 괴로움 때문이고, 둘째가 미워하는 이와의 괴로움에서 오는 괴로움 때문이라 합니다. 그러니 이만하면 왜 생노병사라는 네 가지 괴로움 다음으로 애별리고, 원증회고를 언급하였을까 짐작하고도 남을 것입니다.

다음으로 구부득고(求不得苦)는 구하는 것을 얻지 못하는 데서 오는 괴로움입니다. 이 세계의 생명 있는 중생들 중 과연 무엇인가를 얻으려고 하지 않는 이들이 있을까요? 그러나 그렇게 얻으려고 하는 데 비해서, 자신이 얻고자 하는 것을 쉽게 마냥 얻을 수 있는 이는 그리 많지 않을 것입니다. 모든 이들은, 심지어 축생들조차 많든 적든 무엇인가를 얻으려고 합니다. 그러다가 구해지지 않으면 속상해 하고 괴로워합니다. 학교 다니는 학생들은 좋은 성적을 원하고, 수행하는 이들은 깨달음을 얻으려 하고, 사업가는 사업이 번창하기를 원하며, 정치가는 최고의 권좌에 오르길 원합니다.

아무리 가진 것이 많은 이들도, 주위에서 보면 돈이며 명예, 지위 등을 모두 가지고 있으니 얼마나 좋을까 하며 부러워하겠지만, 사실 그 입장이 되어 보면 그 또한 무언가를 계속해서 얻으려 하고, 얻지 못해 괴로워하게 마련입니다. 이렇듯, 우리들이 얻고자 하는 욕구에 비해서 그 모두를 가질 수 있는 사람은 거의 없다고 해야 옳을 것입니다. 지금 이 자리에서, 내 모습과 환경 일체에 마냥 만족해하는 사람이 얼마나 되겠습니까. 이렇게 우리는 무언가를 얻기 위해 바라는 마음이 끝이 없고, 그것이 모두 충족되지 않기 때문에 날마다 괴로워합니다.

다음으로 오음성고(五陰盛苦)는, 오온이라는 인간의 구성 요소에서 오는 괴로움으로, 색, 수, 상, 행, 식의 오온이 치성하는 데서 비롯된 괴로움입니다. 다시 말해 오온, 즉 '나다' 하는 데서 오는 괴로움으로, '나다', '내 것이다', '내가 옳다', '내 마음대로 한다' 하는 상을 가지기 때문에 그만큼 괴로움이 오는 것입니다. 이 오음성고는 앞의 일곱 가지 괴로움을 포괄하고 있는 괴로움입니다. 오온, 즉 '나다' 하는 데에서 모든 괴로움이 오는 것이지, '나다' 하고 고정 지을 것이 없다면 괴로움이 붙을 자리가 없기 때문입니다. 괴로움의 주체는 바로 '나'이기 때문입니다. 내가 없는 마당에 누가 괴로울 것인가 말입니다.

육신을 좀 더 편안하게 하려는 색욕이 있으나 항상 부지런히 일해서 몸을 움직여야 하는 데서 오는 괴로움, 좋은 느낌만을 가지고 싶지만 주위의 인과 연의 경계 따라 싫은 느낌을 받는 데서 오는 괴로움 등 육체와 정신에서 오는 괴로움들이 바로 그것입니다. 이것이 모든 괴로움의 근본이 되는 것으로, '나다'라는 상을 여의면 사라지는 괴로움인 것입니다.

다시 말해 이 오음성고의 괴로움이 타파된다는 말은 아상이 타파되고, 그렇기에 괴로움을 여의고 깨달음의 길로 갈 수 있다는 말인 것입니다. 오온이 고정된 실체가 있는 것이 아니고, 공하다는 사실을 올바로 조견할 때 이 괴로움은 소멸되는 것입니다. 오음성고의 괴로움이 소멸되면 일체 모든 괴로움이 소멸된다는 것은 이미 살펴본 바입니다. 반야심경의 '조견오온개공 도일체고액'의 의미는 바로 이러한 관점에서 나온 것이라 할 것입니다.

그러면 괴로움의 원인이라는 관점에서 바라본 아상(我相), 아집(我執)에 대해서 좀 더 살펴보겠습니다. '나다'라는 상이 없다면 우리는 괴로울 것이 없다고 하였습니다. 모든 괴로움의 주체는 바로 '나'이기 때문입니다. 그 괴로움의 주체가 사라진다면 어디에 괴로움이 붙을 자리가 있겠습니까? 내 것이라는 상 때문에, 내 것을 빼앗겼을 때 괴롭고, 내가 가지고 싶은 것을 가지지 못하니 괴롭고, '내가 옳다'라는 상 때문에 내 생각대로 되지 않을 때 괴로움을 느끼는 것입니다.

'나'라는 상이 없다면 주위의 어떤 경계에 대해서도 여여(如如)할 수 있습니다. 아무리 남이 욕을 하더라도 아상이 깨진 이에게는 한낮 허공 중의 흐르는 말이 될 것입니다.

보통 사람의 경우, '이런 말을 하면 남이 나를 어떻게 생각할까' 하여 자꾸만 있는 그대로의 현실을 왜곡되게 말하고, 그런 것이 반복되면 자꾸 구업(口業)만 늘어가는 것입니다. 그런 식으로 의업(意業)과 신업(身業)을 쌓아가는 생활을 하며, 다시 그 업이 원인이 되어 업보를 받고, 윤회의 수레바퀴를 돌고 도는 것입니다. 아상을 깨면 모든 것이 깨어지고 밝음이 우리에게 성큼 다가섭니다. 이 도리를 올바로 느낄 때 우리의 삶은 다시 시작하는 것입니다.

생로병사의 네 가지 괴로움 또한 이러한 아상, 오음성고의 괴로움이 근본 원인이 되어 일어나는 것이고, 애별리고, 원증회고, 구부득고 또한 마찬가지입니다. 아상이 없다면, 일체가 '나' 아님이 없기에 일체 대상에 대한 집착이 사라집니다. 그러므로 한 대상에 대한 집착심으로의 사랑이나 증오의 감정이 있을 리 없으며, 그렇다면 애별리고나 원증회고가 있을 리 없는 것입니다. '나'라는 상이 없으니, 즉 일체가 나 아님이 없으며 대상에 대한 집착이 사라졌으니, 돈, 재물, 명예, 지위, 나아가 깨달음에 대한 집착심을 여의게 되고, 그러기에 구부득고의 괴로움도 있을 리 만무하게 되는 것입니다.

그러나 이상에서 말한 인생팔고는 덮어놓고 무조건 '인생은 괴로움'이라고 결론짓는 것만은 아닙니다. 아상이 있는 우리네 중생들에게 있어 인생은 괴로움이라는 것입니다. 그러나 마음 공부하는 수행자들과 일체 분별심과 산란한 마음, 그리고 일체의 경계를, 맑고 밝은 참주인공의 본바탕에 일임하여 맡기고 방하착하며 살아가는 이들에게 인생은 고가 아닙니다. 일체의 경계는 인과 연이 화합하여 잠시 왔다가 인연이 다하면 흩어지는 항상하지 않는 경계일 뿐이지만, 우리네 중생들은 그것이 실재하는 줄로 착각하므로 그 경계에 집착하여 경계 따라 괴로워하고 즐거워하며 온갖 망상을 일으키는 것일 뿐입니다.

다시 말해 괴로움은 여러 가지 실체가 없는 원인과 조건들이 모여 일어나는 것, 즉 연기하는 것입니다. 연기하는 것은 괴로움인 것입니다. 그 경계들이 연기로써 본래 공한 것임을 올바로 알아야 하고, 경계가 공하므로 나도 공한 것임을 올바로 알아, 모든 경계를 '나온 자리[참주인공]'에 놓고 생활한다면, 우리의 삶은 부처님의 삶에서처럼 향기가 묻어날 것입니다. 거짓된 나를 붙들고, 거짓된 경계에 얽매여 괴롭게 살 것인가, 본래 공한 나의 본 성품을 올바로 믿고, 그 참주인공에 일체를 놓고 자연스럽고도 편안하게, 여여하게 살아갈 것인가 말입니다.

바로 여기에서 괴로움이 '성스러운 진리'임이 드러나는 것입니다. 괴로움을 여실히 있는 그대로 보고, 그것이 비실체적인 것임을 알아 그것을 정면으로 부딪쳐 극복할 수 있기에 괴로움이 '성스러운 진리'일 수 있는 것입니다. 이렇듯 괴로움의 철저한 인식, 즉 인생이 괴로움임을 아는 것은 매우 중요합니다. 이러한 고의 철저한 인식이 바로 깨달음으로 갈 수 있는 발심(發心)의 중요한 계기가 되는 것이기 때문입니다.

그러므로 이상에서 살펴본 '행심반야바라밀다시 조견오온개공도일체고액'을 되짚어 보면, '조견오온개공'을 실천하기 위하여 '반야바라밀다'를 행하는 이는 반드시 '도일체고액' 할 수 있다는 실천적 가르침인 것입니다.

여기까지가 입의분으로, 서론에 속합니다. 반야심경의 핵심 경구를 말하라고 하면, 으레 이 부분 즉, '조견오온개공 도일체고액'을 들 수 있습니다. 일체가 모두 공임을 조견했을 때, 일체의고통과 액난에서 벗어날 수 있다는 것입니다. 다음 장에서 설명할 부분은 파사분으로, 일체가 모두 공임을 드러내 주기 위해 일체의 구조와 진리의 모습 그리고 깨달음에 이르는 지혜와 깨달음 자체까지도 모두 공임을 드러냄으로써 우리의 잘못된 삿된 소견을 파해주고 있습니다. 그렇기에 파사분이라 이름 붙이는 것입니다.

제2품. 파사분(破邪分)

舍利子 色不異空 空不異色 色卽是空 空卽是色 受想行識 亦復如是

舍利子 是諸法空相 不生不滅 不垢不淨 不增不減

是故 空中無色 無受想行識 無眼耳鼻舌身意 無色聲香味觸法

無眼界 乃至 無意識界

無無明 亦無無明盡 乃至 無老死 亦無老死盡

無苦集滅道

無智亦無得 以無所得故

2장

사리자 색불이공 공불이색 색즉시공 공즉시색 수상행식 역부여시

1. 사리자(舍利子)

여기에서는 반야심경의 두 번째 등장인물인 사리자가 등장합니다. 사리자는 반야심경에서 관자재보살의 설법을 듣는 사람으로, 소승불교를 대표하는 상징적 인물로 등장하고 있습니다.

즉 사리자는 오온이 모두 공하여 실체가 없다는 참 의미를 명확히 이해하지 못한 인물로 묘사되고 있으며, 이러한 어리석음을 깨우치기 위해 관자재보살이 법을 설하고 있는 광경을 설정하고 있는 것입니다. 사리자는 사리불(舍利弗)이라고도 하며, 범어로 사리푸트라라고 하는데, 취자(鷲子)라고 번역합니다. 음을 그대로 옮기면, 사리불(舍利弗) 또는 사리자(舍利子)라고 부르는 것입니다. 사리자는 부처님의 십대 제자 중의 한 사람으로, 지혜 제일의 제자입니다. 아마도 사리자가 지혜 제일이기에 반야심경의 반야 지혜를 상징하는 의미로 사리자가 등장하는 것 같습니다.

사리자는 부처님의 제자가 되기 전에 육사 외도 중의 한 분인 산자야 벨라티풋타의 제자로, 목건련과 함께 회의파의 교단에 속해 있었습니다. 어느 날 라자그리하 북문 근처에서 탁발을 하고 돌아가던 석존의 제자 아쉬바지트[馬勝]를 만나 그 단정한 위의에 감복한 나머지, 사리불은 그에게 스승이 누구이며, 그 스승은 어떠한 가르침을 펴는가를 물었습니다. 이에 대해서 아쉬바지트는, 자신이 샤카족 출신의 위대한 사문을 스승으로 모시고 있으며, 불법에 입문한 지 얼마 되지 않기에 그 가르침을 상세하게 전할 수 없다고 하면서

> 모든 것은 원인에서 생긴다. 진리의 체현자는 그것들의 원인을 설법하신다. 또 그것들을 멎게 하고, 멸하는 법도 설하신다. 위대한 수도자는 이렇게 설법하신다.

는 게를 외었습니다. 법에 관한 부처님의 이러한 가르침을 듣고 크게 느낀 바가 있었던 사리자는, 돌아와서 목건련과 상의를 한 다음 산자야 스승의 만류를 뿌리치고 제자 250명과 함께 부처님께 귀의하기에 이르렀습니다. 산자야는 이때 그 분함을 이기지 못하여 입에서 피를 토하고 죽었다고 합니다.

자이나교의 옛 전승(傳承)인 『이시바샤임』이란 책에 '붓다 아라핫

트 선인인 사리불의 가르침'이라는 것이 적혀 있는 것으로 보아, 당시 자이나교를 비롯한 다른 교단에서는 사리불을 부처님으로 생각하고 있었던 듯합니다. 그만큼 사리불은 부처님 제자들 가운데 지혜가 뛰어났다는 것을 알 수 있습니다.

한편, 사리불은 목건련과 함께 부처님이 열반에 드시는 것을 차마 볼 수가 없어서 부처님보다 먼저 입멸했다고 전해집니다. 두 사람이 모두 부처님보다 나이가 많았으며 석존의 입멸 장소에 두 사람의 이름이 나와 있지 않은 것을 보더라도 이것은 사실이라 할 수 있습니다. 석가모니 부처님도 두 제자의 죽음에 대해, "두 사람의 죽음으로 모든 비구들이 허전해 하는 것 같다"라고 술회하고 있음을 볼 수 있습니다.

어찌 되었든, 이처럼 교단에서 지혜가 가장 출중한 사리불이반야심경에 등장하여 관자재보살로부터 반야 지혜에 대한 법문을 듣는 것은, 반야심경의 반야 지혜야말로 사리불의 지혜보다 더 큰 대지혜를 의미한다는 것을 상징하고 있는 것이라 해석해 볼 수 있을 것입니다.

2. 연기의 진리

지금부터가 본격적인 본론의 내용입니다.

그러나 여기에서 잠깐 짚고 넘어가야 할 부분이 있습니다. 앞으로 색(色)과 공(空)의 개념이 나올 겁니다. 색이란 물질을 나타내는 것이며, 오온[색수상행식] 중에서 물질적 개념인 '색'을 나타내는 것입니다. 공(空)이라고 하면, 앞에서 누차 설명했던 연기, 중도, 무자성(無自性)의 의미로써의 공을 의미합니다.

즉 여기에서 쓰인 '공'이라는 개념은 '없다'는 의미의 단순 부정이 아니라, 인과 연에 의해서 모였으므로 인과 연이 다하면 반드시 사라진다는 연기의 법칙을 의미하고 있는 것입니다.

앞에서도 '공이 곧 연기'라는 논리는 설명한 바 있습니다. 그런데 연기에는 시간적 개념에서 바라본 연기인 제행무상(諸行無常)의 이치가 있고, 공간적 개념에서 바라본 연기인 제법무아(諸法無我)의 두 가지 의미가 있습니다.

제행무상의 이치를 설명하고 있는 것이 바로 '색불이공 공불이색'이며, 제법무아를 설명하고 있는 것이 바로 '색즉시공 공즉시색'이라 할 수 있습니다.

그렇기에 본론에 들어가기에 앞서, 근본 불교에서 석가모니 부처님께서 말씀하신 연기법과 삼법인의 제행무상, 제법무아가 어떠한 의미를 내포하고 있는지 먼저 살펴보는 것이 본론에 앞선 순서일 것 같습니다.

불교의 근본 사상을 연기법이라 합니다. 부처님께서 깨달으신 법을 한마디로 표현한다면 바로 연기법이라 할 수 있다고 경전에서는 말하고 있습니다. 다시 말해 부처님께서 우루벨라 마을 네란자라 강가의 보리수 아래에서 깨달으신 내용의 핵심이 바로 연기법인 것입니다.

참으로 진지하게 사유하여 일체의 존재가 밝혀졌을 때, 그의 의혹은 씻은 듯이 사라졌다. 그것은 연기의 진리를 알았기 때문이다.

『소부경전』 우다나

부처님의 의혹이란, 생사에 대한 의혹, 일체에 대한 궁금함이었을 것입니다. 여기에서 부처님은 연기의 진리를 알았기에 일체의 존재가 밝혀졌고, 의혹은 씻은 듯 사라졌다고 말하십니다. 즉 생사의 매듭이 풀리고 깨달음에 도달했다는 것입니다. 이처럼 부처님께서는 일체 존재의 실상을 연기를 통해 깨쳤다고 한 것입니다.

연기를 보면 진리를 본 것이요, 진리를 보면 바로 연기를 본 것이다.

『중아함경』 제7권

연기법은 내가 만든 것도 아니며, 다른 사람이 만든 것도 아니다. 그러나 연기법은 여래가 세상에 출현하던지, 안 하던지 간에 항상 존재한다. 여래는 이 법을 깨달아 해탈을 성취해서 중생을 위해 분별 연설하며 깨우치나니라.

『잡아함경』 제12권

연기는 팔리어로 'Paticca-Samuppada'입니다. 이것은 차례로 '말미암아, 때문에', '일어난다'는 뜻입니다. 그렇다면 연기의 내용[상의상

관성(相依相關性)의 기본공식]은 과연 무엇인가?

『잡아함경』 권15에 다음과 같이 기록되어 있습니다.

이것이 있으므로, 저것이 있고,[此有故 彼有]

- 공간적 상의성[無我]

이것이 생하므로, 저것이 생한다.[此生故 彼生]

- 시간적 상의성[無常]

이는 다시 말해 일체의 모든 것들은 항상 무엇과 서로 말미암아 일어나서, 함께 공존하며, 함께 변해가고, 이윽고 함께 의존하여 사라진다는 것을 말하고 있습니다[생주이멸(生住離滅), 성주괴공(成住壞空)]. 즉, 우리들은 자기 생각으로 이것과 저것을 갈라놓고, 나와 남을 갈라놓으며 살아가지만, 사실은 이것은 저것이 바탕 되어 일어나며, 나는 남을 의지하여, 남으로 말미암아 생기고, 변해가며, 살아갈 수 있다는 것입니다. 혼자 존재하는 것은 어디에도 있을 수 없습니다. 그런 까닭에 '우리는 하나'라고 부르짖고 있는 것이지요.

이러한 사유 방법은 그 당시에는 새로운 개념이어서, 사람들이 이해하기 어려웠던 것 같습니다. 그래서 사리불은 자기 친구에게 비유로써 연기를 설명하였습니다.

그렇다면, 예를 들어 설명해 보겠다.

여기 두 개의 갈대 묶음이 있다고 하자. 그 두 개의 갈대 묶음은 서로 의존하고 있을 때는 서 있을 수 있다. 그러므로 이것이 있으므로 저것이 있고, 저것이 있으므로 이것이 있다.

그러나 두 개의 갈대 묶음에서 어느 하나를 떼어 낸다면 다른 한쪽은 넘어질 것이다. 그러므로 이것이 없으므로 저것이 없고, 저것이 없으므로 이것 또한 없는 것이다.

다시 말해 이 연기법이란, 존재와 존재 사이에는 서로 상관성이 있음을 지적하고 있는 것입니다. 덩그러니 이 세상에 아무렇게나 던져진 것 같은 우리 존재는 이 우주 만유와 서로 영향을 주고받으며 살아가고 있다는 것을 일러줍니다. 서로 의존하며 서로 긴밀한 관계를 이루고 있음을 의미하는 것입니다.

연기라는 말은 인연(因緣)에 의해 생긴다(起)는 말입니다. 인연생기(因緣生起) 한다는 말이지요. 혹은 인연에 의해 생하고 멸한다는 인연생멸(因緣生滅)의 법을 따로이 인과(因果)의 법칙이라 이해하기도 합니다. 인연이란, 일체 모든 것은 인과 연의 결합에 의해서 생겨나고 변화해간다는 것입니다. 인(因)이란 결과(果)를 생기게 하는 내적(內的)인 직접 원인이며, 연(緣)이란 외부에서 이를 돕는 외적(外的) 간접 원인을 말합니다. 이것을 내인(內因), 외연(外緣), 혹은 친인(親因), 소연(疏緣)이라고도 합니다. 일체만유가 어떻게 변화하는가를 바로 이 인연 화합의 법칙은 일러주고 있는 것입니다.

우유[因]에 외적 발효의 조건[緣]을 주면 치즈[果]가 되고, 또 이치즈는 다시 버터를 만드는 원인이 되어 치즈[因]에 발효의 조건[緣]

을 주면 버터[果]가 만들어지는 것과 같습니다. 또한 사과나무[인]를 땅에 심어 우리들이 거기에 비료도 주고, 잘 가꾸는 행위[연]를 하여 이윽고 열매가 열리게 되며[과], 잘 기른 결과 우리들은 맛있는 사과를 먹을 수 있게 됩니다[보]. 이것이 인연과보(因緣果報)의 법칙인 것입니다.

여기에서 꼭 사과나무만 인(因)이고, 우리의 행위가 꼭 연(緣)인 것은 아닙니다. 그 둘은 어느 것이 더 직접적일 수도, 간접적일 수도 있으므로 인, 연이 바뀔 수도 있는 것입니다. 다시 말해 인과 연은, 어느 것이 먼저랄 것도 없이 둘 모두가, 과보의 중요한 두 바퀴와 같은 것이기도 합니다. 비유하면 두 나무를 서로 비벼서 불을 내어 도리어 그 나무를 태워서 나무가 다하면 불이 다 꺼지는 것과 같습니다. 제법도 또한 이와 같아서, 인연이 모이면 곧 이루어지고, 인연이 흩어지면 곧 멸합니다. 제법은 좇아오는 곳도 없고, 또한 이르러 가는 곳도 없다는 것입니다.

유(有)는 원래 스스로 무(無)인데, 인연의 이룬 바이다.

다시 말해 본래 불[火]은 원래 있지 않았으나(無), 나무와 나무[인]를 서로 비벼 줌으로써[연] 불이 생(生)하는[과] 것입니다. 무(無)에서 생긴 유(有)도 나무가 다 타면 불이 꺼지고 마는 것처럼 사라지게 되고 맙니다. 이처럼 인과 연이 화합하므로 불이 일어나고, 인과 연이 다하므로 불은 소멸하게 되는 것입니다. 본래 불이 있었던 것이 아니며, 다만 인연의 소산에 불과하다는 말입니다. 가만히 생각해 보면 이 세상 그 어느 곳에도 불이란 있지 않습니다. 단지 인과 연이 화합하면 잠시 나타났다가 인과 연이 멸할 때 소멸되는 인연생 인연멸일 뿐입니다.

이와 같이 이 세상 모든 존재도 그와 같은 것입니다. 사람 또한 제 스스로 존재하는 것이 아니라 인연 따라 잠시 태어났다가 인연이 다하면 죽어가는 것입니다. 일체 제법이 이와 같이 인연생 인연멸 인과의 법칙 속에 있는 것입니다.

그렇다면 업보(業報)란 무엇을 말하는 것일까요? 위에서 언급했던 우리들이 비료도 주고, 잘 가꾸는 등의 행위는 인간의 의지적 작용인 것이며, 이러한 인간의 의지적 작용이 바로 업(業)인 것입니다. 이러한 인간의 업에 의하여 우리는 사과를 얻을 수 있고, 먹을 수 있으니 이것이 보(報)인 것입니다. 인과의 도리를 인간의 행위에 관련시켜 설명하면 업보(業報)가 되는 것입니다.

또한 이렇듯 인간의 의지적 작용[인]에 의해 그 결과[과]가 분명히 나타나므로, 이를 인과의 법칙, 인과응보(因果應報), 혹은 인과율(因果律)이라 하기도 하는 것입니다. 이 인과율은 주체적 인간[육근(六根)]과 객체적 대상[육경(六境)] 사이에서의 법칙이지만, 인간과 인간 사이에도 성립하는 관계임은 물론입니다. 일체 정신이 있고 없는 물질계와 정신계를 아우르는 법칙이란 말입니다.

이상에서 말씀드린 바와 같이 우리가 살고 있는 이 세상의 그 어떤 일체 만물이라도 인연 따라 이루어지고 인연 따라 멸하는 것입니다.

인연생 인연멸이기에 본래부터 존재하는 것이 아닌, 고정된 실체로써 존재하는 것이 아닌, 공생(空生)이라 하는 것입니다. 이것이 바로 반야심경을 비롯한 대승경전에서는 일체 제법의 실상을 공(空)이라 하는 연유입니다.

부처님께서는 이러한 인연의 법칙을 환하게 깨달으신 것입니다. 인연에 대해 확연하게 깨달았다는 말은 이 세상이 생긴 인과 연, 내가 태어나게 된 인과 연, 일체 제법이 만들어지게 된 인과 연에 대해 확연하다는 말입니다. 내가 태어나기 전 어디에서 왔는지, 또 죽어 가야 할 곳이 어디인지 태초에 나온 자리가 어디인지조차 확연히 알게 되는 것입니다. 본래 나온 자리를 안다는 것은 가야 할 곳이 어딘지를 안다는 것이며, 확연히 깨달았다는 말은 이미 그 본래 자리로 돌아왔음을 의미하는 것입니다. 그러니 이 세상에 궁금한 것이 있을 수 없는 것입니다. 일체의 의혹이 다 풀릴 수밖에 없는 노릇입니다. 인연을 알고, 일체 모든 것에 확연하며, 본래 자리로 귀의하였으니 괴로움이 모두 소멸되는 것은 당연한 이치입니다. 모르니 괴롭지 알면 괴롭지 않습니다. 일체 제법이 모두 공이며 인연생이므로 환영과 같고, 신기루와 같음을 알진데 어찌 환영에 얽매여 괴로워할 일이 있을 수 있겠는가 말이지요. 그것이 연기를 통해 깨달으신 부처님의 마음 살림인 것입니다.

세상이 만들어진 근원이 창조론이냐, 진화론이냐 하지만 불교에서는 그 양자를 긍정도 부정도 하지 않는 연기론, 인과론이라고 할 수 있을 것입니다.

일체 만유(萬有)는 시간, 공간적으로 모든 것[一切]에 의지해 있습니다. 그렇다면 시간, 공간적으로 보았을 때 현재 나와 연관된 것은 무엇이 있는지 살펴보겠습니다. 시간적으로 따지면, 나를 낳아주신 어머니, 아버지, 할머니, 할아버지, 그 위의 모든 조상님들, 그리고 또 그 위 조상님들… 이렇게 나가다 보면 이 세상 모든 사람들이 형제 아님이 없습니다. 나로부터 20대만 역사를 거슬러 올라가면 약 209만 명, 30대를 소급해서 올라가면 약 21억이 넘는 조상들이 연결되어 있다고 합니다.

엄격히 따져보면, 이들 중 한 명만 빠져도 '나'라는 존재는 있을 수 없는 것이라고 할 수 있습니다. 이를테면 고조할아버지 한 분만 안 계셨어도 지금의 나는 없었듯 그렇게 거슬러 올라가면 30대 앞에 계셨던 21억의 조상님 가운데 한 분만 계시지 않았더라도, 혹은 사고사를 당하셨더라도 지금의 나는 있을 수 없었을 것이란 말입니다. 이렇다면 역사의 모든 인물들이 직·간접적으로 나와 연관되어 있었다고 해도 과언이 아닐 것입니다. 즉, 지금의 '나'라는 존재는 시간을 거슬러 일체 모든 과거의 인연들과 서로 연관되어 있다고 볼 수 있다는 것입니다. 그들과 나는 뗄 수없는 상호 연관된 존재라는 것입니다.

다시 말해 지금의 '나'라는 존재는 우연히 생겨난 것이 아니라, 영원한 시간의 고리 일체가 나와 통해 있고, 내 속에 갈무리되어 있다고 할 수 있는 것입니다. 세계 인류의 역사가 지금 이 순간, 내 속에

'나'라는 모습으로 생동감 있게 살아 꿈틀거리고 있는 것이라는 것입니다.

공간적으로 따져도 마찬가지입니다. 동시대에 살고 있는 우리 모두는 '더불어' 살아가는 존재라는 것입니다. 지금의 나를 봅시다. 옷을 입고, 신발, 양말을 신고 다니며, 아침, 저녁으로 밥을 먹습니다. 나를 살아가도록 해주는 부수적인 것들은 나에게 그대로 구족(具足)된 것일까요? 그렇지 않습니다. 나의 옷이 지금 내 몸에 걸쳐지기까지는 너무나도 많은 이들의 노고와 피땀이 들어갔다고 할 수 있습니다. 바느질하는 이, 옷감을 만드는 이, 옷을 만드는 과정에도 얼마나 많은 이들이 매달려야 합니까? 그 외에도, 유통과정에서의 도매상, 소매상, 옷가게 주인 등등…….

그러면 내가 먹는 밥은 어떠합니까? 단지 내가 내 돈 내고 먹으니 내 것이고, 나의 노력으로 얻은 것이니 '내가 고생해서 내가 먹는 것'이라고 하는 것은 하나만 생각하는 것입니다. 내가 밥을 먹기 위해서는 얼굴도 모르는 수많은 농부들의 피땀이 필요하고, 그 농부가 농사를 짓기 위해서는 비료 만드는 사람, 삽 만드는 사람, 쟁이 만드는 사람, 곡식이 잘 자랄 수 있는 모든 조건, 즉 땅, 씨앗, 물, 태양 등등의 많은 것이 연관되어 있는 것입니다.

일례로 태양이 없다고 생각해 보면 어떻습니까. 과연 우리는 얼마나 버틸 수 있을까요? 아마도 얼마 안 가서 우리가 살고 있는 지구는 폐허가 되고 말 것입니다. 물이 없어도 마찬가지입니다. 이처럼 우리는 그저 '내가 살고 있다'고 생각하지만, 우리는 주위의 모든 조건들과 상호 긴밀한 연관 관계 속에서 도움을 받으며 살아가고 있는 것입니다. 의상조사 법성계에서 '일미진중함시방(一微塵中含十方)'이란, 바로 이런 사실을 읊은 것입니다. '한 티끌 속에 온 우주를 머금었다'는 화엄의 법계연기의 도리인 것입니다. '일즉일체다즉일(一卽一切多卽一)'도 마찬가지입니다.

결론적으로 시간, 공간적으로 '나'라는 존재는 일체 모든 만유(萬有), 만생(萬生), 유정(有情), 무정(無情)의 중생들, 자연과 연관되어서 공생으로 돌아가는 것이란 말입니다. 나 홀로 살아갈 수는 없다는 말입니다. 일체의 사소한 미물과도 하다못해 곤충, 짐승, 물, 태양 등과도 나는 연관되지 않을 수 없습니다. 또한 태양, 부모, 친구 등의 조건들은 나와 관계가 깊으니까 더 중요하고, 곤충, 역사의 인물, 산과 들은 나와 연관이 적으니 덜 중요하다는 생각들도, 조금만 깊이 생각, 사유해 보면 그렇지 않으며, 모두가 하나로 똑같이 나의 다른 모습임을 알게 될 것입니다.

이렇듯 시간, 공간적으로 일체 모든 존재는 거미줄처럼 얽혀 있는 인연생(因緣生)입니다. 그러므로 유일신으로서의 신은 오직 스스로 유일한 존재이기에 불교에서는 수용하지 못하는 것이라 할 수 있습니다. 불교의 신(神)은 인간과 같이 하나의 윤회중생으로서의 신인 것입니다.

우리가 죽으면 살과 뼈 등은 흙[地]이 되고, 물과 피와 고름 등의 액체들은 물[水]이 되어 흐르고, 몸의 열이나 더운 기운 등은 대지의 열[火]로 전환되며, 우리 혈액의 운동 등을 원활하게 해준 바람의 기운[풍(風)]은 대지의 움직임, 바람이 되어 흩어지게 마련입니다. 이렇게 보았을 때, 우리의 지수화풍(地水火風)과 대지의 지수화풍을 따로 생각할 수 없는 것입니다. 우리 눈에 보이는 지수화풍은 전생, 그 전생의 내 육신이었을 수 있고, 내 부모, 조상의 육신이었을 수도 있을 것입니다. 이렇게 생각한다면 사소하게 여긴 산하대지가 바로 내 몸임을 알 수 있으니, 어찌 남의 것 대하듯 마구 써버릴 수 있겠습니까.

휴지를 함부로 버리고, 밤늦은 때에 공장에서 폐수를 몰래 방출하고, 아무 곳에서나 침을 뱉고 할 수 있겠는가 말입니다. 하나라는 마음이 없기 때문에 지금 환경문제가 대두되고 있는 것입니다. 진작부터 부처님 말씀에 귀를 기울였다면, 지금처럼 환경이 오염될 대로 되고 나서, '환경, 환경' 하며, '우리는 하나'-환경과 내가 둘이 아니다 -라고 외칠 필요가 없었을 것입니다. 공장의 폐수를 버릴 때는 나와 남[환경]을 둘이라고 갈라서 내가 살자고, 잘 되어 보자고 남[환경]에게 버리지만, 결국 그 때문에 지금 전 세계적인 환경문제가 대두되고 있지 않습니까.

이 환경문제는 나와 상관없는 문제가 아닙니다. 오존층이 파괴되고 물이 오염되어 우리는 그것을 먹으며 살고 있지 않은가 말입니다. 자연 환경을 파괴하는 것은 다시 말해 자살행위와 같은 것입니다. 바로 내 육신을 파괴하는 것입니다.

'나다', '내 것이다'라는 관념은, 이처럼 고정된 실체로써의 성질을 가진 것이 아닙니다. 일체가 이처럼 함께 돌아가는 세상 그 자체가 바로 '나'인 이 마당에 '나다', '너다'를 가르는 것이 무슨 의미가 있겠습니까? 이와 같이 우리는 주어진 시간, 공간의 조건에 의해 '말미암아서 일어난 존재'인 것입니다.

과거 엄마 배 속에서 태어날 때의 나와, 중학교 때의 나, 대학 때의 나, 그리고 지금의 나는 다릅니다. 조건이 바뀌었고, 환경이 바뀌었고, 내 육체의 세포 하나하나가 전혀 다른 것으로 바뀌었기 때문이며, 생각, 사유(思惟)하는 것에도 많은 차이가 있고, 내 깊은 곳에 존재하는 업력(業力)에도 변화가 있을 것임에 분명합니다. 나뿐 아니라, 존재하는 모든 것은 이처럼 연기하는 존재이기에 항상 변화하는 존재인 것입니다. 이 세상에 항상하는 것이란 전혀 없습니다. 연기하기 때문입니다. 그래서 제행무상이요, 제법무아이고, 일체개고라고 한 것입니다.

'사람은 생로병사하며, 일체는 생주이멸하고, 우주는 성주괴공' 한다고 하는 것이 그 바탕의 성질인 것입니다.

그러면, 지금의 '나'란 무엇인가? 어떤 것이 '나'일까? 앞에서 말했듯이, 남을 뺀 나, 주위의 조건, 환경을 뺀 나가 아니라, 나와 일체만유(一切萬有)가 함께 돌아가는 것이 바로 나입니다. '나다'라는 상(相)으로써의 나가 아니라, 일체와 둘이 아닌 일체(一切)로서의 나인 것입니다.

이렇듯 내게 다가오는 모든 경계, 나를 포함한 일체 형상세계가 실제 있는 것이 아니라 꿈과 같은 인연의 소산이라는 것입니다. 일체의 만유 전체가 인연의 화합이니, 여기에 무슨 차별이 있고, 불평등이 있을 수 있겠습니까? 일체의 모든 것은 연기의 세계이고, 공의 세계이니, 그대로가 평등의 세계인 것입니다. 단 1%의 오차도 없이, 누가 조금 잘났고, 못났다고 할 것 없이 그대로 대평등의 세계인 것입니다. 우리 중생의 눈으로 본다면 불평등한 세계 같고, 빈부격차가 크게 나고, 선한 이가 있고, 악한 이가 있고, 옳고 그름이 있고, 좋고 나쁨이 있지만, 연기의 진리 세계에서는 이는 실로 평등한 현상이 아닐 수 없습니다. 이 얼마나 통쾌한 일입니까? 이 얼마나 밝은 일이며, 힘이 나는 일인가 말입니다. 살맛 나는 세상이 아닌가 말입니다.

이 사실을 올바로 아는 사람에게 이 세상은 연극과 같고, 영화와 같습니다. 세상에 어느 영화, 연극이 이보다 현장감 넘치고, 박진감 넘치는 것이 있을까 말입니다. 우리의 삶이 즐거워지는 것입니다. 진정으로 이것이 사실이라면, 다른 사람이 싫어진다고 그에게 욕을 하고 투정할 수 있겠습니까? 타인에게 미운 마음을 내면, 그것은 그대로 다시 나에게 돌아옵니다. 우리는 하나이기 때문입니다. 내가 나에게 한 것과 다름이 없기 때문입니다. '누워서 침 뱉기'이기 때문이지요. 이것이 바로 인과의 법칙인 것입니다. 나의 그 어떤 행위도 그대로 나에게 되돌아올 수밖에 없는 인과의 철저한 법칙인 것입니다. 그러니 어떻게 쉽사리 남을 비방하고, 미운 마음을 낼 수가 있겠습니까.

이렇듯 연기의 진리를 올바로 알았을 때, 우리의 삶에는 질적인 변화가 오고, 우리의 삶은 한없는 자비심으로 가득 찰 것입니다. 지금까지는 '내 힘으로 내가 살아간다'고 하는 아집과 독선이 있었지만, 연기의 진리로 '더불어 사는 세상'임을 알고 나면, '나'라는 상[아상(我相)]이 깨지게 되며, 우리는 하나라는 동체대비심이 드러나게 될 것입니다.

앞에서 보았듯이 연기가 불교 깨달음의 핵심 사상이라고 한다면 깨달음의 핵심은 '나다'라고 하는 울타리를 깨버리는 것에 다름 아닙니다. 연기법을 깨달으면 아상이 깨지기 때문입니다. 또한 이렇게 연기의 이치를 올바로 보아 깨친다면, 너와 나라는 상이 깨지므로 일체에게 모든 자비를 베푸는 삼륜(三輪)이 청정한 무주상보시를 행할 수밖에 없을 것입니다. 불교의 양 수레바퀴라고 할 만한 지혜와 자비가 따른다는 것입니다. 이렇듯 연기의 올바른 깨달음은 우리의 삶에 변화를 가져옵니다. 행동 하나하나에 변화를 가져오는 것입니다. 그렇다면 연기의 법칙이 어떻게 우리의 행위, 업에 영향을 미치는 것일까요?

연기의 법칙을 올바로 이해한다면 어떻게 신, 구, 의로 갖은 악업을 지을 수 있겠습니까. 도둑질하거나, 살생하거나, 간음하거나, 욕하고 이간질하고, 거짓말할 수 있겠습니까. 어찌 탐내는 마음, 성내는 마음을 가질 수 있겠는가 말입니다. 나의 행동[身業] 하나하나가 단 1%의 오차도 없이 우주를 진동시킵니다. 나의 선한 행위, 무주상보시의 행위 하나가 일체 세간(世間)을 밝게 하는 것입니다. 나의 악한 행위 하나하나가 그대로 우주를 진동시킨다고 생각한다면, 어찌 살생하고, 도둑질하고, 간음할 수 있겠습니까.

현대 과학에서도 이 점은 증명되고 있습니다. '나비 효과'라고 하는데, 중국 양쯔강에서 일어난 나비의 날갯짓 하나가 인(因)이 되어 태평양을 건너 지구 저편에 가면 거대한 태풍이 된다고 합니다. 사소하게 생각하던 나비의 날갯짓조차 이렇게 큰 태풍으로 우리의 삶에 직접적인 영향을 미치는데, 만물의 영장이라고 자찬(自讚)하는 우리 인간의 모든 행위 하나하나는 얼마나 큰 영향을 미칠 것인가 말입니다. 모든 행위, 행동을 하면서도 이런 마음가짐을 가지고, 조심스런 행동을 해야 할 것입니다.

나의 말 한마디[口業]가 단 1%의 오차도 없이 일체 세간, 우주 속으로 진동해 나갑니다. 우리가 사소하게 생각한 나쁜 말 한마디가 컴퓨터처럼 우리의 마음속에 일체가 그대로 저장되어 풀려나간다고 생각해 보세요. 이 얼마나 무서운 일입니까? 우리의 칭찬 한마디, 친절한 말 한마디가 일체 세간에 두루 퍼져 이 세상을 밝히는 힘을 가지고 있다고 생각한다면, 이 얼마나 기분 좋은 일이며, 가슴 설레는 이야기인가 말입니다.

나의 생각[意業] 하나하나가 단 1%의 오차도 없이 일체 세계, 우주 속에 그대로 영향을 미칩니다. 나의 선한 생각 하나가 세상을 밝게 하고, 중생구제하겠다는 보살의 한 서원이 우주를 울리고도 남습니다. 그러나 거꾸로 나의 악한 생각 하나가 우주로 울려 퍼진다고 생각해 보세요. 어찌 마음을 함부로 놀려 나쁜 마음을 낼 수 있겠습니까?

이렇게 작은 행위, 말 한마디, 한 생각이 우주 전체로 울려 퍼져 구석구석까지 영향을 미친다는 생각에서, 세계를 법계(法界)라고 합니다. 이렇듯 연기의 법칙 속에서는 법계 속에서 우린 모두가 하나이며, 대평등인 것입니다.

3. 무상과 무아의 연기적 이해

(1) 제행무상(諸行無常)

> "세존이시여, 자주 '무상, 무상' 하시는데, 무엇을 무상이라고 합니까?"
> "라타야, 우리들의 신체(색)는 변한다. 우리들의 감각(수)은 변한다. 우리들의 표상(상)은 변한다. 우리들의 의지(행)는 변한다. 우리들의 의식(식)은 변한다. 라타야, 이같이 관찰하여 일체를 떠나라. 일체를 떠나면 탐욕은 없어지고, 탐욕이 없어지면 해탈할 수 있다. 해탈하는 그때, 미혹된 삶은 끝난다."

제행무상이란 색수상행식 오온은 모두가 변한다는 진리를 말합니다. 오온이란 우리 몸으로 본다면 육체[색]와 정신[수상행식]을 이르며, 나아가 일체 만유를 분류하는 분류법이라고도 할 수 있습니다.

다시 말해 오온이란 '나'라는 소우주와 '일체'라는 대우주를 의미하며, 일체만유, 삼라만상이라고 표현되는 전체 우주법계를 의미합니다. 쉽게 말해 일체가 다 항상하지 않고 변한다는 이치를 말하는 것입니다. 이와 같이 일체가 변한다고 관찰함으로써 일체 모든 것에 대한 집착으로부터 벗어나라고 말하는 것입니다. 그리하여 일체를 떠나게 되면 탐욕이 있을 수가 없게 마련입니다. 탐욕이 없어야 해탈을 하는 것이며, 그때 어리석은 삶은 끝난다는 말입니다.

제행무상이란 앞에서 공부했던 연기법에 대한 시간적 표현이라 할 수 있습니다. 존재를 시간적으로 볼 때 무상하다는 것입니다. 세상 그 어떤 것이라도 지금은 항상하는 것 같고, 있는 듯 보이지만 시간이 흐르면 모두가 변하게 된다는 말입니다.

여기에서 제행이란 '일체의 만들어진 것', 다시 말해 '인연 따라 생겨나 생멸변화하는 유위(有爲)의 물질적, 정신적인 모든 존재, 모든 현상'을 가리킵니다. '모든 존재' 혹은 '모든 현상'이라고 말할 수 있을 것입니다. 무상이란, 글자 그대로 '항상함이 없다'는 뜻입니다. 따라서 '제행무상'은 '모든 존재는 항상함이 없이 변화하는 것이다'라는 뜻입니다. 이 세상에 변화하지 않는 것이 무엇이 있을까요? 일체의 사물을 있는 그대로 바라볼 때, 정견(正見)할 때, 가장 먼저 드러나는 존재의 속성은 바로 모든 것이 변한다는 가장 평범한 진리인 것입니다.

존재란, 여러 요소들이 여러 가지 조건에 의해 임시로 모여 있는 집합체에 불과하기 때문에 존재를 구성하고 있는 요소와 조건들이 변하거나 사라지면 존재 역시 변하거나 사라집니다. 다시 말해 연기법인 모든 존재는 연기하기 때문에 인과 연에 의하여 생성되고, 인과 연이 다하면 소멸되기 때문에 무상한 것이라는 것입니다.

크게는 태양계를 보더라도 태양을 중심으로 많은 행성이 쉬지 않고 움직이고 있으며, 작게는 우리들이 정지하고 있다고 생각하는 작은 물체들 또한 그 안으로 들어가 보면 끊임없이 움직이며 활동하고 있습니다. 물질은 수많은 분자가 모여 이루어졌으며, 그 분자들은 다시 수많은 원자들이 결합된 것이라 합니다. 분자는 온도나 주위 환경의 열 진동에 보조를 맞춰 끊임없이 진동하고 있다고 합니다. 물질의 최소 단위인 원자를 보더라도 원자핵을 중심으로 전자와 중간자가 결합함으로써 이루어진 운동체임이 밝혀졌습니다. 한시도 중단함이 없이 끊임없이 움직이며 변화한다는 말이지요. 더구나 원자핵이라는 것도 양자와 중성자가 극히 좁은 공간에서 상상할 수 없을 정도의 빠른 속도로 회전하고 있다고 합니다.

이렇게 본다면 물질을 비롯한 일체 만물은 마치 정지되어 있는 것처럼 보이지만, 끊임없이 움직이고 있으며 변화하고 있다는 것을 알 수 있습니다. 바로 모든 존재의 모습이 무상하다는 제행무상의 결론에 도달하게 되는 것입니다. 현대 과학은 이처럼 부처님의 진리를 증명해 주는 역할을 하고 있으며, 앞으로도 계속 그렇게 되어 갈 것입니다. 그래서 아인슈타인은 '과학이 없는 종교는 장님이며, 종교가 없는 과학은 절름발이다', '현대 과학에 결여된 부분을 메워 주는 종교가 있다면, 그것은 바로 불교이다'라고 말한 것이 아닐까 생각해 봅니다.

사람들은 천년만년 살 것처럼 생각하고 있습니다. 권세와 명예, 그리고 돈 등, 이 모든 것이 우리에게 영원히 있을 것으로 착각하며 살아가고 있는 것입니다. 대기업 회장이라도 돈 많고 권세를 누리며 살겠지만, 우리와 똑같이 먹고 자고 느끼며 살다가 죽어갈 뿐입니다. 나이가 들면 그 또한 인생에 대한 인과 연이 서서히 막을 내리게 될 것입니다. 전 세계 어느 나라에서나, 독재 정권을 아무리 길게 한 나라라 해도 어느 시점에 가서는 붕괴되고 마는 것이 권력의 속성입니다. 제행무상이라는 말입니다. 언제까지고 내 곁에 있어 줄 것만 같은 사랑하는 이 또한 언젠가는 떠나가게 마련이고, 그렇지 않더라도 그에 앞서 내 마음에서 처음 가졌던 사랑하는 마음은 어떻게든 변하게 마련인 것입니다.

'나'라는 것 또한 마찬가지입니다. 이 육신은 끊임없이 변화하여 늙고 병들어 결국엔 죽어갈 것입니다. 처음 태어날 때 잘생긴 외모를 받았더라도 살아가며 어떻게 마음을 쓰고 닦았느냐에 따라 외모 또한 변해갑니다. 우리 몸의 세포로 말한다면 순간순간 끊임없이 나고 죽고 나고 죽고를 반복하면서 숱한 생멸을 반복할 것입니다. 성격이 나일 것 같지만 성격 또한 천차만별로 달라질 수 있습니다. 날 적부터 가진 능력과 재능은 항상할 듯하지만 나의 노력과 닦음을 통해서 그 또한 계발할 수 있으며, 그런 능력이라도 그저 방치해 두기만 한다면 소멸하게 마련입니다.

이 세상에 변하지 않는 것이 있다면 그것은 '이 세상은 변한다'라는 그 진리일 것입니다. 변하는 것은 괴로운 것입니다. 우린 돈이 항상할 때 행복을 느끼고, 명예가 권력이 지위가 유지되고 있는 동안 행복을 느낍니다. 생명이 유지될 때 행복인 것이며, 사랑도 사랑하는 감정과 사랑하는 대상이 유지되는 동안 행복입니다. 명예와 권력이 박탈당할 때, 경제력을 상실했을 때, 사랑하는 이와 헤어졌을 때, 죽어갈 때… 그때까지 행복할 수는 없는 노릇입니다. '항상하지 않는다'는 제행무상의 이치 속에서 본다면, 당장은 행복할지 모르지만 언젠가는 다가올 괴로움을 전제로 한 그런 잠깐 동안의 행복에 빠져 있는 모습일 뿐입니다. 그러니 중생의 소견을 어리석음이라 말하는 것입니다.

죽을지 뻔히 알면서, 변한다는 것을 뻔히 알면서도 지금 당장의 작은 달콤함에 빠져 생사의 문제, 제행무상의 문제를 해결하고자 하지 않는다는 말입니다. 잠깐의 행복에만 안주하고 살아간다는 말입니다. 삶에서 가장 중요한 것이 무엇인지 모르고 전도된 몽상으로 살아가는 것입니다.

이렇게 '변한다'고 하니 이와 같은 불교의 근본 진리가 허무주의를 의미하는 듯한 부정적인 의미로 쓰여, '인생은 무상하다'라는 한탄스런 말로 쓰이는 경우도 있습니다. 그러나 '무상하다'는 말은 허무주의를 의미하는 바가 아니요, 단지 항상 변해가는 현실을 있는 그대로 관찰한 것에 대한 결과일 뿐입니다. 오히려 우리들은 무상하기 때문에 살아갈 수가 있는 것입니다. 변하기 때문에 아이들이 어른이 되고, 병든 사람은 건강을 되찾을 수 있고, 악한 사람이 착하게 발심할 수 있으며, 지금은 가난한 사람이 다시 부귀를 누릴 수도 있게 되는 것입니다. 어리석은 사람이 열심히 수행 정진하여 다시 지혜로워질 수도 있는 것입니다.

이렇듯 무상의 진리는 허무주의적이고, 괴로운 진리로 잘못 생각할 것이 아니라, 창조적이고 능동적인 자세로 돌려서 받아들여 무상한 가운데 우리의 삶을 올바로 가꾸어 나가야 할 것입니다. '변함'이라는 그 자체는 그렇기에 좋을 것도 싫을 것도 아닙니다. 우리의 작은 분별심으로 재어 볼 잣대가 아니란 말입니다. 제행무상이란 '세상 그 어떤 것이라도 항상하지 않고 변화해간다'는 그대로 진리의 모습, 존재의 여실한 모습일 뿐입니다.

(2) 제법무아(諸法無我)

"수루나야, 어떻게 생각하느냐? 신체는 불변하느냐, 변하느냐?"

"세존이시여, 변하나이다."

"변한다면 그것은 괴로운 것이냐, 즐거운 것이냐?"

"세존이시여, 괴로운 것입니다."

"변하고 괴로운 것이라면, 그것을 관찰하여 이것은 '내 것'이다, 이것이 '나'다, 이것은 '나의 본질이다'라고 말할 수 있겠느냐?"

"세존이시여, 그럴 수 없습니다."

'제법'은 우리가 인식할 수 있는 현실세계의 일체 모든 것을 의미합니다. 제행무상에서의 '제행'과 같은 개념으로 이해해도 무방합니다. '무아'는 일상생활에서 '나'라는 행위의 주체가 없다는 뜻이 아니라, 어떤 현상도 다른 현상과 서로 의존하지 않으면서 완전히 독립된 실체로서 존재하는 것은 없다는 뜻입니다.

이 문제에 대한 한 이야기가 있습니다.

> '차마'라는 비구가 병으로 누워 있을 때 여러 비구가 병문안을 왔다.
> "어떤가? 견딜 만한가?"
> "어찌나 아픈지 견딜 수가 없네."
> 그때 한 비구가 그를 위로하고자,
> "세존은 무아의 가르침을 설하지 않으셨던가?"
> 하니, 차마는
> "나는 '나'가 있다고 생각한다네."라고 대답했다.
> 여러 비구들이 따지고 들자, 차마는 말했다.
> "벗들이여, 내가 '나'는 있다고 한 것은, 이 신체가 '나'라는 뜻은 아니라네. 또 감각이나 의식을 가리킨 것도 아니라네. 또그 것들을 떠나서 따로 '나'가 있다는 의미도 아니네.
> 벗들이여, 예를 들면 꽃의 향기와 같다네. 만약 어떤 사람이 꽃잎에 향기가 있다고 한다면, 이 말을 옳다고 하겠는가? 줄기에

향기가 있다고 한다면, 이 말을 옳다고 하겠는가? 또는 꽃술에 향기가 있다고 한다면 어떻겠는가? 역시 향기는 꽃에서 난다고 할 수밖에 없으리라. 그것과 마찬가지로 신체나 감각이나 의식을 '나'라고 하는 것은 옳지 않다. 또 그것을 떠나서 따로 '나의 본질'이 있다고 하는 것도 옳지 않다네. 나는 그것들의 통일된 형태를 '나'라고 하는 것이라네."

무아라는 말은 '아(我)가 없다', '나라고 할 만한 것이 없다' 즉, 고정불변한 내가 없다는 것입니다. 그렇기에 나라는 상을 깨라고 말하는 것입니다. '나'라는 상이 없는데, 내 것이라는 것과 '내가 옳다'라는 생각이 있을 수 없음은 당연한 것입니다. '나다'라고 하기 위해서는 변하지 않으며 한결같은 속성인 상일성(常一性)이 있어야 하고, 내 마음대로 할 수 있는 주재성(主宰性)이 있어야 합니다. 오늘도 '나'고, 내일도 '나'로 항상해야 참된 '나'라고 할 수 있지 늘 변한다고 한다면 그것을 어찌 '나'라고 할 수 있겠으며, 내 마음대로 할 수 있어야 '나'지 마음대로 할 수 없다면 그것을 어찌 '나'라고 할 수 있겠습니까. 이 두 가지 속성, 즉 상일성과 주재성을 가져야 '나'라고 할 수 있지만, 지금 우리 앞에 있는 '나'는 그렇지 못합니다. 항상하지도 못하며 끊임없이 변화할 것이며 100년도 못 되어 완전히 변화되어 결국 죽음에 이를 것입니다. 이렇듯 항상하는 상일성이 없으므로 무아라고 할 수밖에 없는 것입니다.

또한 이 몸뚱이도 내 마음대로 할 수 없습니다. 다른 것은 그만두고서라도 결정코 '내 것'이라고 할 수 있는 '내 마음'조차 내 마음대로 할 수 없는 것이 우리입니다. 내 마음 기쁘고 싶다고 기쁠 수 있습니까, 행복하고 싶다고 행복할 수 있겠습니까. 그저 인연 따라, 상황 따라 그렇듯 외부적인 조건에 의해 끊임없이 우리 마음이 행복, 불행, 고독, 허탈 등등의 마음을 오고 갑니다.

우리가 생각하는 '나'라는 것은 이처럼 상일성도 주재성도 없는 텅 비어 있고 실체 없는 존재인 것입니다. 상일성과 주재성이 없는 '나'는 더 이상 '나'라고 할 수 없습니다. 무아인 것입니다. 물론 여기에서 무아라고 하여 현재의 나, 현상적인 존재로서 이렇게 활동하고 있는 나의 존재까지 부정하는 것은 아닙니다. 다만 '고정불변하는 실체적인 나'를 부정하고 있는 것입니다. 이러한 무아의 진리는 연기의 공간적인 표현이며, 내면적인 표현이라 할 수 있습니다. 바로 존재하는 것에 대한 내면적이고 공간적인 관찰인 것입니다.

바로 앞에서 모든 존재는 항상함이 없는 무상이라고 하였습니다. 항상하지 않는 존재, 연기하는 존재를 가지고 '나다'라는 생각을 할 수 있겠습니까? 연기하기 때문에 무상이며, 무상이기 때문에 무아인 것입니다. 그렇기에 또한 공이라 하는 것입니다.

인간은 생로병사하고, 일체 제법이 생주이멸하는 마당에 어느 무엇을 잡아 '나다'라고 할 수 있겠습니까?

이렇게 말하면, 마치 불교는 '나'를 무시하는 종교이며 염세적인 종교가 아니냐고 할지 모르나, 그런 것이 아닙니다. 무아라는 것은 인연 화합되어 끊임없이 변화되는 존재라는 것이며, 그렇기에 고정된 실체로서의 '나'는 존재하지 않는다는 의미이고, 이것은 현상계의 본질인 것입니다.

불교에서는 오온무아(五蘊無我)라고 하여, 무아를 설명할 때 오온이 무아임을 설명합니다. 앞에서 인간 혹은 일체 만법을 이루는 다섯 가지 요소는 제각기 고정된 실체가 아님을 보았습니다.

다시 말해 오온무아의 교리는 인간존재를 구성하고 있는 요소들을 하나하나 분석하면서 우리 존재가 '무아'라는 것을 보여주고 있는 것입니다.

'나'라는 것, 일체의 모든 것은 인연 따라 잠시 만들어지고 만들어진 순간에도 끊임없이 변화하며 그렇게 인연이 다하게 되면 결국에는 소멸되어 없어집니다.

지금 있는 것처럼 보이는 것도 잠시 인연의 나툼일 뿐 고정된 실체로서 항상하는 것이 아닙니다. 인연법으로 이루어진 일체 제법은 항상하지 않으므로 무상하고, 고정된 실체가 없으므로 무아이며, 인연 따라 생주이멸, 생노병사하므로 연기이고, 그러므로 있다 없다 할 수 없어 공이며 중도인 것입니다. 이렇게 일체 제법을 이해할 수 있다면 이 세상 그 무엇을 집착하며 소유하려 할 것입니까. 집착할 것이 없다면 세상은 그대로 고요하며 스스로 마음의 온전한 평화를 얻게 될 것입니다.

다음은 제법무아에 대한 부처님의 말씀입니다.

많이 들어 지혜로운 제자들아,
이 오온은 "나"가 아니요, "나의 것"이 아니라고 관찰하라.
이와 같이 살펴보면 이 세상에 취할 것이 없게 된다.
취할 것이 없다 함은 집착할 것이 없다 함이다.
집착하는 것이 없는 사람이라야 스스로 마음의 평화(열반)를 깨닫는다.

(3) 무상, 무아의 실천

무상과 무아의 가르침은 단순한 이론으로 끝나는 것이 아니라 실천적인 가르침입니다. 부처님 당시의 제자들은 무상, 무아를 터득하기 위해서 공동묘지[강가의 화장터]까지 찾아가서 썩어가는 시체를 앞에 놓고 명상을 하기도 하였습니다. 인도에서는 강가에 나무를 한 단 해 두고는 죽은 시체를 태우는데, 대부분 가난해서 나무를 충분히 살 수 없기 때문에 몸뚱이가 다 타기도 전에 화장의식이 끝나는 경우가 많습니다. 그래서 타다 남은 시체가 강 여기저기에 팔 한 짝, 다리 한 짝씩 둥둥 떠다니는 경우가 많다고 합니다. 수행자들은 그러한 시체의 모습을 바라보며 무상과 무아의 이치를 관하는 수행을 하는데 이를 백골관법(白骨觀法)이라고 합니다.

백골관법은 아직까지도 소승 불교국에서는 실천되고 있다고 합니다. 타일랜드와 말레이시아 등지에는 현대식의 건물과 시청각 교육 시설까지 완비한 최첨단 사찰이 울창한 정글 속에 위치해 있다고 합니다. 그중 한 절의 법당 앞에는 생물시간에나 봄직한 해골이 인간 그대로의 모습으로 서 있다고 하는데, 그 옆에 있는 명찰에는 '1930년 미스 타일랜드의 실물'이라고 적혀 있다고 합니다. 우리의 상식으로는 이해가 안 되지만, 그 나라에서는 더러 이런 광경을 볼 수 있다고 합니다.

몇십 년 전, 그 나라의 제일가던 미인의 모습을 법당 앞에 세워두고, 매일 드나들며 바라보면서 무상과 무아를 느끼게 만드는 것입니다. 이 정도라면, 그 사찰의 수행자들은 미인들을 보고 집착하지는 않을 것입니다.

또한 선방에는 흉측한 미이라가 서 있다고 하는데, 피부와 모발도 변화시키지 않고 그대로 사람의 형상으로 두었다고 합니다. 이는 그 방에서 함께 참선하던 스님인데, 몇 해 전에 병으로 죽은 후 그대로 세워 놓았다는 것입니다. 몇 해 전까지 함께 수행하던 도반의 죽은 모습을 보며, 무상과 무아를 터득하게 하는 것입니다.

지금 당장에 죽는다면 우리는 얼마나 죽음에 대한 준비가 되어 있겠습니까? 우리도 이제 삶과 죽음이 동전의 양면과 같이 뗄 수 없는 관계임을 올바로 알아 지금 이 순간부터 죽음을 준비하는 생활 자세를 가져야 할 것입니다. 우리는 수행을 할 때 최선을 다해 열심히 하지 않는데, 그 이유는 지금이 아니라도 할 수 있는 시간이 있다고 생각하기 때문입니다. 조금 나중에 해도 별 문제가 되지 않는다고 생각하기 때문입니다. 돈 좀 벌어 놓고, 자식들 좀 가르쳐 놓고, 나이 좀 들어서 등등 수행하기 좋을 때를 기다리기만 합니다. 그렇게 기다리다가 언제 어느 순간에 임종을 맞이할지 어찌 알겠습니까.

바로 지금, 최선을 다해 지성으로 정진해야 할 것입니다. 이와 같은 마음으로 정진을 해야, 언제 어느 때 죽음에 이르렀을 때 이 생에 집착하지 않고 바로 갈 수 있을 것입니다. 무상, 무아의 진리를 올바로 안다면 이 생에 집착할 일이 없으니 말입니다. 그러나 대부분의 사람들은 내 삶에 대한 엄청난 집착을 가지고 살아가게 마련입니다. 그것은 '나다', '나는 항상한다'는 상이 있기 때문입니다. 이러한 삶의 집착 때문에 죽고 나면 편히 갈 곳으로 가지 못하고, 이 생의 집착심으로 가볍게 이곳을 뜨지 못하는 것입니다. 그래서 사람이 죽으면 그 사람에 대해서 너무 슬퍼하거나 집착하지 말라고 합니다. 괴로워 울고, 집착하면 영가가 편히 갈 수가 없기 때문이라는 것입니다.

무상과 무아는 그냥 그렇구나 하고 아는 정도로 끝날 일이 아닙니다. 끊임없이 무상과 무아를 닦아야 합니다. 항상함이 없는 줄 알아 소유와 집착을 끊을 일이며, 고정된 내가 없는 줄 알아 아상을 놓아버릴 일입니다. 수행자는 세상을 대할 때 이렇듯 무상과 무아의 눈으로 세상을 바라보아야 합니다. 무상과 무아를 관하며 살아간다면 온갖 집착과 유혹에서 자유로울 수 있을 것입니다.

가만히 명상해 보시기 바랍니다. 과연 무상과 무아의 눈으로 세상을 바라본다는 것이 무엇인가 하고 말입니다. 무상의 눈, 그리고 무아의 눈. 늘 수행자는 이 두 가지 실상의 눈을 가질 일입니다.

4. 색불이공 공불이색 색즉시공 공즉시색

이제부터 반야심경에 나타난 공(空) 사상의 본격적인 법문이 시작됩니다. '색불이공 공불이색 색즉시공 공즉시색'은 서론의 핵심 사상인 '조견오온개공'의 이치를 보다 자세하고 극명하게 나타내고 있습니다.

'색불이공 공불이색'과 '색즉시공 공즉시색'의 의미는 어찌 보면 비슷한 의미인 듯합니다. 그러나 이 말들이 만약 똑같은 의미를 가지고 있다면, 굳이 네 번이나 반복해서 말장난을 할 필요가 없었을 것입니다. 특히나 반야경의 핵심만을 뽑아 놓은 '심경'에서 말이지요. 좀 더 자세히 살펴보도록 하겠습니다.

앞의 '색불이공 공불이색'은 모든 반야경에서 공의 이해를 위해 자주 사용되는 '불(不)'이라는 부정의 단어로 표현하고 있으며, 뒤의 '색즉시공 공즉시색'은 '즉(卽)'을 통해 긍정의 논리를 펴고 있습니다. 또한 '색불이공 공불이색'은 시간적 관점에서 색이 공하다는 무상을 설명했으며, '색즉시공 공즉시색'은 공간적 관점에서 무아를 설명한 것이라고 볼 수 있습니다. 이 두 논리의 차이를 좀 더 자세히 설명하기 위해 화엄의 '사법계(四法界)'를 잠시 빌린다면, '색불이공 공불이색'은 '이사무애법계(理事無碍法界)'를 그리고 있고, '색즉시공 공즉시색'은 '사사무애법계(事事無碍法界)'에 빗대어 설명할 수 있을 것입니다. 이와 같은 차이와 그 내용에 대해 좀 더 자세히 살펴보겠습니다.

(1) 색불이공 공불이색

색불이공 공불이색이란, 지금은 물질들이 제각기의 인연으로 인해 각기 다른 특성을 가지고 이루어져 존재하는 것처럼 여겨지더라도, 시간적으로 보면 언젠가는 인과 연이 다하여 반드시 멸하는 것이기에 공(空)하다고 결론짓는 것입니다. 즉 지금 내 앞에 있는 시계, 책상, 혹은 내 사랑하는 연인 등의 물질적 색(色)의 존재도 지금은 실재(實在)하는 것처럼 여겨지지만, 시간이 흐르게 되면 반드시 인과 연이 다해 멸할 것이 분명하다는 것입니다. 즉, 인연생이므로 인과 연이 다하면 공으로 되돌아간다는 것입니다.

이처럼 시간의 관점에서 볼 때, 어떠한 물질적 개념도 공으로 변한다는 것입니다. 그러나 지금으로서는 색으로서의 특성을 인정해야 하고, 지금 당장에는 공이 아니기 때문에 부득이 부정의 논리로서 설명하고 있는 것입니다. 색이 바로 공이라는 것은 시계가 공(空)이고, 책상이 공이고, 애인이 공이라는 것이기에 자칫 혼란을 초래할 수 있습니다. 그러나 '색이 공과 다르지 않다'는 것은 '완전히 같다'는 의미가 아니고 '다만 다르지 않다'는 것만을 의미하며, 언젠가는 다르지 않음이 증명될 것이라는 점을 의미하는 것입니다. 즉 언젠가는 공이 될 것이라는 말이기도 한 것입니다.

공이라는 것은 연기하는 존재라는 것, 그리고 스스로의 자성(自性)이 없다는 것을 의미합니다. 즉, 색이라는 것은 모두 연기되어진 존재로서, 스스로의 자성이 없으므로 공이라는 것입니다. 여기에서 색이란 우리의 사량으로 분별할 수 있는 현상계를 의미하는데, 이것을 화엄의 사법계(四法界)에서는 사법계(事法界)라고 하며, 공이라는 것은 그 현상계를 유지하고 있는 바탕으로써의 이치의 세계를 말하는 것으로 이법계(理法界)라고 부릅니다.

여기에서 말하고 있는 '색불이공 공불이색'이라는 것은, 색이공과 다르지 않으며, 공이 색과 다르지 않다는 논리를 통해 이(理)와 사(事)가 서로 걸림이 없다는 화엄의 '이사무애법계'에 빗대어 설명할 수 있을 것입니다. 우리의 눈에는 이법계와 사법계가 나뉘어 보이지만, 즉 공과 색이 다르게 보이지만 사실은 이법계와 사법계가 그리고 공과 색이 서로 다르지 않다는 논리를 펴고 있는 것입니다. 이것은 앞에서도 설명했듯이, 시간적인 개념에서 본 무상의 이치를 바탕에 깔고 이해해야 할 것입니다.

그러면 '색불이공'만 이야기하면 될 텐데, 다시 한 번 '공불이색'이라고 언급하고 있는 문제에 대해 생각해 보지 않을 수 없습니다.

우선 반야심경에서는 색, 다시 말해 우리의 눈에 보이는 현실에 대하여 공과 다르지 않은 것이라고 말하여 현상계를 부정하고 있습니다. 그러나 이렇게 색이 공과 다르지 않다는 부정만으로는 허무주의에 빠지기 쉽고, 한쪽으로 치우칠 우려가 있기에 다시 한 번 현실을 긍정하고 있는 것입니다. 조금 어려운 이야기가 될 수도 있겠으나, 반야라는 지혜의 안목을 통해 현실을 파악하자니 우리 범부 중생의 사량으로 어려운 것은 당연할 것입니다. 어쨌든 색이 공이라고 부정을 하고, 그 부정인 공이 다시 색과 다르지 않은 것이라고 긍정을 함으로써, 부정과 긍정 모두의 극단을 떠난 절대 긍정을 나타내고 있는 것입니다. 그리고 난 후, 다음에 '색즉시공 공즉시색'이라는 강한 긍정의 논리를 펴고 있는 것입니다.

(2) 색즉시공 공즉시색

'색이 곧 공이고, 공이 곧 색'이라는 논리는 공간적인 무아의 개념으로 이해할 수 있다고 앞에서 설명하였으며, 강한 긍정의 논리라는 말을 하였습니다. 즉 물질적 존재인 색은, 바로 지금 이 순간 여지없는 공이라는 것입니다. 이 공간 내에서 이해할 수 있는 공이라는 것입니다. 앞의 논리처럼 시간적으로 미래에는 공일 것이라는 막연한 이야기가 아니라, 바로 이 공간에서의 공이라는 이야기인 것입니다.

앞에서 공이란 것은 연기하는 것이며, 무자성(無自性)이고, 무아라는 것을 이야기한 바 있습니다. 다시 말해 공은 무아를 의미합니다. '색즉시공 공즉시색'은, 색이 곧 무아(無我)라는 말입니다. 즉 시계, 책상, 사람 등의 물질적 존재인 색은 미래에 인연이 다하여 흩어질 것이기에 공이기도 하지만, 바로 지금 그 모습이 공이라는 논리인 것입니다.

시계라고 했을 때, 이 시계는 시계침, 플라스틱 케이스, 나사, 건전지 등이 인연 화합으로 모여 만들어진 물질입니다. 그러나 각각의 부품들 하나하나를 가지고 시계라고 할 수는 없는 것입니다. 시계 케

이스만을 가지고 시계라고 할 수도 없고, 시계침만을 가지고 시계라고 할 수도 없는 것입니다. 시계라는 것이 성립되기 위해서는 이 모든 부속품들이 모여 인과 연이 맞는 부품들끼리 짜 맞추어졌을 때, 비로소 시계일 수 있는 것입니다. 이렇게 제각기 다른 모든 부품들을 잘 결합시켜 시계라는 색으로 만들기 위해서는 연기라는 법칙이 필요합니다.

요컨대 공의 성질, 연기의 성질, 무자성의 성질이 바탕이 되어야만 비로소 시계가 성립한다는 것입니다. 따라서 결국 시계가 성립할 수 있는 토대가 되는 것은 바로 공의 바탕 위에서인 것입니다. 그러므로 색이 곧 공이며, 공이 곧 색이라고 하는 것입니다.

이것은 화엄의 사법계(四法界)를 기준으로 본다면 사사무애법계와 연관 지어 설명할 수 있을 것입니다. 즉, 공[理法界]과 공이 서로 걸림 없이 무애한 것처럼 색[事法界]과 색도 서로 걸림 없이 무애하다는 논리입니다.

색이 곧 공이며, 공이 곧 색이기 때문입니다. 이것이야말로 대긍정의 논리이며, '이 우주가 서로 걸림 없는 무애'라는 법계의 본래 성품을 잘 보여주고 있는 대목인 것입니다. 이러한 논리가 좀 더 발전되어 화엄에서는 '일즉일체다즉일', '일미진중함시방'이라는 논리까지로 확대될 수 있었던 것입니다.

'색즉시공'의 논리를 말하고 나서 다시 '공즉시색'이라고 한 것은 앞의 그것과 같이 '색이 곧 공'이라고 부정한 데서 한걸음 나아가 '공은 바로 색'이라는 대긍정을 통해 절대 긍정의 논리를 펴기 위함입니다.

5. 수상행식 역부여시

이상의 논리에서는 색에 한정하여 설명하고 있지만, 여기에 오면 물질적인 것뿐 아니라 정신적인 것까지도 모두 포함하여 공이라고 설명합니다. 즉 수, 상, 행, 식 모두를 앞의 논리에서 색에 대비할 수 있으니, 다음과 같습니다.

수불이공(受不二空) 공불이수, 수즉시공(受卽是空) 공즉시수
상불이공(想不二空) 공불이상, 상즉시공(想卽是空) 공즉시상
행불이공(行不二空) 공불이행, 행즉시공(行卽是空) 공즉시행
식불이공(識不二空) 공불이식, 식즉시공(識卽是空) 공즉시식

이것은 다시 말하면 오온, 즉 일체 제법인 물질, 정신적 존재는 모두 공과 다르지 않고, 공이 또한 일체 제법과 다르지 않으며, 일체 제법이 곧 공이고, 공이 곧 일체 제법이라는 논리와 같습니다. 이것은 결국 일체 제법은 시간적으로 제행무상이며, 공간적으로 제법무아이고, 그렇기에 연기적 존재라는 말과 다르지 않은 것입니다. 연기법의 시간적 해석이 바로 제행무상이고, 공간적 이해가 바로 제법무아이기 때문입니다. 또한 대승의 반야 공 사상이 바로 연기의 사상을 드러내 보이는 것이기 때문입니다.

일체의 제법은 연기하는 존재로서 모두가 공이며, 무자성이고, 무분별, 무아, 중도라는 중관(中觀) 사상도 이 반야경의 공 사상에서 비롯된 것입니다. 물질인 색에서 보았을 때 색불이공 공불이색 색즉시

공 공즉시색이며 정신인 수상행식 또한 이와 같이 공과 다르지 않고 곧 공이라는 말입니다.

이상 수상행식이 공한 논리에 대해서는 앞서 '오온개공'에서 '오온'을 설명할 때 자세히 살펴보았고, 수상행식이 '불이공'이고 '즉시공'인 연유는 앞의 '색'과 같은 논리로 설명할 수 있으므로 여기에서는 '수상행식' 또한 이와 같다는 정도로 이해하고 넘어갈까 합니다.

3장

사리자 시제법공상 불생불멸 불구부정 부증불감

1. 사리자 시제법공상

앞에서 반야경의 핵심 사상인 공에 대해서 어느 정도 이해를 하였으리라고 생각합니다. 공(空)이란, 존재 본질의 모습을 나타내는 것입니다. 현상계에 나타나는 모든 존재의 본질을 공상(空相)이라고 하는 것이며, 그렇기에 금강경에서도 일체의 모든 상이상이 아님을, 즉 공임을 올바로 본다면 여래(如來)를 보리라고 한 것입니다[若見諸相非相 卽見如來].

이 장에서 일체 제법은 공상이기에 불생불멸이며, 불구부정, 부증불감이라고 하고 있습니다. 즉 공의 모양을 좀 더 구체적으로 설명하고 있는 것입니다. 그러나 이 부정의 논리를 통해 공의 모양을 살펴보기에 앞서 반드시 짚고 넘어가야 할 것이 있습니다. 바로 법(法)이라는 것입니다.

우리는 보통 법이라고 하면 '진리'를 떠올리게 마련입니다. 그러나 법에는 많은 의미가 있습니다. 그 대표적인 것이 두 가지가 있으니, 첫째가 '진리, 최고의 실재(實在)'라는 의미이고, 두 번째가 '존재'를 의미합니다. 우리는 불교를 공부할 때 언제나 법의 개념정리를 염두에 두어야 합니다. 어떤 때에는 법이 '진리'라는 의미로 사용되지만, '존재'라는 의미로 사용되는 경우가 많기 때문입니다. 예를 들면 삼법인(三法印)의 '법'은 '진리'를 의미하지만, 그 구체적인 법의 하나인 제법무아(諸法無我)에서 '법'은 '진리'를 의미하는 것이 아니라 '존재'를 의미하고 있는 것입니다. 즉, 모든 존재는 무아라는 것입니다. '모든 진리는 무아'라고 잘못 해석하는 일이 없어야 할 것입니다. 시제법공상(是諸法空相)에서 '법(法)'도 역시 '존재'를 의미하고 있습니다. 그러므로 이것을 해석하면 '이 모든 존재의 공한 모양은'이 되는 것입니다. 그러면 모든 존재의 공한 모양에 대해서 하나하나 살펴보겠습니다.

2. 불생불멸(不生不滅)

불생불멸(不生不滅)이란 태어남과 죽음, 만들어짐과 사라짐의 양극단을 부정한 것입니다. 일체의 모든 존재는 연기의 법칙에 의해 인과 연이 화합하면 만들어지는 것이며, 이 인연이 다하면 스스로 사라지는 것일 뿐입니다.

예컨대 나무와 나무가 있다고 했을 때 이 나무와 나무[因]를 인위적으로 비벼줌[緣]으로써 불[果]을 얻을 수 있습니다. 본래 나무와 나무 사이에 불이 있었던 것은 아닙니다. 그렇다고 공기 중에 불이 있었던 것도 아니며, 비벼주는 손에 불이 있었던 것도 물론 아닙니다. 그러나 우리가 나무라는 인(因)에 힘을 가하여 비벼주는 연(緣)으로 인해 결과인 불[과(果)]을 만들어낼 수 있습니다. 불이 만들어진 것은 나무 때문만도 아니고, 공기 때문도 아니며, 비벼주는 손 때문만도 아닌 것입니다. 다만 나무와 공기와 손, 그리고 습도며 주변 여건 일체가 인연 화합하여 모일 때에만 불이란 결과를 생하게 할 수 있는 것입니다. 젖은 나무를 아무리 비벼도 불을 얻을 수 없으며, 공기가 없는 곳에서 나무를 비벼도 불을 얻을 수는 없는 노릇이기 때문입니다.

또한 일정한 시간이 지나 나무가 모두 타게 되면, 인과 연이 소멸하였기에 불은 자연히 스스로 꺼지게 되는 것입니다. 모든 존재 또한 이와 마찬가지로 인연생기(因緣生起)하여 인연소멸(消滅)하는 것일 뿐입니다. 즉, 불이 본래 있던 것이 아니라 인연 따라 생멸하듯, 존재도 본래 있는 것이 아니라 인연에 따라 생멸할뿐이라는 것입니다. 본래 생멸이 있지 않다는 것입니다. 그러나 우리들 범부의 눈으로 보면 모든 존재가 실재적 생멸이 있는 것처럼 착각하게 되어 거기에 집착하게 되는 것입니다. 바로 이러한 어리석음에서 벗어나도록 가르치기 위해 가장 먼저 생과 멸에 대해서 부정하고 있는 것입니다. 사실은 부정이 아니라 생멸이란 고정된 실체적 관념을 타파하기 위해 '불(不)'이란 부정의 개념을 도입했을 뿐입니다. 여기서 '불'이란 부정의 의미라기보다는 '연기'의 의미로 이해함이 옳을 것입니다. 인연생기하여 인연소멸하기 때문에 고정된 실체가 없다[不]는 의미라는 것입니다.

이 '불생불멸'은 우리에게 존재 본성의 영원성을 시사하고 있습니다. 모든 존재는 생겼다고 해도 그것이 어떠한 고정된 것이 아니며, 멸해 없어졌다고 해도 완전한 단멸(斷滅)은 아니라는 것입니다. 다만 인연 따라 다른 모습으로 겉모양을 바꾸었을 뿐인 것입니다. 누군가 죽었다고 했을 때, 우리는 슬퍼하며 인생이 허무함을 한탄하게 됩니다. 그러나 죽음이라는 것은 이 육체가 인연이 다해 쇠해졌기에 겉껍데기를 갈아치우는 것에 불과한 것입니다. 새롭고, 보다 젊고, 건강한 몸을 받기 위해 옷을 갈아입는 것에 불과합니다. 자신이 지은 업에 따라 나름대로의 업에 걸맞은 껍데기를 찾아 다시 태어나는 것일 뿐입니다.

선업의 과보는 천상이요, 악업의 과보는 지옥이며, 탐욕의 과보는 아귀, 성냄의 과보는 수라, 어리석음의 과보는 축생이 되는 것입니다. 이렇게 돌고 도는 것일 뿐이지 그 본성에 있어서는 죽고 사는 것이 아니며, 영원성을 지닌 것입니다.

처음 금목걸이가 좋아 보여 10돈이 되는 금목걸이를 샀지만, 이것을 1돈짜리 금반지로 바꾸어 여럿이 함께 나누어 가지려고 한다고 해봅시다. 금목걸이는 필요성이 다했기에 없어졌지만, 새로운 필요에 의해 금반지 10개가 생겨난 것입니다. 이것을 보고 금목걸이는 죽고, 금반지는 살았다고 할 수 있겠습니까? 다만 인연 따라 겉모습을 바꾼 것일 뿐입니다.

좀 더 예를 들어 보겠습니다. 몸은 수많은 세포로 이루어져 있습니다. 그 수많은 세포들은 끊임없이 세포분열을 반복하며, 노쇠한 세포는 계속해서 새로운 세포로 교체된다는 사실도 과학적으로 모두 밝혀진 사실입니다. 일본 동경 대학 의학부에서 임상실험을 통해 인간은 약 7년 사이에 몸의 전체 세포가 바뀐다고 말하였습니다. 그 부분이 살인가, 피인가, 뼈인가, 손톱인가 등에 따라 세포가 바뀌는 시간에는 차이가 있겠지만, 어느 정도의 시간이 흐르면 모두가 바뀌게 마련인 것입니다. 그렇다면 지금의 내 육체와 7년이 지난 후 내 육체는 전혀 다른 사람인 것입니다.

그러나 우리는 여전히 같은 사람으로 생각하고 있습니다. 육체의 모든 세포는 그동안 생사를 수없이 거듭했지만, 우리는 그렇게 생각지 않고, 7년 전이나 7년 후나 모두 같은 '나'라고 생각합니다. 다른 것이 있다면, 다만 우리가 인식할 수 있을까 말까한 정도의 미세한 변화가 있을 뿐입니다. 본래 생사가 없기 때문입니다. 모든 존재의 본성은 불생불멸이기 때문입니다. 세포는 죽고 살지만, 좀 더 크게 인간을 놓고 보니 생사가 없는 것입니다.

현대 물리학자들은 물질을 구성하는 가장 기본이 되는 입자를 소립자(素粒子)라 일컬어 왔습니다. 그런데 이 소립자들은 다시 수많은(300여 개) 소립자들로 상호 형성되어 서로 의존함으로써만 존재할 수 있다는 우주의 신비를 밝혀냈습니다. 그러므로 물질을 구성하는 기본 입자는 없다는 것입니다. 이 말은 그 어떤 존재라도 고정된 실체는 아무것도 없으며 단지 수많은 인과 연들이 상호 의존함으로써, 즉 인연 화합함으로써 비로소 생멸이 결정지어진다는 것입니다.

다만 인연 화합으로 인한 모습의 변화가 있을 뿐이지 본래 자성에서는 생멸이 따로 없다는 말입니다. 우리가 죽는다고 했을 때 시간과 공간을 초월해서 본성을 철견(哲見)해 보면 죽고 사는 것은 우리의 분별심일 뿐이며, 다만 인연의 가합(假合), 가멸(假滅)에 불과합니다. 이렇게 모든 존재를 바라볼 때 생과 사, 유와 무를 초월하여 인연 따라 다만 흐르는 것이라고 보는 것이 바로 공성의 올바른 이해인 것입니다. 즉, 연기된 존재이기에 불생불멸이며 그렇기에 공인 것입니다. 우리의 본성, 모든 존재의 본성은 시간과 공간을 초월하여 영원하고, 무한하여 본래 생과 사가 없는 것입니다.

3. 불구부정(不垢不淨)

공의 두 번째 모양은 '더럽지도 않고 깨끗하지도 않다'는 것입니다. 다시 말해 일체 모든 존재의 본성, 인간의 본성은 더럽거나 깨끗하다는 분별이 없다는 것입니다. 이 말은 다시 말해 모든 존재의 본성은 절대 청정성을 지니고 있다는 의미로 해석될 수 있습니다. 여기에서 '청정'이라는 것은 더러움의 반대 개념이 아니라, 어느 것에도 비견될 수 없는 절대적인 청정성을 의미하는 것입니다.

우리들이 흔히 깨끗하다, 더럽다고 하는 것은 상대적인 분별심일 뿐입니다. 어렵고 힘든 일을 할 때에는 작업복을 입는데, 으레 옷이 더럽혀질 것을 알고 있기에 어느 정도 더러워지더라도 더럽다는 생각을 하지 않습니다. 그러나 맞선을 보려고 티 하나 없이 깨끗한 양복을 입고 나갔다고 생각해 보면 어떨까요. 이때에는 사뭇 상황이 달라지게 됩니다. 작은 잡티가 있어도 신경이 쓰이고, 더럽게 느껴집니다. 우리 마음에서 그렇다는 것입니다. 있는 그대로 본다면, 작업복을 입고 일을 할 때 훨씬 더 더러운 데도 말이지요.

이처럼 더럽다거나 깨끗하다는 것도 상황 따라, 인연 따라 다른 것이지 본래 더럽고 깨끗한 고정됨이 있지 않은 법입니다. 우리의 마음이 깨끗하다는 상을 내며, 더럽다는 상을 내는 것에 불과합니다. 우리의 분별심일 뿐이라는 것입니다.

예전에 대학교 때는 일 년에 한두 번 고등학생 법우들과 함께 수련대회를 다닌 기억이 있습니다. 학생들에게 수련대회의 재미는 발우공양에 있습니다. 사뭇 낯선 광경에 당황하는 이들이 꽤나 많습니다. 수련대회를 끝내며 설문조사를 하면, 가장하기 싫은 것에 발우 공양이 들어있는 것을 보고 학생들에게 왜 싫은가를 물어 보았습니다. 한마디로 '더럽다'는 것입니다. 음식찌꺼기를, 김치를 휘휘 둘러 숭늉으로 씻고는 다시 마시는 것이 더럽다고 하는 것입니다. 사실 우리 몸 안으로 들어가면 다 똑같은 음식일 뿐입니다. 그러나 밥상을 차려 놓고 밥을 먹고 김치를 먹고 숭늉을 마시면 깨끗하고, 이것을 발우에 놓고 함께 먹으면 더럽다는 것입니다. 시간적으로 선후가 정해지면 깨끗하고, 함께 먹으면 더럽다는 것은 우리의 분별심이지 실제로 더럽고 깨끗한 것은 아닌 것입니다. 학생들 중에도 물론 발우 공양에 대해 부담이 없는 이들도 많이 있습니다. 이들은 몇 번씩 해본 이들입니다. 이 학생들은 몇 번 직접 해 보았고, 실제로 더럽다는 마음이 잘못된 것임을 알기에 맘 편히 먹을 수 있는 것입니다. 마음을 바꾸면 더럽다는 그 마음을 놓을 수 있는 것입니다.

우리는 이와 같이 무언가를 판단할 때 이것과 저것을 비교하는 상대적인 분별심이 있기에, 더럽고 깨끗하다는 분별도 있는 것입니다. 더럽다고 했을 때 그것은 상대적으로 다른 것에 비해서 더러운 것이고, 깨끗한 것도 마찬가지입니다. 나아가 더럽고 깨끗한 가치의 분별은 좀 더 넓게 확대하여 해석해 볼 필요가 있습니다. 즉 불구부정이란 공성의 이해는 어떤 사물에만 깨끗하고 더러운 것이 있다고 분별하는 것을 없애려는 사상이 아니라, 사람의 인품이라든가 인종, 학력, 재산, 명예 등에 있어서도 불구부정임을 올바로 깨닫게 하고 있는 것입니다.

우리는 사람들을 대할 때 순수하게 다가서기보다는, 온갖 편견의 색안경을 쓰고 다가서게 마련입니다. 인간의 가치를 출신 성분이나 사회적 신분, 재산의 유무, 학력의 고저 등에 의해 판단하고 있습니다. 그러나 본래 태어나면서부터 못나고 잘난 것이 어디 있을 수 있으며, 청정하고 더러운 사람이 어떻게 나눠질 수 있겠습니까. 모두가 공의 바탕, 연기법의 바탕에서는 스스로 존귀한 존재인 것입니다.

본래 더럽다거나 청정한 것은 있을 수 없다는 이 사상이야말로 영원하고 절대적인 인간 청정성의 회복이며, 인간 무죄의 엄숙한 선언인 것입니다. 존재의 본성, 인간의 본성은 더러워질래야 더러워질 수 없는 절대 청정한 것입니다. 다만 현실에서 행위를 어떻게 하며 살아가느냐에 따라 인연가합(因緣加合)으로 잠시 동안 귀천이 생기는 것입니다. 그래서 부처님께서는 『숫타니파타』에서 다음과 같이 설하고 계십니다.

> 출생에 의해 천한 사람이 되는 것이 아니고, 출생에 의해 바라문이 되는 것도 아니다. 그 행위에 의해서 천한 사람이 되고 바라문도 되는 것이다.

4. 부증불감

마지막으로 공에는 '늘지도 않고 줄지도 않는다'는 부증불감의 속성이 있습니다. 이것은 다시 말해 현상계의 물질, 정신적 모든 존재는 양(量)적으로 상대적인 개념을 초월하여 무한한 존재로서, 원만 구족한 성질을 가진다는 것입니다. 존재는 그 자체로써 이미 원만 구족되어 있으나, 우리의 분별심이 부족하고 적다고 생각하는 잘못된 차별을 일으키는 것입니다.

물질적인 면을 봅시다. 본래 물질에는 내 것, 네 것이 있지 않습니다. 그러나 내가 스스로 '이것은 내 것'이라는 개념을 가지고 울타리를 치고 있기에, 그 울타리 안에 있는 것만 내 것이 되고 마는 것입니다. 내 것을 누군가에게 보시하면 아깝고 손해 보았다는 생각을 합니다.

그러나 보시를 하게 되면 그만큼 나에게 복덕이 쌓이게 된다는 것은 모릅니다. 보시를 많이 한 사람은 물질적으로 항상 부유합니다. 다른 이를 위한 이타심을 내어 올바로 회향할 수 있는 마음이 있기에, 인연 따라 법계를 떠돌아다니는 물질들이 많이 모여들게 마련인 것입니다.

물이 그저 고여만 있어 빠지지 않는다면 새로운 물이 들어올 수 없습니다. 그러나 흐르는 물은 항상 새로운 물로 가득 차게 마련입니다. 그러나 상대적으로 보시에 인색한 사람은 자신도 모르는 사이에 스스로를 가난으로 내몰고 있는 것입니다. 무소유가 전체를 소유하는 것이라는 평범한 진리를 외면한 채 살아가는 삶이 바로 우리들의 어리석은 모습입니다. 무소유를 통해 전체를 소유한다는 것이야말로 우리가 가진, 모든 존재가 가진 본성의 원만구족성을 여실히 드러내는 것이라 할 수 있습니다.

돈도 마찬가지입니다. 돈이 많은 사람은 모두 행복하고, 부유할 것 같지만 그렇지 않습니다. 돈의 많고 적음이 그를 부유하고 가난하게 하는 것이 아니라, 스스로 만족하는 삶을 사는가, 아니면 욕심내는 삶을 사는가, 이 마음 자세가 우리를 가난하게 혹은 부유하게 만드는 것입니다. 본래 우리의 마음은 재산 하나 없이도 당당히 살아나갈 수 있는 원만 구족한 존재이기 때문입니다. 그러므로 마음이 풍족하면 그만입니다. '나다', 혹은 '너다' 하고, 너와 나를 갈라놓고 나만을 위해 살아가는 아상(我相), 아집(我執) 때문에 '내 것'이라는 관념이 생긴 것입니다. 아상이 없는 곳에 네 것, 내 것은 없습니다. 내가 없는 마당에 어디 내 것이라는 소유 관념이 붙을 수 있겠습니까? 아상을 깨고 보면 '내 것'이 사라집니다. '내 것'이 사라졌을 때 이 우주 법계의 모든 것이 다 '내 것'이 되는 것입니다.

여기 백만 원이 있다고 합시다. 이 돈은 많은 돈입니까, 아니면 적은 돈입니까? 대답하자면 많지도, 그렇다고 적지도 않은 돈이겠지요. 즉 어떤 이에게는 많은 돈이며, 어떤 이에게는 적은 돈이 될 수도 있습니다. 백만 원을 가지고, 평범한 우리는 얼마나 행복해 할 수 있습니까? 그러나 재벌들에게 백만 원의 돈은 있어도 그만, 없어도 그만인 작은 돈일 수 있습니다. 본래 백만 원이란 돈에 많다 혹은 적다라는 고정된 개념이 없기 때문입니다. 이백만 원은, 한없이 가난한 인도나 북한의 불쌍한 가정에서라면 수억 원과도 맞먹는 값어치가 있으며, 재벌에게 있어서라면 우리가 생각하는 몇 천 원, 몇 만 원과도 같은 돈일 수도 있을 것입니다. 같은 백만 원이지만 인연 따라, 어떠한 이에게 주어지는가에 따라 한없는 양의 돈이 되어 늘어날 수도 있으며, 반면에 줄어들 수도 있는 것입니다.

이렇듯 우리의 마음에 따라, 그리고 상황에 따라 늘고 주는 것이지 백만 원이라는 돈 자체에 어떤 증감이 있는 것은 아닙니다. 그러므로 연기법의 세계에서 본다면, 공성의 세계에서 본다면 부증불감인 것입니다.

이렇듯 '내 것'이라는 소유도, 부증불감의 세계 공의 측면에서 보면 증감이 있을 수 없다는 말입니다. 좀 더 넓게 보아 내 것이 사라진다는 것은 다른 이의 것이 늘어난다는 것을 의미합니다. 좀 더 쉬운 비유를 든다면 내가 돈 만 원을 가지고 있을 때 오천 원을 배우자에게 준다면 내 돈은 줄어들었지만, 배우자의 입장에서는 돈이 늘어난 것입니다. 즉 우리 가족 전체로 본다면 부증불감인 것입니다.

그러나 여기에서도 나와 배우자를 가르는 마음이 있다면 당연히 증감이 있게 마련이며, 배우자에게 오천 원을 주었을 때 괴롭게 됩니다. 그러나 우리는 배우자와 나를 가르는 마음이 없습니다. 둘은 하나라는 생각이 있습니다. 바로 이 '하나'라는 생각이 있다면 부증불감이며, 내 것이 없어져도 괴로울 것이 없습니다. 내 것이 곧 배우자의 것이기 때문입니다.

이것을 좀 더 확대하여 우리 사회 전반에 관련지어 보겠습니다. 여기에서 우리는 중요한 사실을 발견할 수 있습니다. 사회 전체를 우리의 가족처럼 '하나'라고 생각했을 때, 즉 사회와 '나'를 가르는 마음이 없고 '하나'라는 마음을 가질 때 '내 것'이라는 소유욕이 사라집니다. 내 것이 바로 사회의 것이고, 사회의 것이 바로 내 것이기 때문입니다. 나와 너라는 분별심이 끊어졌기 때문입니다. 불교의 지향점은 바로 여기에 있는 것입니다. 나와 너를 가르지 않는 마음, 즉 아상, 인상, 중생상, 수자상을 끊어버리는 것을 수행의 궁극으로 보는 것입니다. 금강경에 '약견제상비상 즉견여래'라는, '상이 상이 아님을 본다면 여래를 볼 것'이라고 한 부분을 주시해 볼 필요가 있습니다. 여기에서 상이란, 바로 아상, 인상, 중생상, 수자상의 네 가지 상을 말합니다.

사상(四相)의 기본은 아상에 있으며, 아상이 있기에 인상이 있는 것입니다. 즉, '나다' 하는 상이 있기에 '너다' 하고 가르는 상이 생기는 것이라는 말입니다. 불교 가르침의 핵심은 '나'와 '너'를 가르지 않는 마음, 즉 우리 전체가 일체로서의 하나라는 가르침입니다.

이렇게 되었을 때 늘어나고 줄어드는 개념은 사라집니다. 내 것이 줄어들면 다른 이의 것이 늘어나는 것입니다. 그러나 다른 이가 나와 다르지 않거늘 무엇이 줄어들 수 있겠습니까. 이러한 '하나'의 가르침이 바로 불교의 핵심입니다. 불교를 '지혜와 자비의 종교'라고 했을 때 지혜는 '하나'의 진리를 통찰할 수 있는 지혜를 말하며, 자비는 너와 내가 진정 '하나'가 되었을 때 자연스럽게 나타날 수밖에 없는 실천행인 것입니다.

4장

시고 공중무색 무수상행식 무안비설신의 무색성향미촉법 무안계 내지 무의식계

1. 시고 공중무색 무수상행식

이 장에서부터는 서두에서 다루었던 오온(五蘊)을 비롯하여 십이처, 십팔계, 십이연기, 사성제 등 근본불교에서 석가모니 부처님께서 말씀하셨던 모든 교설에 대해 대승의 공 사상이라는 큰 진리 속에서 모두를 부정하고 있습니다. 그러나 우리가 올바로 알아야 할 것은 이렇게 겉으로 보기에는 부처님께서 설하신 모든 교설을 부정한 것처럼 보이지만, 실은 가르침의 본질적인 면에서 볼 때 전체가 하나로 통일되고 있다는 것입니다. 시대와 상황이 바뀜에 따라 그 상황에 맞도록 방편이 달라졌을 뿐입니다.

스승이 제자를 지도할 때 제자의 근기(根器)에 따라, 성품에 따라 가르치는 방법은 달라질 수 있습니다. 예컨대, 비난을 들었을 때 기분 좋게 받아들이지 못하는 제자에게는 잘못된 점을 지적하기보다 잘하고 있는 점을 칭찬해 줌으로써 더욱 열심히 할 수 있도록 지도할 수 있을 것이며, 본인의 잘못된 점을 지적해 줌으로써 올바르게 고쳐 나아갈 수 있는 제자라면 마땅히 잘못된 점을 하나하나 지적해 주어 스스로 고쳐 나아갈 수 있도록 해야 하는 것입니다.

전자의 방법이 긍정을 통한 교육이라면, 후자의 경우는 부정을 통한 지도 방법이라고 할 수 있을 것입니다.

이와 같이 불교에서 진리를 나타내는 방법도 두 가지가 있을 수 있습니다. 진리의 가르침에 대해서 하나하나 자세하게 설명해 주어 진리에 좀 더 다가갈 수 있도록 하는 긍정적인 방법이 있고, 다른 방법은 공이라는 부정을 통해서 진리가 스스로 드러날 수 있도록 하는 방법이 있습니다. 바로 이러한 후자의 방법이 대승의 공 사상일 뿐인 것입니다. 결국 추구하고자 하는 진리로의 귀결은 한결같은 것입니다. 반야심경의 서두에서 핵심 사상을 나타낼 때 이미 오온이 모두 공하다는 사실에 대해서 충분한 설명이 되었으리라 생각합니다.

서두에 나오는 '시고 공중무색 무수상행식'이란, 공의 세계에서 오온[색수상행식]은 없다는 사실을 다시금 부정의 논리로 나타내고 있는 것에 불과합니다.

그러므로 다음 장에서부터 십이처와 십팔계의 부정에 대해서 살펴보도록 하겠습니다.

2. 무안이비설신의 무색성향미촉법

십이처란 안근(眼根)[눈], 이근(耳根)[귀], 비근(鼻根)[코], 설근(舌根)[혀], 신근(身根)[몸], 의근(意根)[뜻, 마음]의 여섯 감각기관[육근(六根)]과 그것에 상응하는 여섯 개의 대상[육경(六境)], 즉 색경(色境)[빛깔과 모양], 성경(聲境)[소리], 향경(香境)[냄새], 미경(味境)[맛], 촉경(觸境)[촉감], 법경(法境)[생각, 마음의 대상]을 합친 것을 말합니다. 경전에서는 다음과 같이 서술하고 있습니다.

> 어떤 바라문이 물었다.
> "세존이시여, 이른바 '일체'란 어떤 것입니까?" "일체란 곧 십이처이니, 눈과 빛깔, 귀와 소리, 코와 냄새, 혀와 맛, 신체와 촉감, 의식과 의식 내용이다. 이것을 일체라 한다. 비구들아, 만약 어떤 사람이 '이것은 일체가 아니다. 나는 십이처를 떠난 다른 존재를 찾겠다'고 한다면 그것은 헛된 일이며, 알려고 해도 의혹만 더할 것이다. 왜냐하면 그것은 인식할 수 있는 영역이 아니기 때문이다."

이 십이처설은 인간을 중심으로 하여 현상에 대한 인식의 구조와 한계를 제시한 불교의 가장 기본적인 관점입니다. 여기에서 근(根)이라 하면, 기관 이외에 그 기능까지 포함합니다. 예를 들면, 안근은 눈과 눈의 보는 기능까지 포함합니다. 우리는 눈[안근]으로 빛깔과 모양[색경]을 볼 수 있고, 귀로 소리를 들으며, 코로 냄새를 맡고, 혀로 맛을 느끼며, 몸으로 감촉을 느끼고, 마음으로 많은 생각을 합니다. 이는 모든 정신 작용[식(識)]이 있기 위해서는 반드시 '주관계의 감각 기관과 객관계의 대상'이 서로 만나야 한다는 것을 의미합니다.

이러한 십이처의 분류법은 인간을 중심으로 한 분류법으로 인간의 인식 능력을 대상으로 합니다. 이것은 불교가 이 세계를 바라보는 관점의 출발이 바로 인간을 중심으로 한다는 것을 의미합니다. 다시 말해 인간을 중심으로 하여 '나'라고 하는 주관적 존재와 내 외부에 나타나는 객관 세계를 합쳐 일체(一切)라고 하는 것이며, 이것을 육근(六根), 육진(六塵)이라고도 합니다. 육근이란 눈, 귀, 코, 혀, 몸, 뜻의 주관적 인식 기관은 외부의 객관 대상을 인식하는 의지처가 되므로 그 근본이 된다고 하여 '근(根)'이라 하였고, 빛과 소리, 냄새, 맛, 촉감, 생각 등의 객관 대상(六境)은 우리의 깨끗한 마음을 더럽히고 미혹되게 하기에 '진(塵)'이라고도 하는 것입니다.

그런데 이 '십이처'의 교설 또한 '오온무아'에서처럼 근본불교 '무아'의 교설을 뒷받침하고 있습니다. 눈으로 보이는 모든 것은 고정된 실체가 아니기에 항상 변화하며, 귀로 들을 수 있는 소리 또한 계속해서 들리지는 않습니다. 냄새도 마찬가지로 인과 연이 화합하여 잠시 나타나고 사라지는 것이며, 맛도 마찬가지인 것입니다. 몸의 감촉 또한 항상하지 않으며, 우리의 생각들도 어디에선가 잠시 왔다가 잠시 후면 사라지고 마는 것입니다. 이렇듯 여섯 개의 대상, 육경은 항상하지 않으며, 우리 몸의 주관적 인식 기관인 육근 자체도 우리가 죽으면 또한 사라지게 마련인 것입니다.

이렇듯 육근과 육경은 항상하지 않는 것이며, 항상하지 않아 고정된 실체가 없는 것의 모임인 일체, 즉 십이처도 또한 항상하지 않고, 그러므로 딱히 잡아 '나다'라고 할 만한 것이 없게 되는 것입니다.

이렇듯 근본불교 교설인 십이처는 '제행무상'과 '제법무아'를 여실히 드러내고 있는 것입니다.

다시 말해 대승불교의 관점에서 생각해 보면 일체인십이처는 항상하지도 않고, 고정된 실체가 있는 것도 아니기에 인과 연이 모이면 존재를 형성하고, 인과 연이 다하면 존재를 파괴하도록 만드는 연기의 법칙에 지배된다는 것입니다. 그런 까닭에 스스로의 자성(自性)이 없으며, 차별의 세계를 초월하여 무분별(無分別)이 되는 것입니다. 이것이 바로 공의 의미인 것입니다. 그래서 '무안이비설신의 무색성향미촉법'이라는 말로써 육근과 육경[육진(六塵)]을 부정하고 있는 것입니다. 육근과 육경, 즉 십이처를 부정함으로써 공(空)의 참 모습을 드러내고 있는 것입니다.

3. 무안계 내지 무의식계

(1) 십팔계(十八界)에 대하여

무안계 내지 무의식계는 근본불교에서 말하는 십팔계를 의미하는 것입니다. 십팔계(十八界)란 인간의 주관적 감각 기관의 요소인 안계, 이계, 비계, 설계, 신계, 의계와 객관적 대상의 요소인 색계, 성계, 향계, 미계, 촉계, 법계 그리고 감각 기관과 그 대상이 서로 만날 때 나타나는 인식 작용인 안식계, 이식계, 비식계, 설식계, 신식계, 의식계를 말합니다. 여기에서 무안계 내지 무의식계란 십팔계의 첫 번째 안계에서부터 십팔계의 마지막 요소인 의식계까지의 열여덟 가지 모든 요소를 부정하는 말인 것입니다.

십팔계는 앞에서 말한 십이처에 육식(六識)을 합한 것입니다. 다시 말해 무언가를 인식하기 위해서는 인식 기능을 가지고 있는 기관[육근]과, 인식의 대상[육경]과, 인식 작용[육식]의 3가지 요소가 필요한 것입니다. 십이처와 십팔계가 다른 근본적인 차이는 마음의 영역에 여섯 가지 인식을 하나로 합하여 하나의 의식으로 되어 있는가 아니면 눈, 귀, 코, 혀, 몸, 뜻의 각각에 독자적인 인식 작용을 내세우고 있는가의 차이라 할 수 있습니다. 전자가 십이처의 의처(意處)이며, 후자가 십팔계의 여섯 가지 별개의 인식인 안식(眼識), 이식(耳識), 비식(鼻識), 설식(舌識), 신식(身識), 의식(意識)인 것입니다.

이처럼 십팔계는 십이처에서 설명하였던 육근과 육경에 육식을 더하면 성립이 됩니다. 육근과 육경에 대해서는 앞에서 설명하였으므로 육식에 대해서 좀 더 자세한 언급이 된다면 십팔계를 이해하는데 큰 도움이 될 것입니다. 육식을 설명하기 전에 잠시 부연한다면, 이러한 십팔계의 여섯 가지 식의 존재에 대한 연구와 함께 마음에 대해 체계적인 연구를 거듭한 부파불교의 법에 대한 연구는 이후에 그 부족한 점을 보충하여 마음에 대한 종합적인 연구를 낳았으니, 이것이 바로 유식(唯識) 사상인 것입니다. 여기서는 이 체계적인 유식 사상에 의거하여 육식을 설명하고자 합니다. 유식에서는 육식을 전5식(前五識)과 순수한 정신 작용인 제6의식(第六意識)으로 나누어 설명합니다.

유식 용어로 전5식이란, 근본불교에서 십팔계를 설명할 때 언급한 다섯 가지 구별, 분별하는 식인 안식, 이식, 비식, 설식, 신식을 말합니다. 즉 안, 이, 비, 설, 신의 5근과 색, 성, 향, 미, 촉의 5경이 만날 때 나오는 다섯 가지 분별 작용인 것입니다. 즉, 눈으로 빛깔을 보았을 때 느끼는 분별심, 귀로 소리를 들었을 때 느끼는 분별심, 코로 향기를 맡을 때 느끼는 분별심, 혀로 맛보았을 때 느끼는 분별심, 몸으로 감촉했을 때 느끼는 분별심을 전5식이라 합니다.

이 다섯 가지의 분별하는 마음은 크게 세 가지로 나뉩니다. 첫째가 좋다는 마음, 둘째가 싫다는 마음, 셋째가 그저 그렇다는 마음입니다. 눈으로 모양을 보거나, 귀로 소리를 듣거나, 코로 냄새를 맡고, 혀로 맛볼 때, 그리고 몸으로 감촉을 느낄 때는 항상이 세 가지의 마음 중 하나가 일어나게 마련인 것입니다. 그러면 다음 장에서 하나하나 좀 더 자세히 살펴보도록 하겠습니다.

(2) 여섯 가지 의식[육식(六識)]

1) 안식(眼識)

첫째, 안근(眼根)으로 색경(色境)을 바라볼 때 나오는 마음인 안식(眼識)을 보겠습니다. 불교 전문 용어를 사용하니 어려운 느낌이 들지만, 사실은 쉬운 말입니다. 눈[안근]으로 모양이나 빛깔[색]을 볼 때 우리가 느끼는 좋고, 싫고, 그저 그렇다는 분별하는 마음이 바로 안식입니다. 다시 설명하자면 눈의 인식 대상은 색(色)입니다. 빛깔이라고 하는데, 이것은 두 가지를 들 수 있습니다. 하나는 희고, 검고, 파랗고, 붉은 등의 '빛깔'을 의미하며, 다른 하나는 길고, 짧고, 모나고, 둥글고, 높고, 낮은 등의 '모양'을 의미합니다. 전문 용어로 하면 전자를 현색(顯色)이라 하고, 후자를 형색(形色)이라 합니다.

눈으로 사물을 바라볼 때에는 그 사물에 대해서 좋거나 싫거나 그저 그런 마음이 생기게 마련인데, 이 분별하는 마음이 바로 안식인 것입니다. 안식으로는 사물의 내면에 있는 오묘한 마음까지는 분별하지 못하며, 오직 현재 겉으로 드러나 있는 것만을 인식하는 기초적인 분별 작용만 하게 되는 것입니다. 내 앞에 꽃이 한 송이 있다고 가정해 보았을 때 안식이 의식할 수 있는 것은 고작 꽃의 색깔과 꽃의 모양에 불과합니다. 대변이 있을 때도 색깔과 모양을 분별할 수 있습니다. 그러나 안식에서는 꽃을 보면 직감적으로 좋아하고, 대변을 보면 흔연해 하지 않는 기초적인 인식을 할 수는 있습니다.

그러나 이러한 인식 이외에 이것이 꽃인가, 대변인가, 나아가 꽃이면 무슨 꽃인가, 그 꽃은 언제 피며, 어느 나라의 어느 지방에서 잘 자라는지, 무궁화라면 우리나라를 상징하는 꽃이구나 정도까지 유추해서 의식할 수는 없는 것입니다. 이 기능을 위해서는 제6의식의 작용이 함께해야 합니다. 이때 제6의식은 과거의 경험과 기억 등을 생각해 내고, 다른 것들과 비교 판단하며, 때로는 잘못 인식하기도 하는 등의 구체적인 인식 작용을 하는 것입니다.
이렇게 현재 드러난 것에 대해 눈으로는 모양과 빛을, 귀로는 소리를, 코로는 냄새를, 혀로는 맛을, 몸으로는 촉감을, 뜻으로는 생각들을 그 대상으로 하여 인식하는 작용을 겉으로 드러난 것에 대해 분별한다고 하여 유식에서는 '현량(現量)'이라고 이름합니다. 여기에 좀 더 깊고 오묘한 부분까지 인식하기 위해서는 반드시 제6의식(第六意識)의 도움이 필요한 것입니다. 이것은 나머지 네 가지 식도 마찬가지입니다.

2) 이식(耳識)

둘째는, 이근(耳根)으로 성경(聲境)을 접촉할 때 생기는 마음인 이식(耳識)입니다. 이것은 귀[이근]로 소리[성경]를 들을 때 느낄 수 있는 좋고 싫은 마음의 분별[이식]이라고 할 수 있습니다. 이식의 대상은 오직 소리입니다. 소리를 유식의 용어로 하면 성경이 되는 것입니다.
이식 또한 들어서 좋은 소리가 있고, 나쁜 소리가 있기 마련입니다. 부드러운 음악 소리가 있는가 하면, 철공소에서 쇠를 자를 때 나는 날카로운 소리도 있게 마련입니다. 또한 사람의 소리에도 두 가지가 있고, 그에 대한 반응도 크게 두 가지로 나뉩니다. 예를 들어 욕을 얻어 먹었을 때 당장에 기분 나쁜 감정이 생기며, 칭찬을 들었을 때 기쁜 마음이 생기는 것은 매우 본능적인 것이며, 직감적이고 즉각적인 반응입니다. 이러한 마음의 작용을 이식이라고 하는 것입니다.
그러나 욕을 듣고서 지금 당장 표면에 드러난 감정으로는 기분이 나쁘지만, 가만히 생각해 보면 나를 위해 필요한 욕이라고 한다면, 이것은 오히려 달게 받을 만한 소리일 수 있습니다. 그러나 이러한 욕이라도 오직 이식(耳識)으로만 인식한다면 '싫다'는 감정만이 생길 뿐입니다. 그러나 제육식으로 좀 더 깊이 생각해 보면, 단순한 '욕설'이 아님을 알 수가 있을 것입니다.
이렇게 좀 더 복잡한 마음의 작용은 이식(耳識)으로만 할 수 있는 것이 아니라 제6의식(第六意識)의 도움이 필요한 것입니다.

3) 비식(鼻識)

셋째, 비근(鼻根)으로 향경(香境)을 접촉할 때 생기는 마음인 비식(鼻識)입니다. 즉, 코로 냄새를 맡을 때 생기는 '좋은 냄새', '나쁜 냄새' 하는 즉각적인 마음의 분별입니다. 당연히 비근의 대상은 냄새입니다. 향이라고 하나 향기만을 의미하는 것이 아니라, 여러 가지 우리가 맡을 수 있는 모든 냄새를 총칭하는 말입니다.

4) 설식(舌識)

넷째는, 설근(舌根)으로 미경(味境)을 접촉할 때 생기는 마음인 설식(舌識)입니다. 이것은 혀로 음식 등을 먹을 때 느끼는 맛있고, 맛없고 등의 마음 작용입니다. 여기에는 다만 맛이 있고 없는 것뿐 아니라 뜨겁고 찬 것, 달고 짠맛, 맵고, 싱겁고, 신맛 등 혀로 느낄 수 있는 모든 것을 인식의 대상으로 합니다.

5) 신식(身識)

다섯째는, 신근(身根)으로 촉경(觸境)을 접촉할 때 생기는 마음의 작용인 신식(身識)입니다. 이것은 우리의 몸으로 물질을 접촉할 때 생기는 마음입니다. 신근의 대상은 촉경이라고 하여 물질계를 말하는데, 물질계란 단순히 딱딱한 물질만을 의미하는 것이 아니라 지(地), 수(水), 화(火), 풍(風) 전체를 그 대상으로 합니다. 근본불교 교설의 오온에서 물질인 색(色)을 설명할 때 지, 수, 화, 풍으로 설명한 것을 생각하면 쉬울 것입니다. 즉, 우리가 쉽게 생각할 수 있는 물질인 지(地)의 성질뿐만 아니라, 축축하거나 건조한 것 등 수(水)의 성질도 몸으로 느낄 수 있는 신근의 대상이며, 무덥거나 춥고, 뜨겁거나 찬 것 등 화(火)의 성질, 그리고 호흡이나 불어오는 바람(風) 등도 우리의 몸인 신근으로 느낄 수 있는 대상인 것입니다. 이처럼 촉경의 범위는 대단히 넓습니다.

다시 한 번 정리하면, 이상 다섯 가지의 인식 작용은 모두 선과 악, 좋고 나쁜 등의 직접적으로 드러난 부분에 대한 식별만이 가능합니다. 즉 빛과 소리, 냄새, 맛, 촉감 등 스스로에게 주어진 자성(自性)만을 분별할 수 있을 뿐입니다. 이 분별 작용을 자성분별(自性分別)이라고 합니다. 또한 이러한 분별은 현재 사물의 겉모습만을 헤아린다고 하여 현량(現量)이라고 합니다. 그러면 그 이외의 심오하고 깊은 마음의 분별 작용을 일으키는 제6의식은 어떠한 역할을 하고 있는지 다음 장에서 살펴보도록 하겠습니다.

6) 의식(意識)

유식에서 말하는 제6의식은 십팔계의 의식으로써 의근(意根)에 의지하여 물질세계와 정신세계 모두를 포함한 일체 유형무형의 모든 대상, 즉 법경(法境)을 분별하는 마음입니다. 이 6의식은 앞에서 말한 5식과는 전혀 다릅니다. 우선 전5식은 의지처가 눈,귀, 코, 혀, 몸 등 모두 물질로 이루어져 있지만, 이 6의식은 순수한 정신적인 기관이 그 의지처입니다. 대상 또한 객관적인 물질계뿐만 아니라 정신적, 물질적인 모든 경계를 그 대상으로 합니다. 그러면 의식(意識)이 구체적으로 어떠한 마음작용을 하고 있는가를 알기 위해 유식에서 바라보는 의식의 작용을 잠깐 살펴보도록 하겠습니다.

앞에서 전5식은 스스로에게 주어진 성품만을 분별하는 자성분별을 한다고 하였는데, 이 6의식은 물론 자성분별(自性分別)도 하지만, 그 외에도 수념분별(隨念分別)과 계탁분별(計度分別) 등의 좀 더 복잡한 분별 작용을 합니다. 수념분별이란 과거를 회상한다거나, 미래를 생각하는 등의 분별 작용을 말하는 것이며, 계탁분별이란 착각하여 대상을 인식하는데 오류를 일으키는 분별 작용을 말합니다. 또한 앞에서 전5식은 현재 나타난 사물에 대해 기본적인 사유를 일으켜 헤아리는 작용인 '현량(現量)'을 일으킨다고 하였는데, 이 6의식은 여러 가지를 비교하고 분석하여 판단하는 작용인 '비량(比量)'을 일으키기도 하며, 대상을 판단할 때 오류를 일으켜 잘못 헤아리는 '비량(非量)'을 일으키기도 합니다. 그러면 6의식은 어떠한 역할을 하고 있는지를 좀 더 구체적으로 살펴보겠습니다.

6의식은 다른 많은 이름을 가지고 있습니다. 오구의식, 몽중의식, 독산의식, 정중의식, 광연의식 등이 그 이름들입니다. 이 이름들은 6의식이 가지고 있는 각각의 작용과 역할을 나누어 따로 이름 붙인 것이기도 합니다. 하나하나 그 의미를 잠시 살펴보겠습니다.

첫 번째, 오구의식입니다. 우선 오구의식(五俱意識)이란, 우리 주위의 모든 대상을 관찰할 때 단독으로 하는 것이 아니라 항상 안식, 이식, 비식, 설식, 신식과 함께 작용하여 그 대상을 분별하고 의식한다고 하여 붙여진 이름입니다. 안식과 함께 일어나는 의식을 예로 들어 보겠습니다.

눈으로 대상을 볼 때 단순히 보고 그치는 것이 아니라 우리는 온갖 분별심을 일으킵니다. 거리를 지나가는 미니스커트를 입은 예쁜 아가씨를 보았다고 칩시다.

그저 보고 스치는 것이 아니라 다리가 잘빠졌다든가(現量,

自性分別), 미니스커트가 너무 짧다(自性分別), 한번 데이트 해보고 싶다, 내 여자친구보다 더 예쁘거나 혹은 못하다(比量), 저런 겉멋이 든 여자는 집안일에는 신경도 안 쓸 거야(非量, 計度分別) 하는 등의 상상을 하게 되고, 심지어는 저런 여인과 결혼을 해서 미래에 아이도 낳고, 오손도손 살면 얼마나 좋을까(隨念分別), 과거의 내 여자친구를 생각하며 참 많이 닮았다(隨念分別)든가 하는 등 온갖 분별심을 머릿속에 떠올리게 마련입니다. 이처럼 복잡한 마음의 작용은 안근(眼根) 단독으로는 도저히 할 수 없는 작용입니다. 이렇게 분별, 헤아림을 일으킬 수 있는 것은 제6의식의 분별 작용이 있기에 가능한 것입니다. 귀로 어떤 소리를 들었을 때나, 코로 냄새를 맡았을 때, 혀로 맛을 볼 때, 몸으로 어떤 대상을 감촉했을 때에도 마찬가지로 각종의 분별 작용이 일어나게 마련입니다. 이렇듯 제6의식은 전5식과 함께 작용하여 각종의 분별 작용을 일으킵니다. 그래서 오구의식(五俱意識)이라고 부르기도 하는 것입니다.

두 번째, 몽중의식(夢中意識)입니다. 이것은 말 그대로 꿈 가운데 나타나는 의식을 말합니다. 누구나 꿈을 꾸게 마련이며, 꿈은 천태만상으로 다양하게 나타납니다. 이러한 꿈도 제6의식의 영역이라는 것입니다. 전생, 또는 이전에 내가 지은 행위가 하나도 빠지지 않고 제8아뢰야식 속에 저장되어 있다가 꿈을 꿀 때 제6의식을 통하여 다시 나타나게 된다는 것입니다. 보통 때에는 식이 맑지 못하고, 복잡하고 번잡하여 아뢰야식이라는 깊은 곳에 잠재되어 있다가 꿈을 꾸게 되면 복잡한 식이 가라앉고, 깊은 곳에 잠재되어 있던 식들 중에 영향력이 강한 것들이 들쑥날쑥 드러나게 되는데 이것이 바로 몽중의식인 것입니다. 그러나 꿈이라고 해서 모두가 진실인 것만은 아닙니다. 즉, 본인의 현실이나 이전의 업과 다른 꿈을 꿀 수도 있다는 말입니다. 이는 이전의 행위들이 체계적으로 아뢰야식 속에 정리되어 있지 못하기 때문에 이런저런 전혀 다른 행위들이 서로 얽히게 되어 하나의 불완전한 행위로 나타날 수 있기 때문입니다. 그렇다고 하더라도, 우리의 의식에는 언젠가 남에게서나 책에서라도 한 번쯤 경험했던 것들이 드러나게 될 수밖에 없는 것입니다.

꿈이란 것은 보통 대부분은 실답고, 순수하지 못한 작용이기에 공허한 의식 작용이라 할 수 있습니다. 그러므로 의식세계가 건전하면 꿈은 많지 않다고 합니다. 꿈이 없는 의식은 정신이 건강한 것이라 해석해도 무리는 아니라고 보는 것이지요. 텅 비어 있는 의식세계에 꿈은 없기 때문입니다. 놓는 공부, 비우는 공부, 방하착 공부를 하는 이유도, 복잡하고 번쇠한 의식을 텅 비게 하여 맑게 하기 위한 수행입니다. 망식(妄識)인 우리의 의식을 정화하는 수행인 것입니다.

다음은 독두의식(獨頭意識)입니다. 이것은 객관세계의 대상과 함께 작용하는 여타의 의식과는 다르게 내면에서 단독으로 사유하고 생각하는 의식을 말합니다. 여기에는 크게 본다면 몽중의식과 뒤에서 다룰 정중의식도 포함된다고 할 수 있습니다. 이 의식으로 인해 과거에 있었던 일들에 대해 회상하면서 즐거워하거나 괴로워하고, 미래에 있을 일에 대해 추측하고 계획을 세우곤 하는 것입니다. 이 독두의식으로 인해 우리들은 온갖 분별심을 내고, 본래 고요한 본심을 흐려 놓아 마음을 뒤흔드는 것입니다.

이미 지나간 과거는 무상하여 얽매여 집착할 바가 아님을 깨닫지 못하고 애써 끄집어내어 스스로 그 속에 빠져 괴로워하고, 때로는 즐거워하는 등 스스로를 관념의 울타리에 가두고 있으며, 아직 오지도 않은 미래의 일에 대해서 미리부터 걱정을 하거나, 희망의 꿈을 꾸게 됨으로 인해 그 관념, 상상의 나래에 갇혀 스스로 괴로워하기도 하고, 즐거워하기도 하는 것이 우리네의 삶입니다. 이 모든 어리석은 의식을 독두의식이라고 하는 것입니다. 이것은 마땅히 우리가 닦고 닦아 정화해야 할 마음공부의 주된 대상이 됩니다. 바로 이러한 스스로의 분별심을 맑게 정화하고 고요하게, 텅 비게 만드는 마음 수행을 통해 우리는 어느 정도의 맑은 단계에까지 이를 수 있습니다. 이 수행을 통해 이를 수 있는 단계의 의식이 바로 다음에 나올 정중의식입니다.

마지막으로, 정중의식(定中意識)이란 앞에서 말한 모든 의식에서 나타나는 모든 장애와 번뇌, 괴로움을 모두 정화함으로 인해 나타나게 되는 청정하고 맑은 의식입니다. 수행을 통해 삼매에 든다고 하거나, 마음을 비운다고 할 때 나타나는 맑은 의식인 것입니다. 우리에게 행복과 안정을 가져다주는 인식의 주체가 바로 이 정중의식입니다. 정중의식을 생활화하는 것이야말로 요즘과 같은 복잡다단한 시대에 우리를 고요하고 평화롭게 하여 망상과 잡념을 극복할 수 있도록 하는 지름길인 것입니다.

이상에서처럼 제6의식은 물질, 정신세계 할 것 없이 모든 것을 대상으로 하여 수많은 광범위한 인식 작용을 일으키므로 광연의식(廣緣意識)이라 부르기도 합니다.

이처럼 제6의식은 실로 우리의 삶에서 가장 쉽게 접할 수 있는 마음의 주된 작용입니다. 보통 '마음'이라고 하면 바로 이 6의식을 말하고 있는 것입니다. 그런데 이상에서 보았던 것처럼 제6의식이 수많은 분별심을 일으키고, 각종의 광범한 의식을 일으키는 것은 무엇 때문일까? 그것은 바로 '번뇌(煩惱)'때문입니다. 번뇌는 의식을 산란하게 하는 주된 요인이 됩니다.

그래서 유식에서는 번뇌를 6가지 근본번뇌(根本煩惱)와 20가지 수번뇌(隨煩惱)로 나누고 있습니다. 근본번뇌는 탐[貪, 탐냄], 진[瞋, 성냄], 치[痴, 어리석음], 만[慢, 교만심], 의[疑, 의심], 악견[惡見, 잘못된 견해]의 여섯 가지이며, 20가지 수번뇌는 분[忿, 분함, 약하게 성냄], 한[恨, 원한], 부[覆, 죄업을 숨김], 뇌[惱, 분함, 한탄함], 질[嫉, 시기, 질투], 간[慳, 아끼고 베풀지 않음], 광[誑, 속이고 교만함], 첨[諂, 아첨], 해[害, 남에게 손해를 끼침], 교[憍, 교만하여 남을 멸시함], 무참[無慚, 잘못을 저지르고 참회하지 않음], 무괴[無愧, 포악한 일을 하고 반성하지 않음], 도거[掉擧, 마음이 요동함], 혼침[昏沈, 혼미하고 침체함], 불신[不信, 진리를 못믿음], 해태[懈怠, 게으름], 방일[放逸, 방종하고 방탕함], 실념[失念, 진리를 기억하지 못하고 산란함], 산란[散亂, 정신이 밖으로 내달려 악견(惡見)을 유발함], 부정지[不正知, 대상을 항상 오해하는 어리석음]가 있습니다. 이처럼 수많은 번뇌 때문에 제6의식이 산란하게 되는 것인데, 그렇다면 이 번뇌들은 어디에서 나오는 것일까? 제6의식 스스로 산란되게 되기도 하지만, 근본적으로 번뇌를 야기하는 것은 제7말나식(第七末那識)입니다. 또한 모든 식의 근본식, 근본불교와 부파불교의 논사(論師)들의 커다란 의문의 대상이었던 업의 저장창고의 역할을 하는 식으로서의 제8아뢰야식(第八阿賴耶識)이 있습니다.

이상에서 본 것처럼 유식 사상은 우리의 마음을 체계적으로 분류하고 있습니다. 이것은 언뜻 보기에는 공 사상과 전면 배치되는 것처럼 보이기도 하지만, 존재의 양면을 나타내고 있을 뿐 그 내용은 똑같은 진리의 양면을 나타내고 있는 것입니다.

⑶ 육식의 실체, 공(空)

이제부터 이 여섯 가지 의식, 즉 6식이 공(空)인 연유에 대해서 살펴보는 일이 남았습니다. 앞에서 꾸준히 살펴보았듯이, 인간의 주관적인 감각기능은 반드시 객관적인 대상이 있어야만 일어나는 것입니다. 귀는 있지만 소리가 없다거나, 코는 있는데 대상인 냄새가 없어도 안 되며, 반대로 객관계의 대상은 있지만 우리 주관계의 기관이 없다면 인식을 할 수 없게 됩니다.

즉 맹인이라면, 눈은 있지만 정확히 말해 안근(眼根)은 없다고 봐야 합니다. 안근이라는 것은 그 기관만을 의미하는 것이 아니라 작용까지를 의미하기 때문입니다. 맹인에게는 안근이 없기에, 색경이 있더라도 안식의 작용을 할 수 없는 것입니다. 귀머거리나 벙어리 또한 마찬가지입니다. 이처럼 육근과 육경은 항상 함께 작용하는 것이며, 이 두 가지가 함께 작용해야만 육식이 일어나는 것입니다.

앞에서 육근과 육경은 항상하지 않아[무상], 고정된 실체가 없고[무아], 연기하는 존재로서 무자성이며, 공이라는 것을 살펴보았습니다. 그렇다면 나아가 이 두 가지 육근과 육경이 합쳐졌을 때 일어나는 인식 작용인 육식도 공하다는 것을 살펴보면, 십팔계 또한 공임이 밝혀질 것은 물론입니다.

왜 육식은 공(空)한 것일까? 육근과 육경의 접촉에서 일어나는 온갖 마음 작용의 뿌리는 과연 무엇일까? 육식은 육근이라는 인간의 기관에 숨어 있는 것일까? 아니면 육경이라는 대상 속에 숨어 있는 것일까? 육식은 육근에도, 육경에도 숨어 있는 작용이 아닙니다. 다만 '접촉', '결합', '연관', '인연' 속에서만 일어날 수 있는 것입니다. 육근에도 없고, 육경에도 없는 것이 어떻게 연관 속에서 일어날 수 있느냐고 한다면 좀 더 쉬운 이해를 위해 다음과 같은 예를 들 수 있을 것입니다.

나무와 나무 사이에 불이 있는가? 절대 나무와 나무 사이에 불은 있을 수 없으며, 그렇다고 공기 중에 불이 있지도 않습니다. 그러나 나무와 나무를 서로 연관지어 접촉을 가하면 그 인연 관계 속에서 불이 일어납니다. 나무와 나무를 서로 비벼주면 불이 일어난다는 것입니다. 그러나 어디에도 불은 있지 않으며, 다만 연관, 인연 속에서 불이 성립할 수 있는 것입니다.

육식도 이와 같습니다. 육근에도, 그렇다고 육경에도 육식은 없지만 서로 '연관'되고 '접촉'됨으로 인해 육식이 연하여 일어나는(緣起) 것입니다. 그러므로 무엇을 가지고 딱히 '육식이다'라고 고정되게 말할 수 없는 것[무아]입니다. 또한 나무를 비벼 불을 냈지만, 그 불도 인연이 다하면 꺼지게 마련이듯, 육식 또한 인연이 바뀌게 되면 사라지는 것[무상]입니다. 따라서 여기에 어떤 고정된 자아라고는 찾아볼 수가 없는 것입니다.

좀 더 쉬운 예를 든다면 눈[안근]으로 보기 싫은 흉측한 시체의 모습[색경]을 보았을 때 안식(眼識)이 작용하여 눈살을 찌푸리게 되며, 의식(意識)이 작용하여 저 시체는 왜 저렇게 버려져 있을까, 예전에 내가 보았던 어떤 것들보다도 더 흉하다, 인간의 모습이 저런 것인가 하는 등의 온갖 분별심을 일으킬 것입니다. 그러나 이내 시간이 흐르고, 공간이 바뀌어 다시금 좋은 친구를 만나 소풍을 가서 좋은 경치를 구경한다면 조금 전에 있었던 의식 작용은 바뀌게 됩니다. 그래도 생각이 날 수가 있다고 하겠지만, 시간을 조금 늘려 놓아 1년, 10년쯤 세월이 흐르면 언제 그랬냐는 듯이 그 사실을 까맣게 잊어버리게 됩니다.

이렇듯 우리의 의식도 항상하여 고정된 것이 아니며 주위의 상황,

경계에 의해, 즉 인과 연에 의해 항상 바뀌는 것입니다. 이처럼 육식에도 스스로의 자성이 없기에 무아, 무자성이며, 항상하지 않기에 무상이고, 인과 연에 의해서 생멸을 반복하므로 연기이며, 이러한 사실을 통틀어 대승불교에서는 공(空)이라고 결론짓고 있는 것입니다.

5장

무무명 역무무명진 내지 무노사 역무노사진 무고집멸도

1. 부정의 논리에 대하여

반야심경에서 앞서 근본불교의 중요한 교설인 오온과 십이처, 그리고 십팔계를 부정하여 공 사상을 천명하고 있음을 보았습니다. 반야심경에서의 부정을 통해 공을 드러내는 논리는 여기에서 그치지 않고, 이어 근본불교에서 부처님께서 직접 말씀하신 교설을 차례로 모두 부정하고 있습니다.

바로 십이연기와 사성제를 부정하는 내용이 이어집니다. 일체 현상계의 구조인 오온과 십이처, 십팔계를 부정하고, 이어 현상계의 법칙인 연기법을 통해 현상계의 괴로움의 근본 원인을 차례로 섭렵하는 내용인 십이연기를 부정하고 있으며, 마지막으로 근본불교의 모든 교설을 포섭하고 있는 가르침인 사성제를 부정하고 있는 것입니다. 이 논리의 구조는 무엇을 의미할까요?

부처님께서는 오직 현상계의 올바른 중도적 관찰[조견]을 통해서 깨달음을 얻으신 분이십니다. 부처님께서 말씀하신 교설은 모두가 현상계, 일체, 제법, 현실에 대한 가르침입니다.

자세한 사항은 앞에서 '조견'을 설명할 때 살펴본 바를 참고하시면 될 것입니다. 이 반야심경에서 오온과 십이처, 십팔계를 우선적으로 다루고 있는 이유도 여기에 있습니다.

즉, 부처님께서 현상계 일체 제법의 법칙[연기]과 속성[삼법인], 존재방식[업과 윤회], 그리고 이 모든 교설의 총설인 사성제를 설명하기에 앞서 당장 현상계, 일체, 제법이 무엇인가를 관찰하고 계신다는 사실을 알아야 한다는 말입니다. 즉, 현실의 구조가 어떻게 되어 있는가를 아는 것이 우선이라는 말입니다. 이것을 토대로 하여, 그러한 구조로 이루어진 현상계에 대한 여타의 관찰이 이루어질 수 있기 때문인 것입니다.

그런 까닭에 반야심경에서는 우선적으로 현상계의 구조인 오온, 십이처, 십팔계를 먼저 부정하고 있음을 알아야 합니다. 그 다음으로 다른 모든 교설에 대해 각각을 부정할 수 있을 것입니다.

그러한 모든 고설에 대한 총체적인 부정으로 반야심경에서는 십이연기, 사성제만을 다루고 있습니다. 여기에서 십이연기를 먼저 다룬 것은 사성제를 이해하기 위한 기초 작업이기 때문입니다. 즉 사성제의 두 번째 성스러운 진리이며, 괴로움을 벗어나기 위한 원인의 진리인 집성제를 알기 위해서는 십이연기를 알아야 하기에 우선 언급하고 있는 것입니다.

이렇게 하여 일체의 구조에 대한 관찰을 하고, 십이연기의 교설을 통해 기초 작업이 끝나면 본론격인 진리, 즉 사성제에 대한 부정이 나오는 것입니다. 이러한 연관 고리를 염두에 두고, 사성제와 십이연기의 부정을 통한 참 진리의 드러냄에 대하여 살펴보아야 할 것입니다.

여기서 또 하나 염두에 두고 지나갈 것은 앞에서도 언급했듯이, 반야심경에 나온 부정은 부정을 위한 부정이 아니며, 근본불교에서 석가모니 부처님께서 언급하신 교설로의 진정한 회귀를 위하여 방편상 부정의 논리를 이용하고 있는 것임을 염두에 두어야 할 것임은 물론입니다.

그러면 십이연기, 사성제가 부정되는 반야심경의 경구를 살펴보기에 앞서, 다음 장에서는 근본불교에서 부처님께서 말씀하신 십이연기, 사성제의 이치부터 살펴보도록 하겠습니다.

2. 사성제와 십이연기

부처님의 교설을 체계화시키고, 그 실천법에 대하여 설해 놓은 교설이 바로 사성제와 팔정도의 교설입니다. 경전에서는,

> 비구들아, 모든 동물의 발자국은 다 코끼리의 발자국 안에 들어온다. 그와 같이 모든 법은 다 네 가지 진리에 포섭된다. 그 네

가지란 무엇인가?

괴로움이라는 진리, 괴로움의 원인이라는 진리, 괴로움의 소멸이라는 진리, 괴로움의 소멸에 이르는 길이라는 진리이다.

"마라가야, 어떤 사람이 독화살을 맞았다고 하자. 그때 이웃들은 급히 의사를 불러 왔다.

그런데 그는 '나를 쏜 자는 누구일까? 나를 쏜 활은 어떤 활일까? 또 그 활은 어떤 모양일까?'를 알기 전에는 화살을 뽑지 않겠다고 한다면, 그는 어떻게 되겠는가?

마라가야, 그는 알기도 전에 죽고 말 것이다.

마라가야, 세계는 유한한가, 무한한가?

영혼과 육체는 같은가, 다른가?

인간은 죽은 다음에도 존재하는가, 존재하지 않는가?

이런 문제가 해결된다 하더라도 인생의 괴로움은 해결되지 않는다.

우리는 현재의 삶 속에서 괴로움을 소멸시켜야 한다.

마라가야, 내가 설하지 않은 것은 설하지 않은 대로, 설한 것은 설한 대로 받아들여라.

그러면 내가 설한 것은 무엇인가?

'이것이 괴로움이다'라고 나는 설했다.

'이것이 괴로움의 원인이다'라고 나는 설했다.

'이것은 괴로움의 소멸이다'라고 나는 설했다.

'이것은 괴로움의 소멸에 이르는 길이다'라고 나는 설했다.

왜 나는 그것을 설했는가?

그것은 열반에 이르게 하기 때문이다."

이처럼 사성제와 팔정도의 교설은 마치 코끼리의 발자국이 다른 모든 동물의 발자국을 포용하듯이, 불교의 다른 모든 가르침을 포괄하는 가르침이라고 부처님께서 말씀하셨습니다.

다시 말해 불교의 모든 교설은 이 사성제와 팔정도의 가르침에 포함되며, 이 가르침이야말로 부처님의 교설을 가장 체계적으로 정리, 포괄할 수 있는 가르침이라는 것입니다.

부처님께서 깨달음을 얻으신 후, 다섯 사람의 수행자에게 처음 가르침을 펴신 초전법륜(初傳法輪)에서 처음으로 설하신 진리가 바로 사성제와 팔정도의 교설입니다.

이 가르침은 진리를 설함에 있어 상당히 논리적이며, 실천적인 특성을 가지고 있습니다.

사성제의 구체적 내용은 고성제, 집성제, 멸성제, 도성제입니다. 이 네 가지 성스러운 진리는 연기(緣起)의 이치에 기초하고 있으며, 그 중에도 십이연기의 가르침을 통해 괴로움의 원인인 집성제와 괴로움의 소멸인 멸성제를 구체적으로 나타내고 있으므로, 사성제는 곧 십이연기를 실천적으로 제조직한 교설이라고 해도 좋을 것입니다.

다음 장부터는 사성제와 십이연기의 교설을 함께 살펴보기로 하겠습니다.

(1) 고성제 – 괴로움에 대한 진리

불교는 지극히 현실적인 종교입니다. 그러므로 불교의 총설이라고 할 수 있는 사성제(四聖諦) 교설의 첫 번째 성스러운 진리는 현실, 현상 세계에 대한 관찰과 그 관찰을 토대로 한 현실의 판단을 이야기하는 것이라고 할 수 있습니다. 다시 말해 우리가 살고 있는 세계를 가만히 관찰해 보고는 '괴롭다'라는 판단을 내린 것입니다. 이렇게 현상의 세계를 '괴롭다'라고 하니 혹자는 불교는 허무주의에 빠져 있다고 극단적인 결론을 내리기도 합니다. 그러나 실로 사성제의 첫 번째 진리인 고성제(苦聖諦)는 우리가 처해 있는 현실을 더하지도 빼지도 않고 그저 있는 그대로 관찰해서 얻어낸 결론인 것입니다.

다른 것은 제치고라도 죽음의 고통을 봅시다. 우리는 마냥 행복한 삶을 살 수 있을 것 같지만, 우리들 모두는 반드시 죽게 마련입니다. 이 죽음의 문제는 나의 주위에서 겪어 보지 않고서는 절실히 느끼기가 힘듭니다.

내 부모님, 자식, 친구, 친지의 죽음을 직접 겪어 본 사람은 죽음에 대해 한 번쯤 생각해 보지 않을 수 없을 것입니다. 이런 사람에게 죽음은 당연히 괴로움이라고 느껴질 수밖에 없을 것입니다. 시한부 인생을 사는 사람을 가정해 보면 죽음을 눈앞에 두고 괴로워하지 않을 사람이 얼마나 될까? 사실 우리는 언제, 어디에서, 어떻게 죽음을 당할지 아무도 알 수 없는 시한부 인생들인 것입니다. 이렇듯 죽음이라는 한 가지 절대불변의 현실만을 관찰하더라도 우리의 현실은 결국 괴로움으로 귀결된다는 것을 알 수 있을 것입니다.

이와 같이, 죽음만을 놓고 보더라도 우리의 인생은 괴로움이라고 할 수 있습니다. 그러나 우리의 괴로움은 죽음에만 한정되는 것이 아닙니다. 태어나고, 늙고, 병드는 것도 괴로움입니다. 좋아하는 대상을 마주하지 못하는 것, 싫어하는 대상과 만나야 하는 것, 구하고자 하지만 얻지 못하는 것, '나다' 하는 상에서 오는 것, 즉 오온이 치성한 데서 오는 괴로움 등이 우리를 끊임없이 괴롭히고 있는 것입니다.

이러한 괴로움을 사고팔고(四苦八苦)라고 합니다. 이러한 괴로움에 대해서는 이미 '도일체고액'을 살펴보면서 자세히 언급하였으므로 더 이상 언급하지 않아도 좋을 것입니다.

⑵ 집성제 – 괴로움의 원인에 대한 진리(십이연기의 유전문)

앞에서 집성제는 괴로움을 해결하기 위해 그 괴로움의 원인이 무엇인지를 밝히는 가르침이라고 한 바 있습니다. 현실에 대한 여실한 통찰을 통해 괴롭다고 파악했으면 그 원인이 무엇인가를 규명해 보아야 한다는 당연한 순서입니다. 앞에서 괴로움이란 연기하는 것이라고 하였습니다.

항상하지 않고, 고정되지 않은 많은 원인과 조건들이 서로 모이고 쌓여 일어나기에 한 번 생겨난 것은 반드시 멸하기 마련입니다. 그러므로 그처럼 연기하는 것은 괴로움인 것입니다.

부처님께서는 노병사의 괴로움의 원인을 파악하기 위하여 고요히 일체의 경계를 여실히 보시고는 그 원인이 생(生)에 있음을 아셨습니다. 태어났기에 노병사(老病死)의 괴로움이 있다는 것입니다.

그렇다면 반대로 생의 원인은 무엇인가를 살펴보니, 욕계, 색계, 무색계라는 삼계의 생사 윤회하는 테두리인 유(有)로 말미암는 것임을 아셨고, 그 원인은 다시 어떤 대상에 집착하는 취(取)에 있음을 아셨고, 또 그 원인은 애(愛), 그리고 그 원인은 수(受)…. 이렇게 하나하나 그 원인을 고찰해 올라가다 보니, 결국에는 무명(無明)이 생로병사의 근본 원인임을 여실히 아셨던 것입니다. 이것이 바로 십이연기이며, 십이연기의 유전문(流轉門)이라고 합니다.

집(集)이라는 말은 '집기(集起)'라고 번역할 수 있는데, 이는 '모여서 일어난다'는 뜻으로 '연기'라는 말과 매우 가까운 개념입니다.

그러기에 십이연기설로써 괴로움의 원인을 하나하나 고찰해 본 것입니다. 십이연기설에서는 무명으로 인해서 노병사의 괴로움이 생함을 잘 설명해 주고 있습니다. 이렇게 노병사라는 근본 괴로움의 원인을 하나씩 고찰해 들어가 보니 결국 근본 원인은 무명이라고 깨달은 바를 '십이연기의 유전문'이라고 부르며 이런 유전문을 관하는 것을 일어나는 대로 순차적으로 관한다고 하여 순관(順觀)이라고 합니다.

다시 말해 십이연기의 유전문이란 사성제의 고성제에 대한 원인을 살펴본 교설로써 고성제에 대한 원인인 집성제를 살펴보는데 사용된 교설입니다. 다시 말해 십이연기의 유전문이 바로 사성제의 집성제의 바탕이 되는 교설이라 하겠습니다. 그러면 십이연기의 유전문[순관]에 대해서 자세히 살펴보도록 하겠습니다.

십이연기의 해석 방법은 근본불교의 전통적인 해석법과, 부파불교로 오면 이러한 근본불교의 해석 방법에 업과 윤회사상을 대입하여 해석한 삼세양중인과의 업감연기를 통한 해석법이 있습니다. 여기에서는 우선 근본불교의 해석 방법을 경전을 토대로 하여 살펴보고, 그 뒤에 부파불교에서는 어떻게 해석하고 있는가를 차례로 살펴보고자 합니다. 먼저, 경의 설명을 보겠습니다.

> 그때 세존은 우루벨라 마을 네란자라 강가의 보리수 아래서 비로소 깨달음을 성취하시고, 한번 가부좌를 하신 채 7일 동안 삼매에 잠겨 해탈의 즐거움을 누리고 계셨다.
> 그러던 중 초저녁에 연기를 일어나는 대로 그리고 소멸하는 대로 명료하게 사유하셨다. 무명으로 말미암아 행이 있고, 행으로 말미암아 식이 있고, 식으로 말미암아 명색이 있고, 명색으로 말미암아 육처가 있고, 육처로 말미암아 촉이 있고, 촉을 말미암아 수가 있고, 수로 말미암아 애가 있고, 애로 말미암아 취가 있고, 취로 말미암아 유가 있고, 유로 말미암아 생이 있고, 생으로 말미암아 노·사·우·비·고·뇌가 생긴다.
> 이리하여 모든 괴로움이 생긴다.

그러면 다음 장에서부터는 본격적으로 무명부터 노병사에 이르기까지의 십이연기의 유전문, 즉 순관을 구체적으로 관해 보도록 하겠습니다.

1) 무명(無明)

말 그대로 '밝음이 없는 상태'를 이르는 것입니다. 지혜가 밝음이라면, 밝음이 없는 상태인 어둠은 바로 '무지하여 어리석은 상태'를 나타내는 것입니다. 자세히 말하면, 연기의 진리를 모르기에 실재하지 않는[無我] 일시적[無常]인 존재에 대해 실재한다고 상을 짓고, 거기에 얽매여 집착하는 상태를 말하는 것입니다.

다시 말해 일체 제법의 일시적인 형체를 '나다', '너다'라고 집착하여 괴로워하는 상태가 바로 무명입니다. 한 마디로 '진리에 대한 어리석음'이라고 할 수 있습니다. 무명은 번뇌를 낳는 근본 원인이며, 이로 인해 갖은 악업을 짓고, 그로 인해 괴로움의 업보를 받게 되는 것입니다. 경전의 비유를 들어보면 다음과 같습니다.

이른바 무명으로 인하여 지어감[행]이 있다면, 어떤 것을 무명이라 하는가?

만일 과거를 알지 못하고, 미래를 알지 못하며, 과거와 미래를 알지 못하며, 안팎을 알지 못하고, 업을 알지 못하고, 갚음을 알지 못하며, 업과 갚음을 알지 못하고, 부처를 알지 못하고, 법을 알지 못하며, 스님을 알지 못하고… 참다운 지혜가 없어 어리석고, 컴컴하며, 밝음도 없고, 크게 어두우면 이것을 무명이라 하느니라.

한글대장경 『잡아함경』 제12권 설법의설경

2) 행(行)

이상과 같은 근본 무명으로 인해 그것을 연하여 '행(行)'이 있게 된다는 것입니다. 다시 말해 무명에 의해 집착된 대상을 실재화(實在化) 하려는 작용이라고 할 수가 있습니다. 행은 '행위'를 나타내는 말입니다. 이것은 또한 업(業)이라고도 합니다. 업에는 세 가지가 있는데 몸으로 짓는 행위인 신업(身業), 입으로 하는 행위인 구업(口業), 그리고 생각으로 짓는 행위인 의업(意業)이 바로 그것입니다. 다시 말해 나날이 우리가 하는 생각, 말, 행위 하나하나가 모두 그저 흘러가서 없어지는 행위가 아니라, 나를 형성하는 힘이 되어 나 자신에게 뿐 아니라 모두에게 영향력을 발휘하게 되는 것입니다.

현재의 나의 모습은 그저 아무 원인 없이 이런 모습으로 생활하게 된 것이 아니라, 예전부터 계속해서 해오던 나의 생각, 말, 행위들이 쌓이고 쌓여서, 바로 지금의 나를 만든 것입니다. 그러므로 앞으로의 '나'를 보고자 한다면, 지금 내가 하고 있는 행위를 바라보면 알 수 있는 것입니다. 나의 미래를 바꾸고자 한다면, 먼저 지금 현재 이 순간부터 내 생각, 말, 행위를 바꾸어야 함은 당연한 인과법의 이치인 것입니다. 그래서 경에서도 말씀하시기를,

무명으로 인하여 지어감[行]이 있다면, 어떤 것을 지어감이라고 하는가? 지어감에는 세 가지가 있으니 몸의 지어감, 입의 지어감, 뜻의 지어감이니라.

부파불교에서는 이 연기설에 업(業) 사상을 결합하여 삼세양중인과설을 제시하고, 업감연기설(業感緣起說)을 전개하였습니다. 다시 말해 이는 인간의 과거, 현재, 미래라는 삼세를 거치며, 십이연기 각각의 지분이 어떻게 연결되어 있는가를 윤회, 업 사상을 통해 설명한 것이라고 보면 될 것입니다.

업감연기설에 의해서 보면, 무명(無明)과 행(行)은 과거세의 원인이라고 합니다. 즉, 과거에 어리석은 마음[無明]으로 인해 행(行)을 지어 그 행위, 업력에 의해 이번 생에 윤회를 하여 몸을 받아 태어난다는 것입니다. 이상의 두 가지 무명, 행으로 인해 이번 생에 몸을 받았다면, 몸을 받은 뒤에는 업력으로 인해 무엇이 생기게 될까요? 그 대답을 위해 아래 십이연기의 나머지 지분을 자세히 살펴보도록 하겠습니다.

3) 식(識)

행을 조건으로 해서 식이 있습니다. 식은 인식 작용으로써 안식, 이식, 비식, 설식, 신식, 의식의 여섯 가지 식(識)이 있습니다. 눈, 귀, 코, 혀, 몸, 뜻으로 제각각 보고, 듣고, 냄새 맡고, 맛을 느끼고, 촉감하고, 생각하는 것에 따라 인식이 일어나게 되는 것을 말합니다.

예를 들면, 예전에 맛있는 음식을 먹어 본 경험, 행위(行)로 인해 지금 그 음식을 보면 그 음식에 대한 각종의 인식이 일어나기 마련입니다. 즉 전에 보고[眼], 먹고[舌], 냄새 맡았던[鼻] 행이 아직도 잠재의식으로 남아있기 때문에 지금 그 음식을 보면 예전에 보았던 것에 대해 인식(眼識)하며, 냄새 맡았던 식[鼻識], 먹어보고 느낀 식[舌識]을 떠올려 식 작용을 하는 것입니다. 그렇기 때문에 행을 조건으로 해서 식이 있다고 하는 것입니다. 경전의 말씀을 인용해 보면,

> 지어감[行]을 인연하여 식(識)이 있다면, 어떤 것을 식이라 하는가? 이른바 여섯 가지 식이니 눈의 식[眼識], 귀의 식[耳識], 코의 식[鼻識], 혀의 식[舌識], 몸의 식[身識], 뜻의 식[意識]이니라.
>
> 한글대장경 『잡아함경』 제12권 설법의설경

이를 부파불교의 업감연기의 해석으로 살펴봅시다. 앞에서 과거세의 무명과 행으로 인해 이번 생에 몸을 받는다고 하였습니다. 이렇듯 우리의 행위에 의해 개체(個體), 즉 우리의 몸이 형성되면 그곳에 식(識)이 발생합니다. 이것은 '식별', '인식'이라고 해석됩니다. 몸이 형성되자 우리는 무의식적인 습(習)으로 그곳에 '나다'하는 아상(我相)을 짓고, 따라서 '나다'라는 생각으로 인해 거기에 분별하는 인식 작용이 발생하게 되는 것입니다. 부파불교 업감연기의 설에서 보면, 인간이 이 생에서 몸을 받자마자 그 업력으로 인하여 인간의 몸에 여섯 가지 기관[六根]이 생기고, 그 기관에서 제각각의 식별[六識]을 한다고 말합니다.

이렇게 하여 안, 이, 비, 설, 신, 의식의 여섯 가지 식이 생긴다는 것입니다. 그렇다면 반대로 이러한 여섯 가지 식이 성립하기 위해서 몸에 인식할 수 있는 감각 기관과 인식할 수 있는 대상이 있어야 할 것입니다. 그것이 바로 안근, 이근, 비근, 설근, 신근, 의근의 육근(六根)과 색, 성, 향, 미, 촉, 법의 육경(六境)이며, 이것을 표현한 것이 십이연기의 네 번째인 명색[육경]과 다섯 번째의 육입[육근]인 것입니다.

여기서 중요한 것은 식, 명색, 육입은 따로따로 생기는 것이 아니라, 동시에 있어야 한다는 것입니다. 다시 말해 이 세 항목은 시간적으로 선후 관계가 아닌 동시적인 것입니다.

4) 명색(名色)

색은 물질적인 것을 가리키고, 명은 비물질적인 것을 가리킵니다. 인식의 대상은 물질적인 것뿐 아니라 정신적인 것도 포함합니다. 명색이란 우리의 주관적인 감각 기관인 육근의 대상으로 색, 성, 향, 미, 촉, 법의 육경을 나타내는 것입니다. 육경 중 정신적인 것이라 함은 여섯 번째 의식의 대상인 법경(法境)을 말하는 것인데, 의식의 대상인 정신적인 생각 등을 말합니다.

그러나 경전에서는 명색을 오온이라 설명하기도 합니다. 즉 색은 물질적인 것이고, 수상행식은 정신적인 것으로 보는 것입니다. 앞의 강의에서 일체를 분류할 때 물질적인 것에 어두운 이를 위해서 십이처[육근과 육경]로 분류하고, 정신적인 것에 어두운 이를 위해 오온으로 분류한 것을 보면, 이는 같은 것의 다른 분류방법이므로 명색(名色) 또한 어떤 것이라 해도 옳은 것입니다. 그러나 십이연기에서는 오히려 오온보다는 육경을 명색으로 정의하는 것이 세 번째 식(識)과 다섯 번째 육입(六入)과 연관 지어 설명할 때 더 타당하다고 할 수 있을 것입니다. 경전의 구절을 살펴보면,

의식을 인연하여 정신과 물질이 있다면, 어떤 것을 정신이라 하는가?
이른바 네 가지 형상 없는 쌓임이니, 즉 느낌(受), 생각(想), 지어감(行), 의식(識)의 쌓임이니라.
어떤 것을 물질이라 하는가?
이른바 사대(四大)와 사대로 된 물질로써, 이 물질과 앞에서 말한 정신이니, 이것을 '정신'과 '물질'이라 하느니라.

한글대장경 『잡아함경』 제12권 설법의설경

5) 육입(六入)

육입은 육처(六處)라고도 하며 눈, 귀, 코, 혀, 몸, 뜻의 여섯 가지 인간의 주관적 감각 기관을 말합니다. 앞의 장에서 일체의 구성을 십팔계로 살펴보았습니다. 앞의 식, 명색, 육입은 바로 이십팔계(十八界)를 말하는 것임을 알 수 있습니다. 이 일체의 구성요소인 십팔계는 어느 것이 먼저이고 나중이라고 할 것 없

이, 인간의 주관인 감관[육근=육입]과, 그 감관에 대응하는 대상[육경= 명색], 그리고 그 두 가지가 만날 때 필연적으로 생기는 인식작용[식]을 나타내고 있는 것입니다. 경전에서는 다음과 같이 말합니다.

정신과 물질을 인연하여 여섯 감관이 있다면, 어떤 것을 여섯 감관이라 하는가?
이른바 여섯 가지 안의 감관이니 눈의 감관, 귀, 코, 혀, 몸, 뜻의 감관이니라.

6) 촉(觸)

육입을 연하여 촉이 있게 되는데, 이 촉(觸)은 '접촉한다'는 의미를 가지고 있습니다. 촉은 여섯 감각 기관인 안이비설신의의 육근과 그 대상인 색성향미촉법의 육경이 만나는 것이지만, 단순히 육입이 육경과 접촉하는 것이 아니라, 그 접촉으로 인해 육식이 일어나는 것까지를 말합니다. 다시 말해 식, 명색, 육입이 서로 화합하는 작용을 바로 촉이라고 하는 것입니다. 그래서 『수성유경』에서는,

근(根), 경(境), 식(識)의 세 가지 요소가 모여서 촉(觸)을 만든다.

라고 하는 것입니다. 이를 삼화성촉(三和成觸)이라고 합니다. 이를 『아함경』에서는,

여섯 감관을 인연하여 닿임[觸]이 있다면, 어떤 것을 닿임이라 하는가?
이른바 여섯 가지 촉신(觸身)이니 눈의 닿임, 귀의 닿임, 코의 닿임, 혀의 닿임, 몸의 닿임, 뜻의 닿임이니라.

7) 수(受)

수는 감수작용(感受作用)으로 달리 말해 '느낌'을 말합니다. 식, 명색, 육입이 서로 만나게[觸] 되면, 그 다음으로 '좋다', '나쁘다' 하는 느낌[受]이 발생하게 됩니다. 이것이 바로 수, 즉 '느낌'입니다. 여기에는 삼심수(三心受)라 하여 세 가지 느낌이 있으니, 첫째는 고수(苦受)라고 하여 대상과의 접촉을 통해 느끼는 괴로운 느낌이고, 둘째로 낙수(樂受)라고 하여 즐거운 느낌을 말하며, 셋째로 사수(捨受) 혹은 불고불락수(不苦不樂受)라고 하여 괴로움과 즐거움 어느 것에도 속하지 않는 그저 그런 느낌을 말합니다. 경전에서는,

닿임[觸]을 인연하여 느낌(受)이 있다면, 어떤 것을 느낌이라 하는가? 이른바 3수(受)이니 괴로움의 느낌, 즐거움의 느낌, 괴롭지도 않고 즐겁지도 않은 느낌이니라.

한글대장경 『잡아함경』 제12권 설법의설경

이쯤에서 부파불교의 삼세양중 업감연기를 살펴보겠습니다.

앞에서 무명과 행이 과거세의 두 가지 원인이 되었음을 말했는데, 그러면 그 과거세의 두 가지 인의 결과는 무엇일까? 바로 현재세의 결과로 식, 명색, 육입, 촉이 그것입니다. 다시 말해 과거세에 어리석음[無明]으로 인해 업[行]을 지었고, 그로 인해 현세에 인간의 감각 기관이 생기고[六入], 그에 따른 대상이 생기며[名色], 그 두 가지가 만나 인식 작용[識]이 일어나게 되는 것입니다. 이 세 가지가 합쳐지는 작용을 촉(觸)이라고 합니다. 이렇듯 네 가지는 현재세의 결과라고 합니다. 이를 시간적으로 따져 본다면, 구체적으로 다음과 같이 말하기도 합니다. 식(識)이란 처음으로 어머니의 태 속에 들어가는 단계이며, 명색(名色)은 아이가 어머니 태 속에 있을 때 심신(心身)이 점차로 발육하기는 해도 아직 오관이 갖추어지지 못한 상태와 같은 것이고, 육입(六入)은 심신이 완전해서 감각 기관인 안이비설신의 여섯 가지가 모두 갖추진 상태를 말한다는 것입니다.

촉(觸)은 어린 아기가 출생한 후 외계에 접촉함을 말한다고 합니다. 생후 두세 살까지는 육근으로 육경과 접촉하는 것이라고 할 수 있습니다. 그러나 그 후 현생을 살아가며, 죽기 전까지는 항상식, 명색, 육입, 촉의 작용이 동시적으로 이루어지게 되므로, 위에서의 동시적이란 설명과 함께 이해해야 할 것입니다.

8) 애(愛)

수(受)를 연하여 애(愛)가 발생합니다. 애(愛)란 앞서 수(受)에서의 좋고 싫다는 느낌이 더욱 깊어진 상태로 좋은 것을 취하려

하고, 싫은 것은 멀리하려는 생각이 일어나는 것을 말합니다. 이것은 즐거움의 대상을 맹목적으로 추구하려는 욕심이므로 욕망, 갈애(渴愛)라고도 말합니다. 그런데 좋아하는 것에 대한 애착심뿐 아니라, 싫어하는 것에 대한 증오심도 애(愛)의 일종이라고 할 수 있습니다.

불교에서는 애(愛)를 번뇌 중에서 가장 심한 것으로 보고 있으며, 수행에도 커다란 장애가 된다고 말합니다. 경전에서는,

느낌을 인연하여 욕망이 있다면, 어떤 것을 욕망이라 하는가? 이른바 세 가지 애(愛)이니 욕심의 욕망, 빛깔의 욕망, 빛깔이 없는 욕망이니라.

이렇게 세 가지 욕망을 이야기합니다. 그 첫째는 욕심의 욕망[욕계(欲界)의 욕망]으로 인간의 마음속에 도사리고 있는 모든 욕심을 다 충족시키려는 것이고, 둘째로 빛깔의 욕망[색계(色界)의 욕망]으로 물질을 한없이 갖고 싶고, 이성을 한없이 사랑하고 싶으며, 눈에 보이는 것에 대해 취착(取着)하고자 하는 것이며, 셋째로 빛깔이 없는 욕망[무색계(無色界)의 욕망]으로 물질도 갖고 싶지 않고, 이성도 사랑하고 싶지 않으며, 눈에 보이는 것으로부터 벗어나고자 하는 것입니다. 이러한 욕망 중에는 죽을 때 본능적으로 나타나는 세 가지 애착심이 있습니다.

첫째는 자체애(自體愛)라 해서 자신의 몸뚱이에 대한 애착을 나타내는 것이고, 둘째로 경계애(境界愛)라 하여 사랑하는 사람,

자식, 부모, 재산, 명예 등 내 주위 경계에 대해서 애착을 나타내는 것이며, 셋째로 당생애(當生愛)라 하여 다음 생에 좋은 세상에 좋은 사람으로 태어나기를 바라는 애착심입니다.

9) 취(取)

애(愛)를 연하여 취(取)가 일어나는데, 이는 취하고자 하는 행동으로 욕망에 의해 추구된 대상을 완전히 자기 소유화하는 일이라고 할 수 있습니다. 또한 '취착(取着)'이라고 하여 취하여 집착하는 올바르지 못한 집착을 말합니다. 앞의 욕망이 커지면서 발생하는 강렬한 애착심을 말합니다. 즉, 내 것으로 만들고자 하는 감각 작용인 것입니다. 여기에서 바로 아상(我相)이 극대화되는 것이지요.

취에는 네 가지가 있습니다. 첫째는 욕취(欲取)로써 다섯 가지 욕망, 즉 재물욕, 성욕, 음식욕, 명예욕, 수면욕과 색, 성, 향, 미, 촉의 다섯 가지 대상에 대하여 집착하여 갖고자 하는 욕망입니다. 이로 인해 '내 것이다'라고 하는 소유욕의 아상이 생기는 것입니다.

두 번째는 견취(見取)로 그릇된 의견, 사상, 학설에 얽매여 고집하고 집착하는 것입니다. 편견과 고정관념에 싸여 자기주장만을 옳다고 내세우고 취하려는 욕망입니다. 이로 인해 '내가 옳다'라는 아상이 생기는 것입니다.

셋째는 계금취(戒禁取)로 사람들의 그릇된 행동을 청정하고 올바른 행위라고 생각하여 그들을 따르려는 것으로써, 올바른 계율을 범하려고 하는 욕구를 말합니다. 이것은 몸뚱이에 대한 착으로 인해 몸뚱이를 편하게 하고자 하는 욕구를 말하는 것입니다. 넷째는 아어취(我語取)로 내 견해, 내 말만 옳다고 집착하고 고집하는 것입니다. 총체적인 아상을 이르는 것이지요.
취에 대한 경전의 내용을 보면,

욕망을 인연하여 잡음(取)이 있다면, 어떤 것을 잡음이라 하는가? 이는 네 가지 취이니 욕심의 취, 소견(所見)의 취, 계의 취, 나[我]의 취이니라.

한글대장경 『잡아함경』 제12권 설법의설경

10) 유(有)

취를 연하여 유(有)가 있습니다. 유(有)라는 말은 생사하는 존재 그 자체가 형성되는 것으로 이 또한 '업(業)'으로 볼 수 있습니다. 집착하여 취하려 하므로 그에 따른 행위, 즉 업이 있다고 이해할 수 있는 것입니다. 그렇다면 두 번째 지분에서 나온 행(行)도 업이라고 했으니, 이 둘의 차이점은 무엇일까?
행이 무명과 어리석음으로 인해 생기는 보다 근본적이고 소극적인 업이라고 한다면, 이 유(有)는 애(愛)와 취(取)를 조건으로 해서 생기는 적극적이고 현실적인 업이라고 할 수 있습니다. 어떻게 보면 행은 태초에 처음 무명으로 인한 한 생각이 일으킨 근본 업(業)이며, 유(有)는 우리가 일반적으로 말하는 보편적인 업이라고 할 수 있을 것입니다. 경전에서는,

가짐[取]을 인연하여 존재(有)가 있다면, 어떤 것을 존재라 하는가? 세 가지 존재이니 욕심의 존재(欲界), 빛깔의 존재(色界), 빛깔이 없는 존재(無色界)이니라.

라고 하여 유를 욕계, 색계, 무색계의 삼계라고 설명하고 있습니다. 삼계는 아직 욕망이 남아 생사 고해의 테두리를 벗어나지 못하여 윤회하는 존재들이 사는 곳입니다.
부파불교의 삼세양중 업감연기에서는 앞의 세 가지 애(愛), 취(取), 유(有)가 현재 생의 세 가지 원인으로 작용하며, 이 결과로 미래의 두 가지 결과인 생(生), 노사(老死)를 초래한다고 말합니다. 다시 말해 현재 살아가면서 애착하고 취하려고 하기 때문에 이에 따른 업(有)을 낳고, 그 업력으로 인해 다음 생(生)을 받게 되며, 자연히 노병사(老病死)의 괴로움을 받는다는 것입니다.

11) 생(生)

유(有)에 연하여 생(生)이 발생하는데, 생은 말 그대로 태어난다는 의미입니다. 유를 업이라고 했으니 그 업력에 의하여 생(生)을 받는 것은 당연한 귀결입니다. 앞에서 고(苦)를 설명할 때 노병사의 근본 원인이 바로 생에 있음을 언급하였습니다. 이처럼 생이 바로 노병사의 시발점인 것입니다. 경전에서는 다음과 같이 설명하고 있습니다.

존재(有)를 인연하여 태어남(生)이 있다면, 어떤 것을 태어남이라 하는가?
만일 이러저러한 중생이 이러저러한 몸의 종류로 한 번 생기면 뛰어넘고, 화합하고, 태어나서 쌓임을 얻고, 계(界)를 얻고, 입처(入處)를 얻고 명근(命根)을 얻나니 이것을 태어남이라 하느니라.

12) 노사(老死)

생이 있으므로 노(老), 사(死), 우(憂), 비(悲), 고(苦), 뇌(惱)가 있게 됩니다. 경전에서는,

태어남을 인연하여 늙음과 죽음이 있다면 어떤 것을 늙음이라 하는가? 만일 털은 희고, 정수리는 드러나며, 가죽은 늘어지고, 기관은 무르익으며, 사지는 약하고, 등은 굽으며, 머리를 떨어뜨리고, 끙끙 앓으며, 숨길은 짧고, 숨을 헐떡이고, 앞으로 쏠리어 지팡이를 짚고 다니며, 몸은 검누르고, 저승꽃이 피며, 정신은 희미하고, 행동하기도 어려워서 쇠약에 빠지면, 이것을 '늙음'이라 하느니라.
어떤 것을 '죽음'이라 하는가? 이러저러한 중생이 이러저러한 종류로 사라지고, 옮기되, 몸이 무너지고, 목숨이 다하며, 더운 기운이 떠나고, 목숨이 멸하여 쌓임을 버릴 때가 이르면 이것을 죽음이라고 하나니, 이 '죽음'과 앞에서 말한 '늙음'을 '늙음'과 '죽음'이라 한다. 이것을 연기의 뜻의 말이라 하느니라.

한글대장경 『잡아함경』 제12권 설법의설경

이렇게 해서 하나의 커다란 '고온(苦蘊)의 집(集)'이 있게 된다고 합니다. 이와 같이 부처님께서는 인생이 괴로움임을 여실히 보시고, 그 원인을 하나하나 살펴보신 것입니다. 그 결과 궁극의 괴로움의 원인은 무명(無明)임을 아셨던 것입니다. 모든 괴로움의 근본 원인은 바로 '어리석음'이라는 것입니다. 그러나 이것은 태초에 근본무명으로 인해 한 생각 잘못 일으킨 어리석음이라고 할 수 있습니다.

그러므로 그 근본을 끊으려면 밝은 지혜를 닦아야 합니다. 그러나 무명이 괴로움의 근본 원인이라고는 하지만 나머지 행, 식, 명색, 육입, 촉, 수, 애, 취, 유 모두가 생로병사의 원인이 되고 있다는 것을 부인할 수는 없을 것입니다. 그렇다면, 이러한 십이연기의 지분 중에서 괴로움의 가장 현실적이고 직접적인 원인이 되는 것은 무엇일까? 우리가 살고 있는 곳은 과거도 미래도 아니요, 오직 바로 지금의 현실이기에 우리가 사는 현실에서 괴로움의 원인을 올바로 보아야 할 것입니다. 그렇다면 십이연기의 각 지분 중 생로병사를 초래한 세 가지 원인이 가장 현실적이고, 우리에게 직접적인 괴로움의 원인일 것입니다. 그것이 바로 애(愛), 취(取), 유(有)인 것입니다.

결론적으로 괴로움, 고성제의 원인은 애욕과 애욕으로 인해 그 대상에 집착하여 취하려는 취착심, 그리고 그러한 애욕, 취착으로 인한 잘못된 행위[有]가 바로 괴로움의 직접적인 원인인 것입니다. 이것을 불교에서는 '번뇌(煩惱)'라고 말하는 것입니다. 이러한 번뇌의 종류는 108가지나 된다고 하지만,

그 근본 원인은 무명에 있는 것임을 올바로 일러주는 교설이 바로 '십이연기설'의 교설인 것입니다.
이런 식으로 십이연기의 관찰을 통해 괴로움의 원인을 밝힌 것이 사성제의 두 번째 성스러운 진리인 집성제인 것입니다.

(3) 멸성제 – 괴로움의 소멸에 대한 진리

멸이란 '니르바나'의 음역으로 '불이 꺼진 상태'를 말하며, 흔히 '열반'이라 표현합니다. 다시 말해 괴로움의 원인인 온갖 번뇌의 불길이 모두 꺼진 상태, 즉 고가 소멸된 상태입니다. 현대적으로 표현한다면 '최고의 행복', '절대적 행복'의 경지라고 말할 수 있을 것입니다.

멸성제는 사성제의 집성제와 반대되는 경지입니다. 집성제는 십이연기의 유전문[순관]을 통해 괴로움의 원인을 고찰해 십이지분을 거슬러 올라가 보니, 그 근본 원인이 무명(無明)이라고 관찰한 것입니다. 이를 차례차례로 바른 방향으로 관찰하는 것을 순관(順觀)이라 합니다. 그런데 반야심경에서 '어리석음도 없고[無無明], 나아가 늙고 죽음도 없다[無老死]'고 한 것은 바로 이 유전문의 이치에 대한 부정을 나타내고 있는 것입니다. 즉 근본불교에서 이렇게 십이연기의 유전문을 설명하고 있지만, 반야심경에서는 이것도 없다고 부정하고 있는 것입니다.

그렇다면 괴로움에서 벗어나기 위해[멸성제] 어떻게 하면 될까? 불교는 현상계가 '괴롭다'라고 하여, 그 원인을 밝히는 것 그 자체에 목적을 두지는 않습니다. 즉 괴로움의 원인을 밝힌 것은 그 원인을 제거하여 괴로움이 없는 깨달음의 세계로 나아가기 위한 준비 작업일 뿐입니다. 어쨌든 괴로움의 원인을 십이연기의 유전문을 통해 살펴보면, 그 근본 원인인 무명에서부터 차례로 하나씩 지분을 소멸시켜 나가는 환멸문[역관(逆觀)]을 통해서 괴로움의 소멸에 이를 수 있다고 말하고 있습니다.

좀 더 자세히 말하면 노병사의 괴로움을 멸하기 위해 그 원인인 생(生)을 멸해야 하고, 생을 멸하기 위해 그 원인인 유(有)를 멸해야 하고, 유를 멸하기 위해 취(取)를 멸해야 하고…. 이렇게 결국에는 무명(無明)을 멸하면 괴로움의 모든 고리가 풀려서 괴로움의 소멸인 열반의 상태까지 다다르게 되는 것입니다. 이러한 것을 '십이연기의 환멸문(還滅門)'이라 하며, 이렇게 관찰하여 열반의 상태로 다다르는 관법이 바로 역관(逆觀)입니다.

반야심경에서 '어리석음이 다함도 없고, 나아가 늙고 죽음이 다함도 없다'란 말은 바로 이 '십이연기의 환멸문도 사실은 없다'는 사실을 나타내는 것입니다.

열반에는 두 가지 종류가 있다고 합니다. 살아있는 동안 성취하는 열반을 '생존의 근원, 즉 육신이 남아 있는 열반'이라 하여 '유여의열반(有餘依涅槃)'이라 하고, '생존의 근원이 남아 있지 않은 열반'을 '무여의열반(無餘依涅槃)'이라 합니다.

후자는 완전한 열반을 의미하므로 반열반(般涅槃)이라고 하는데,

이는 정신적, 육체적인 일체의 고(苦)가 모두 소멸된 열반의 경지입니다.

⑷ 도성제 – 괴로움 소멸의 실천에 대한 진리

도성제는 괴로움의 소멸에 이르는 열반에 이르는 길입니다. 이 도성제는 괴로움을 멸할 수 있다는 확신을 심어주고, 그 열반에 이르는 구체적인 방법을 제시해 줍니다.

이것은 '중도(中道)'라고도 부르는 것으로 양극단을 떠난 길입니다. 즉 지나치게 쾌락적인 생활도 아니고, 반대로 극단적인 고행 생활도 아닌 몸과 마음의 조화를 유지할 수 있는 상태의 길을 말합니다.

『소나경』은 이러한 중도에 대한 좋은 비유를 들려주고 있습니다.

> "소나야, 너는 집에 있을 때 비파를 잘 타지 않았더냐?"
> "그렇습니다. 세존이시여!"
> "너는 어떻게 생각하느냐? 비파 줄을 너무 강하게 죄면 소리가 잘 나더냐?"
> "그렇지 않습니다. 세존이시여."
> "그러면 비파 줄을 아주 느슨하게 하면 소리가 잘 나더냐?"
> "그렇지 않습니다. 세존이시여."
> "소나야, 그와 마찬가지로 노력도 너무 지나치면 마음의 동요를 가져오고, 너무 느슨하면 나태하게 된다. 그러므로 소나야, 균형을 유지해야 한다."

"예, 그렇게 하겠습니다."

소나 존자는 세존의 가르침대로 행하여 마침내 깨달음을 얻어 아라한이 되었다.

거문고 줄이 지나치게 팽팽하거나, 지나치게 느슨하면 좋은 소리가 날 수 없고, 가장 좋은 소리를 위해서는 그 줄이 적당한 상태를 유지해야 하듯이, 열반을 얻기 위한 수행의 길 또한 극단적인 상태를 피하고, 중도를 실천해야 한다는 말입니다.

이 중도를 구체적으로 말한 것이 바로 '팔정도(八正道)'입니다. 팔정도의 '정(正)'이 바로 중도의 '중(中)'에 해당하는 것이라 할 수 있습니다.

사리불의 옛 친구가 물었다.

"사리불이여, 왜 세존과 함께 청정한 수행을 하는가?"

"벗이여, 괴로움에서 벗어나기 위해서이다."

"그 괴로움에서 벗어나는 길은 있는가?"

"길은 있다. 그 길은 팔정도이니, 정견·정사·정업·정명·정정진·정념·정정이 그것이다."

1) 팔정도(八正道)

① 정견(正見) - 바른 견해

있는 것을 있는 그대로 보는 견해로 '나다' 하는 아상 없이 편견, 선입견, 고정관념 없이 사물에 대해 있는 그대로 바라보는 것을 말합니다.
이는 불교의 진리인 연기의 진리를 올바로 깨달아 사성제의 진리를 여실히 보는 것을 말합니다. 정견은 나머지 일곱 가지 정도의 실천을 통해서 얻을 수 있는 궁극인 지혜의 견해라 하겠습니다.

② 정사(正思) - 바른 생각

바른 생각, 사유, 즉 바르게 마음먹는다는 의미로 생각할 바와 생각해서는 안 될 것을 마음에 잘 분간하는 것을 말합니다. 어떤 행동을 하기 전에 우리가 미리 마음속으로 생각하는 그 생각이 바르게 되어 있음을 의미하는 것입니다. 바른 생각을 통해 바른 행동, 바른 말 그리고 바른 생활이 나오는 것이기 때문입니다.

③ 정어(正語) - 바른 말

바른 구업을 의미하는 것으로 입으로 짓는 네 가지 악업을 행하지 않고, 진실되고 부드러워 화합하는 말을 하는 것을 의미합니다.
입으로 짓는 네 가지 악업이란 거짓말·잘못된 말인 망어(妄語), 아부·아첨하는 말인 기어(綺語), 이간질하는 말인 양설(兩舌), 욕설 등의 험악한 말인 악구(惡口)를 말합니다.
요컨대, 삼업(三業) 중 구업을 올바로 짓는 것을 말하는 것입니다.

④ 정업(正業) - 바른 행동

바른 신업(身業)을 말하는 것으로 몸으로 짓는 세 가지 선한행위를 말한다고 할 수 있습니다.
즉 살생, 도둑질, 삿된 음행 등의 행위를 하지 않는 것을 말합니다. 이 업에도 유루(有漏)와 무루(無漏)가 있습니다.
유루의 업은 번뇌가 있는 행위라는 뜻으로, 아상에 기초한 행동이며 탐, 진, 치 삼독심에 의하여 형성되는 것이므로 그 과보를 반드시 받게 되는 업을 말합니다.
무루의 업은 아상이 모두 사라져 번뇌가 소멸되고 탐진치 삼독심을 벗어난 행위이므로, 이것은 과보를 받지 않는 수승한 행위라 할 수 있습니다.

⑤ 정명(正命) - 바른 생활

몸으로는 청정한 행위를 하고, 입으로는 청정한 말을 하고, 뜻으로 청정한 생각을 하는 것으로, 십선업을 닦는 생활을 의미합니다.
다시 말해 정사유, 정어, 정업이 삶 속에서 드러나는 생활을 말하는 것입니다. 구체적으로는 바른 직업을 가지고, 올바른 생활을 통해 올바른 의, 식, 주를 영위해 나아가는 것을 의미한다고 할 수 있습니다.

⑥ 정정진(正精進) - 바른 노력

정진은 '노력한다'는 의미로 '끊임없이 노력하여 물러섬이 없는 마음을 연습하는 것'이라고 합니다.

다시 말해 목표를 향해 쉬지 않고 부지런히 실천해가는 힘입니다. 물론 나쁜 방향으로 정진해서는 안 되며, 정진은 항상 선한 것을 바르고 둥글게 키워나가기를 끊임없이 노력하는 것입니다.

⑦ 정념(正念) - 바른 관찰

올바른 통찰, 관찰이라는 의미로 신체의 움직임, 좋고 싫은 느낌, 마음의 온갖 분별, 주위에서 일어나는 모든 것들에 대하여 놓치지 않고 잘 관(觀)하라는 것입니다.

이것이 바로 근본불교의 핵심적 수행 방법인 사념처(四念處) 수행이며, 요즈음 우리들이 잘 알고 있는 위빠사나 수행을 의미하기도 합니다. 이것은 다음 장에서 따로 살펴보게 될 것입니다.

⑧ 정정(正定) - 바른 선정

마음을 고요하게 안정시키는 것으로 평상시 산란하고 복잡한 번뇌·망상·분별심을 고요히 가라앉히는 집중력을 말합니다.

마음을 순일하게 하여 삼매(三昧)를 얻는 것을 의미합니다. 다시 말해 마음을 한곳에 집중시키는 것입니다. 정(定)을 닦는 구체적인 방법이 선(禪)이므로, 이 둘을 합해 선정(禪定)이라고 말하는 것입니다. 대승불교의 참선도 이 정정의 한 방법이 될 수 있는 것입니다.

2) 삼학(三學)

이상에서 살펴본 팔정도는 불교 수행의 세 가지 핵심인 계(戒), 정(定), 혜(慧) 삼학(三學)을 발전시키고 완성하는 것을 돕습니다. 따라서 팔정도는 계정혜 삼학을 중도설에 입각하여 세분하고 구체화한 것이라고도 할 수 있을 것입니다.

즉 정어, 정업, 정명은 계(戒)를 의미하며, 이러한 계행을 통한 올바른 생활을 바탕으로 올바른 수행 생활을 하는 것이 바로 정(定)으로 정정진(正精進), 정념(正念), 정정(正定)입니다. 바른 수행을 통하여 밝은 지혜를 증득할 수 있으니 이것이 혜(慧)이며, 정견(正見)과 정사(正思)가 여기에 해당하는 것입니다.

3. 무무명 역무무명진 내지 무노사 역무노사진 무고집멸도

이상의 교설은 근본 교설에서 말하고 있는 사성제와 십이연기의 설명입니다. 그러면 이상에서 설명한 두 교설이 나타내고 있는 바는 무엇인가? 한마디로 말해서 이 교설은 현상계를 괴로움으로 규정하고, 그 괴로움에서 벗어나는 것을 설하고 있다고 하겠습니다. 괴로움에서 벗어나기 위해서는 그 괴로움이 무엇인지를 바르게 알아야 하며[유전문(流轉門)], 그 괴로움의 원인을 올바로 알아 소멸[환멸문(還滅門)]시키면 되는 것입니다. 이것이 십이연기를 설한 연유인 것입니다.

그런데 이 두 가지 교설을 살피면서 염두에 두어야 할 것이 한 가지 있습니다. 즉 이상에서 설한 사성제와 십이연기라는 것은 현상계에 대한 교설로 '현상의 세계가 있다'라고 하는 전제 아래 설해진 것입니다. 내가 있고, 남[타인]이 있으며, 객관의 세계가 존재한다는 전제 아래 이 모든 것은 괴로움이라고 설하고 있는 것이란 말입니다.

이러한 전제하에서 '괴로움'을 설할 수 있으며, '괴로움의 원인'을 설할 수 있고, '괴로움에서 소멸된 상태'를 설하고 '괴로움을 소멸하는 방법'을 설할 수가 있다는 것입니다. 즉 부처님께서는 이상세계, 깨달음의 세계, 부처님의 세계를 이야기하고 있는 것이 아니라 우리들 범부 중생의 세계를 그려내고 있으며, 이 세계에서 과감히 벗어날 것을 말하고 있는 것입니다.

그러나 사성제에서 인정한 이 현상계의 모든 존재는 과연 존재하는가? 공의 입장에서는 현상계를 인정할 수 없습니다. 이 사실은 이미 앞에서 충분히 살펴보았던 바와 같습니다.

즉 현상계를 오온, 십이처, 십팔계라고 정의한 뒤 오온이 개공이라는 것, 그리고 이어 십이처와 십팔계가 공이라는 것에 대해서 앞장에서 자세히 설명한 바 있습니다. 즉 지금까지 반야심경에서는 현상계에 대한 단순한 겉모습을 살펴본 것이 아니라 그 이면에 현상계를 지탱하고 있는 근본적인 모습, 즉 공상(空相)에 대해 살펴보았던 것입니다. 이 공상에 의거해 본다면 역시 사성제와 십이연기의 사실도 인정할 수 없음은 당연한 것입니다. 왜냐하면 공에 있어서는 우리의 몸과 마음 그리고 현상의 일체 세계가 철저히 부정되기 때문입니다.

이처럼 인간이 본래 공하고, 현상의 세계가 모두 공하다면 괴로움이 붙을 자리가 어디에 있겠습니까? 또 괴로움이 없는 마당에 괴로움의 원인과 그 소멸, 그리고 소멸에 이르는 길은 어디에 있을 수 있겠는가 말입니다. 다시 말해 앞에서 오온개공이라 하였고, 무안이비설신의 무색성향미촉법이라 하였기 때문에 이와 같은 일체의 현상계를 부정한 공의 바탕 아래에서는 사성제나 십이연기도 성립할 수 없다는 결론에 다다르게 되는 것입니다. 이것이 바로 사성제와 십이연기를 공이라고 하는 연유인 것입니다.

깨달음에 이르는 근본 수행인 육바라밀 중에서 지혜, 즉 '반야바라밀'은 바로 이 점을 깊이 통찰할 수 있는 지혜를 말합니다. 즉 근본불교에서 설하고 있는 '사성제, 십이연기라는 교설'의 주요 목표가 현실을 괴로움으로 인정하고 그 괴로움에서 벗어나려는 것이라면, '대승불교의 공 사상'에서는 본래 '나'가 없고, '현상계'가 없다는 것[空]을 올바로 철견(哲見)하여 괴로움이라는 것은 본래 있는 것이 아니라[無自性], 인연의 가합상[緣起]임을 올바로 알아 거기에 집착하지 않을 것[無執着]을 요구하고 있는 것입니다. 이처럼 괴로움[苦]이 본래 없다는 것을 올바로 알기에 괴로움의 원인[集], 소멸[滅], 소멸에 이르는 길[道]에도 집착하여 끄달리지 말아야 하는 것입니다.

이와 같은 이치를 올바로 철견했을(照見) 때 진정으로 생사와 열반, 번뇌와 보리 어느 것에도 집착하지 않게 되고, 그 두 극단을 분별

(無分別)하지 않게 될 수 있는 것입니다. 여기에서 어느 한쪽에도 집착하지 않는 '중도(中道), 중관(中觀)'의 실천적인 삶이 나타나는 것입니다. 이것이 반야심경에서 설하고 있는 반야바라밀을 통한 대자유에 이르는 깨달음의 길인 것입니다.

결론적으로 말하면, 이와 같은 이치로 인해 『반야경』의 핵심을 공(空)이라 하는 것이며, 공의 모습이 바로 연기(緣起)이고, 공이며 연기이기에 스스로의 자성이 없어 무자성(無自性)이라고 하는 것입니다. 또한 그렇기 때문에 어디에도 집착할 바가 없다는 무집착(無執着)을 올바로 알아 생사와 열반 어느 한쪽에도 집착하지 않고, 대자유의 중도(中道)로 나아가도록 인도하는 가르침이 대승의 반야 공사상의 핵심인 것입니다. 이것은 모두가 공의 본질을 나타내는 다른 표현에 불과한 것이므로, 단편적으로 말한다면 다음과 같이 나타낼 수도 있을 것입니다.

공성(空性) = 연기(緣起) = 무자성(無自性) = 무분별(無分別) =무집착(無執着) = 중도(中道)

이와 같은 공의 세계에서 우리는 어느 것에도 집착해서는 안 되며, 일체의 물질, 정신적인 모든 구속에서 벗어나야 합니다. 이러한 공의 입장에서 삶을 조명하고 살아가야 하는 것입니다. 그러기 위해서는 항상 일체의 집착에 끄달리지 않고, 놓고 가는 생활이 필요한 것입니다. 이 놓고 가는 삶, 비우는 삶을 생활 속에서 실천하기 위해 '방하착(放下着)! 방하착(放下着)!' 하는 것입니다.

방하착이란 공의 실천이며 연기법의 실천이고 중도와 무집착, 무소득, 무자성의 온전한 실천행이 되기 때문입니다. 다시 말해 방하착해야 한다는 이유는, 일체 애욕과 집착을 놓아야 한다는 이유는 우리가 잡고 있는 일체가 다 공이며 연기이고 무자성이기 때문입니다.

6장

무지역무득 이무소득고

1. 무지역무득

앞에서 『반야심경』은 일체 현상계에 나타나는 모든 존재를 모두 부정하고 있으며, 이어서 그 현상계를 조견(照見)했을 때 나타나는 진리인 사성제와 십이연기까지도 차례로 부정하고 있다고 하였습니다. 이러한 부정의 논리를 통해서 공의 세계를 드러내는 이유는 지혜, 즉 반야바라밀을 체득하기 위함이며, 그 지혜에 의지해서 모든 보살은 일체의 고액에서 벗어나 열반의 깨달음을 얻게 되는 것입니다. 그런데 이 장에서는 우리가 마지막까지 가지고 있던, 더 이상 부정해서는 안 될 것으로 여긴 '근본'에 대한 부분까지 모두를 부정하게 됩니다. 다시 말해 여기에서는 더 이상 부정해서는 안 될 지혜, 즉 반야바라밀과 그 지혜를 통해 얻어지는 깨달음, 열반까지 모두를 부정해 버리고 있는 것입니다. 바로 여기에서 『반야심경』이 부정의 논리를 통해 공의 세계를 드러내는 마지막 부분이 나타나는 것입니다.

지혜(慧)란 우리가 현상계의 조건을 통해 얻을 수 있는 깨달음의 안목이며, 얻을 것[得]이란 그 바른 지혜에 의해서 얻게 되는 깨달음의 세계, 즉 해탈이며 열반입니다. 즉 이와 같은 두 가지는 부처님 가르침의 핵심이며, 최후의 목표인데도 불구하고 이 모두를 부정해 버리는 것입니다.

결국, 우리는 깨달음에 이르기 위해 지혜를 닦아 나가는 것입니다. 즉 깨달음의 피안으로 가기 위해 고해[괴로움의 바다]를 건너는 배의 이름이 '지혜'인 것입니다. 그러나 깨달음의 길이 지혜라고 하니, 모두가 이 지혜에 집착을 해버립니다. 지혜를 증득하는 것에만 얽매이게 되는 것입니다.

그러나 반야심경에서는 이 지혜조차도 부정해 버립니다. 깨달음으로 인도하는 배이며, 달을 가리키는 손가락이 지혜라고 했을 때 분명 지혜조차도 깨달음에 이르는 방편에 불과한 것입니다. 꿈을 꾸고 있다가 이것이 꿈인 것을 올바로 알아[지혜] 꿈을 깼다고 했을 때, 꿈을 깨고 나면 꿈을 깨는 최상의 열쇠인 지혜마저도 없어지게 되는 것은 당연한 이치인 것입니다.

이렇게 말을 하니 우리가 바라볼 것은 오직 깨달음, 열반의 기쁨뿐이라고 생각할 수가 있을 것입니다. 그러나 무득(無得)이라고 하여 반야심경에서는 궁극의 깨달음마저도 부정하고 있음을 볼 수 있습니다. 얻을 것이 없다는 것이지요. 이렇게 깨달음에 이르는 지혜와 궁극의 깨달음까지도 모두 부정하고 있다는 것은 이 모두가 공의 세계에서 벗어나지 않는다는 것을 의미합니다. 즉 공사상은 현상계의 본질이기도 하면서 동시에 이상세계 즉 해탈, 열반의 본질이기도 한 것입니다. 일체가 공이라면 그것으로 그만이지 그 속에 지혜는 있거나 해탈은 있다고 할 수 없다는 것입니다. 일체가 공이기 때문입니다. 다시 말해 반야심경은 어느 것에도 집착하지 않을 것을 이야기하고 있는 것입니다. 심지어 지혜나 열반에도 집착을 해서는 안 된다는 것을 말하고 있는 것입니다.

생사가 있을 때 열반이 있고, 무명이 있을 때 지혜가 있는 것입니다. 다시 말해 이 두 가지 또한 우리들의 분별로 만들어낸 말일뿐이고, 개념일 뿐이라는 말입니다. 열반엔 열반이란 말이 필요 없고, 모양을 지울 수도 없으며, 그렇듯 열반이 일체가 딱 끊어진 언어를 초월하고, 분별을 초월한 자리라면, 열반에 이르는 지혜라는 것 또한 하나의 말이고 개념일 뿐이지 이렇게 애써 언어로써 표현될 것도 없는 것입니다.

이 즈음이 되면, 그야말로 한마디도 할 수 없는 일체가 다 끊어진 고요와 침묵의 절대공성이 드러나는 것입니다. 더 이상 말로 표현할 수 없고, 개념 지을 수 없고, 생각할 수도 없는 그야말로 지금까지의 긴 설명들을 무색하게 만드는 무한 침묵의 절대 공의 세계가 펼쳐짐 없이 펼쳐지게 되는 것입니다.

2. 이무소득고

이제 반야심경의 본론, 즉 부정을 통한 공의 선양을 나타내는 파사분을 끝낼 때가 되었습니다. '모두가 얻을 것이 없기 때문이다'라는 이무소득고(以無所得故)는 바로 모든 부정의 논리인 파사분을 전체적으로 덮고 있는 가장 중요한 핵심의 내용이라 하겠습니다.

지금까지 파사분에서는 일체 현상계의 존재인 오온, 십이처, 십팔계를 부정하였고, 이어서 현상계의 조견을 통해 보았던 진리의 모습인 사성제와 십이연기도 부정하고 있음을 보았습니다. 또한 결국에 가서는 이 모든 부정의 논리의 궁극적 모습인 지혜와 깨달음마저도 부정하고 있습니다. 왜 이렇게 '없다'라고만 하는 것일까? 그 이유가 바로 이 부분 이무소득고(以無所得故)를 설하는 연유입니다. 다시 말해 '일체의 모두가 붙잡을 것이란 없다'는 것입니다. 현상계도 없고, 진리의 모습 또한 없고, 깨달음에 이르는 지혜와 깨달음 그 자체도 없다는 것은 일체를 붙잡고 구하고 얻을 것이 없기 때문에 이르는 말인 것입니다.

바로 이 부분 '무소득'이라는 것은, 반야심경의 의미상 핵심을 이루는 단어입니다. '얻을 것이 없는' 이유는 일체가 공이기 때문입니다. 일체의 제법이 공이라는 것이야말로 반야심경에서 설하고자 하는 핵심적인 내용인 것입니다. 본래 얻을 것이 없는 무소득인 공의 세계에서 살아가는 우리들의 삶의 목적이 오직 '소득'에 있다는 점은 참으로 아이러니가 아닐 수 없습니다. 참으로 우리가 생각하는 삶의 행복은 무언가를 얼마나 많이 얻는가에 달려 있다고 해도 과언이 아닐 것입니다. 우리의 삶은 꾸준한 소득, 얻음의 연장입니다. 우리의 삶은 이처럼 딱한 세상의 논리에 철저히 길들여져 왔습니다. 이 세상의 고정관념, 편견, 선입견에 사로잡혀 수동적인 노예의 삶을 살아가고 있는 것이 우리의 현실인 것입니다.

그러나 조금 냉정히 생각을 돌이켜 보면 어떻습니까. 우리가 나아가야 할 삶의 방향은 과연 어떤 방향인가?

진리를 추구하는 방향, 진실을 추구하는 방향으로 나아가야 한다는 것은 당연한 우리의 소신(所信)인 것입니다. 그렇다면 이 세계, 현실이 가지고 있는 진실은 과연 무엇인가? 바로 공(空)입니다. 다시 말해 연기이며, 무자성이고, 무아입니다. 이러한 진실에 걸맞은 생활 방식은 무집착이어야 하며, 무분별이 되어야 합니다. 이것이 바로 『반야심경』에서 강조하는 무소득의 삶이며, 무소유의 삶인 것입니다. 그렇다면 우리는 지금까지 거꾸로 살아왔다는 결론에 이르게 됩니다. 우리는 본래로 텅 비어 공이기에 거잡을 수 없는 세상에서 끊임없이 부여잡는 생활만을 하고 살아온 것입니다. 모든 것을 소유하는 방향으로 생을 이끌어 온 것입니다.

이제는 우리의 삶을 과감히 바꾸어야 할 때에 왔습니다. 진실을 추구하는 방향으로, 진리와 하나 되는 삶의 모습으로 바꾸려는 큰 의식의 전환이 필요한 것입니다. 좀 더 자세히 말하면, 우리가 붙잡고 살아온 일체의 물질적, 의식적인 '내 것'의 관념을 과감히 놓아 버려야 하는 것입니다. '내 것이다' 하는 물질적인 소유관념과 '내가 옳다'라는 의식적인 고정관념을 비워버리는 삶으로의 대전환인 것입니다.

놓았을 때 일체를 소유할 수 있으며, 비워버렸을 때 일체가 꽉 차서 '마하(摩訶)'가 될 수 있는 것입니다.

그랬을 때 비로소 한 티끌 속에도 시방(十方)을 머금을 수 있다는 '일미진중함시방(一微塵中含十方)'의 도리가 나오는 것입니다. 일체를 놓아버려야 한다는 '방하착(放下着)'이야말로 모든 실천의 핵심이 되는 것입니다.

그렇다면 얻을 것이 없다는 무소득의 정신을 경전에 나타나는 경구를 통해 살펴보겠습니다.

『금강경』 제2권 제1사구계 제26법신비상분에,

若以色見我 以音聲求我 是人行邪道 不能見如來

만일 모양으로써 나를 보려 하거나,
음성으로써 나를 구하거나 하면
이 사람은 사도를 행함이라.
능히 여래를 보지 못하리라.

『금강경』 종결 사구게 제32응화비진분에,

一切有爲法 如夢幻泡影 如露亦如電 應作如是觀

일체 하염 있는 법[유위법(有爲法)]은 꿈·환영·물거품·그림자와 같고, 이슬과 또한 번개 같으니 마땅히 이같이 관할지어다.

『화엄경』 야마천궁게찬품 행림보살 찬불게에는,

若修習正念 明了見正覺 無相無分別 是名法王子

만약 바른 생각으로 닦아 익혀 밝게 올바른 깨달음을 요달(了達)해 보면, 모양도 없고 분별도 없으니, 이것을 이름하여 법왕자(法王子)라 하리로다.

라고 말하고 있습니다.

이상에서는 바로 일체의 모든 존재, 즉 유위법은 '꿈과 같고, 환영과 같고, 물거품과 같고, 그림자와 같으며, 이슬과 같고, 번개와 같다'라는 말로써 일체의 어떠한 존재에도 집착하여 붙잡을 것이 없음을 나타내고 있습니다. 또한 나아가 부처님, 즉 열반 내지 깨달음에 대해서도 어떠한 상을 지으려 한다면 사도(邪道)를 행하는 것이라고 말합니다. 즉 열반에 대해서도 집착하여 구하려고 해서는 안 된다는 것입니다. 그야말로 '무지역무득'인 것입니다.

그러므로 『금강경』에서 다음과 같이 결론짓고 있습니다.

『금강경』 제1권 제1사구게 제5여리실견분에,

凡所有相 皆是虛妄 若見諸相非相 卽見如來

무릇 상이 있는 바는 다 허망함이니, 만약 모든 상이
상이 아님을 보면 곧 여래를 볼 것이다.

즉, 일체의 모든 존재를 상이 있는 것으로 본다면 이는 허망한 것이며, 상을 깨고 모든 존재를 있는 그대로 보아 집착하지 않아 구함이 없어야 한다는 것을 의미하고 있는 것입니다.

이처럼 일체의 모든 사실은 어디에도 붙잡을 것이 없는데도 불구하고, 우리는 일체 만유가 시간, 공간적으로 실제 존재한다는 상을 가지고 있다 보니 스스로 지은 상으로 인해 집착을 하고, 분별심을 일으켜 온갖 괴로움을 느끼게 되는 것입니다. 진정으로 어떠한 것에도 집착해서는 안 됩니다. 이것이 바로 '공'이 가지는 실천적 의미입니다.

여기까지가 본론격인 파사분(破邪分)입니다. '파사(破邪)'란, '삿된 것을 깬다'는 말로써, 즉 우리가 고정된 실체가 없는 모든 대상을 있는 것으로 착각하여 집착하는 삿된 소견을 타파하고자 하는 것을 의미합니다. 그러한 집착을 타파하기 위해 이 파사분에서는 근본불교에서 부처님께서 말씀하신 교설을 차례로 하나씩 부정해 나가고 있는 것입니다. 부정의 논리를 통해 본래 공한 세계를 드러내 주고 있는 부분이 바로 이 파사분의 핵심입니다.

다음 장에 나오는 공능분(功能分)은 이상에서 설한 『반야심경』의 공능(功能)을 설명하고 있습니다. 이상에서 설명한 가르침에 의하여 보살이 반야바라밀다에 의지했을 때 나타나는 공능(功能), 즉 이익에 대하여 설하고 있는 것입니다.

제3품. 공능분(功能分)

菩提薩埵依般若波羅蜜多故

心無罣礙 無罣礙故 無有恐怖

遠離顚倒夢想 究竟涅槃

三世諸佛 依般若波羅蜜多故

得阿耨多羅三藐三菩提

7장

보리살타 의반야바라밀다고 심무가애 무가애고 무유공포 원리전도몽상 구경열반

1. 보리살타 의반야바라밀다고

앞의 입의분에서 관세음보살이 깊은 반야바라밀다를 행할 때 오온이 모두 공함을 비추어보고 일체의 고통과 액난에서 벗어났다는 말을 하였습니다. 즉, 오온이라고 설명되는 일체 현상계가 모두 공하다는 사실을 여실한 안목으로 통찰하게 되면 일체의 고통에서 벗어나 해탈의 즐거움을 누릴 수 있다고 말하고 있는 것입니다.

그런데 중요한 것은 이와 같은 절차로써 괴로움을 여의고 깨달음을 이루기 위해서는 반야바라밀다를 행하는 수행이 필요하다는 것입니다. 이와 같은 사실을 파사분에서는 좀 더 구체적으로 언급하고 있음을 볼 수 있었습니다. 이처럼 입의분과 파사분에서 자세히 다루었던 반야바라밀다에 대한 수행의 결과는 무엇일까요? 다시 말해 반야바라밀다에 의지하는 보리살타, 즉 보살은 과연 어떠한 이익과 공능을 가질 수 있는가에 대한 해답을 바로 이 장에서 찾을 수 있는 것입니다.

2. 심무가애

'보리살타 의반야바라밀다고'를 조금 자세히 살펴보면, 보리살타가 보리살타일 수 있는 근거가 무엇인가를 알 수 있습니다. 즉 보리살타, 보살이란 반드시 반야바라밀다에 의지해야 한다는 속뜻을 읽을 수 있는 것입니다. 이처럼 보살이 반야바라밀다에 의지하면 어떠한 공능, 이익을 얻을 수 있는가가 이어서 나타납니다.

우선 첫째로 마음에 걸림이 없게 되며, 둘째로 걸림이 없기에 일체의 공포가 없고, 셋째는 뒤바뀐 허망한 생각, 즉 전도몽상(顚倒夢想)을 멀리 여의게 됩니다. 이렇게 하여 우리가 현실에서 부딪치는 괴로움, 공포, 잘못된 생각 등의 잘못들을 치유해 줄 수 있는 것입니다. 그러나 반야바라밀다에 의지하는 공덕이 이 정도에서 그치는 것은 아닙니다. 그리하여 마지막에는, 마침내 모든 괴로움의 뿌리를 끊어 버리고 열반의 즐거움에 이를 수 있다고 단언하고 있습니다. 이처럼 반야바라밀다에 의지하는 공능은 한량없이 큰 것입니다.

그러면 하나씩 좀 더 자세히 살펴보도록 하겠습니다. 첫째 공능인, 마음에 걸림이 없다는 부분부터 살펴봅니다. 이것은 어찌 보면 당연한 이치입니다. 공의 세계에 무슨 걸릴 것이 있겠습니까? 나와 너 모든 일체가 스스로의 자성이 없어 무아이고, 그 존재 속에서 벌어지는 선악, 빈부, 귀천, 이 모든 것이 공(空)이기 때문에 어디에도 걸릴 것이 없는 것입니다. 우리는 살아가면서 무언가 크나큰 장벽이 나를 가로막고 서 있다고 느끼는 적이 많이 있을 것입니다. 그러나 자세히 관찰해 보면 나를 막아서고 있는 장벽은, 실은 나를 막아서고 있는 것이 아니라, 연기되어 인연 따라 잠시 내 앞을 스치고 지나가는 것일 뿐입니다. 장벽을 장벽으로 보면 나를 괴롭히는 장벽이 될 것이고, 공으로 본다면 다만 고정되지 않고 잠시 왔다가 스쳐가는 물거품이요, 그림자요, 허깨비이며, 꿈과 같은 환영에 지나지 않을 것입니다.

본시 실체가 없어 이러할진대, 여기에 걸릴 필요가 있겠습니까. 허깨비, 그림자를 보고 그것이 진짜로 있는 것이라 착각하여 걸리는 것에 불과합니다. 실제로 장벽이 나타나고 괴로움이 실체(實體)로 나타나서 외부의 사물에 걸리는 것이 아니라, 사실은 스스로 마음이 걸리는 것임을 알아야 합니다. 깃발이 흔들리는 것도, 그렇다고 바람이 흔들리는 것도 아니요, 오직 내 마음이 흔들리고 있는 것임을 올바로 알아야 하는 것입니다. 그물에 걸리지 않는 바람과 같이, 소리에 놀라지 않는 사자와 같이 무소의 뿔처럼 도도히 걸어갈 줄 아는 삶이야말로 대장부의 삶이요, 수행자의 멋진 삶인 것입니다.

걸림 없이 산다는 것은 우리가 살아감에 있어서 매우 중요합니다. 아주 중요한 일을 추진한다고 했을 때, 우리의 마음은 이런저런 온갖 주위의 경계에 이끌려 마음이 이러지도 저러지도 못하고 걸려 있는 경우를 종종 보게 됩니다. 처음에는 이것이 올바르다는 생각으로 진행을 하였지만, 주위에서 사람들이 그 일에 대해 비난을 하게 되면 대부분 실망하여 힘이 빠지고, 그러다가 해야 할 일도 흐지부지 되는 경우가 많게 마련입니다. 일의 방향을 완전히 바꾸는 경우도 있을 것입니다. 그러나 반대로 칭찬과 찬양을 받으면 그 일이 잘되고 잘못되고를 떠나서 어깨를 들썩이며 행복에 젖어들기도 합니다.

그러나 우리는 이러한 주위의 비난과 칭찬 어느 것에도 흔들리거나 걸리지 않고, 스스로 마음의 중심을 잡고 밀고 나아갈 수 있는 우직함을 배워야 합니다. 이것이 바로 어느 극단에도 치우치지 않는 중도를 실천하는 길인 것입니다. 그러므로 우리는 줏대를 바로 세우는 일이 무엇보다도 중요합니다. 스스로의 줏대가 없는 사람이야말로, 온갖 경계에 치우쳐 여기 걸리고 저기 걸리기를 밥 먹듯이 하는 사람입니다. 줏대를 세운다는 말은 굳은 믿음으로 마음의 중심을 세우는 일입니다. 마음에 중심이 없으면 항상 주위의 경계에 끄달려 뚜렷한 자기주장 없이 사람들의 말에 노예가 되어 늘 이리저리로 끌려 다니게 됩니다.

수행을 할 때에도 마찬가지입니다. 지금 자신이 행하고 있는 수행 정진에 대한 굳은 믿음을 가지고 확고한 신심으로 정진해 가야지 주위 사람들의 말에 따라 이리저리로 왔다 갔다 한다면 안 될 일입니다. 사실 모든 수행이란 서로 다른 것들이 아닙니다. 근본은 다르지 않은 것입니다. 굳은 믿음만 가지고 정진한다면 그 어떤 수행이라도 우리를 밝게 비춰 줄 것이기 때문입니다. 어차피 모든 수행의 목표는 똑같은 해탈, 열반의 깨달음이란 점에서 변함이 없기 때문입니다. 다만 가는 길이 다를 뿐이지요.

정상을 오르는 자가 이 길을 가다가, 다른 사람이 저 길이 좋다고 하니 다시 돌아와 저 길로 가기를 계속해서 반복한다면 정상에는 언제 올라갈 수 있겠습니까? 다른 사람들이 뭐라 해도 나는 내가 정한 수행을 끊임없이 밀고 나아갈 수 있는 힘이 절실히 필요한 것입니다. 설령 그 길이 혼자 가는 길이라 하더라도, '무소의 뿔처럼 혼자서 가라'는 말처럼 자기 줏대를 가지고 살아가야 할 것입니다. 이것이 바로 걸림 없이 살아가는 반야바라밀 수행의 공능인 것입니다.

3. 무가애고 무유공포

앞에서 '무가애'라고 하여 반야바라밀다의 수행을 통해 어디에도 걸림이 없는 이익이 있음을 보았습니다. 그런데 이처럼 반야바라밀다의 수행을 통해 어떠한 경계가 닥치더라도 여여(如如)하여 걸림이 없음을 체득한 보리살타에게 공포가 없음은 당연한 귀결이라 하겠습니다. 즉, 마음에 걸림이 없는 이는 공포심이 있을 수 없다는 말입니다. 어떠한 일이 벌어지더라도 마음에 걸림이 없어 어디에도 흔들리지 않는 이라면, 어느 마음을 딱히 찍어 두려움이나 공포심이 몰려올 수 있을까요. 여기에서 공포심이라고 하면 작게 생각하여 두려움,

공포심만을 의미하는 것이 아니라, 인간 마음에서 느낄 수 있는 온갖 괴로움, 불안함 등의 모든 괴로운 마음을 의미하는 것으로 확대 해석해 볼 수도 있을 것입니다.

우선 『대품반야경』에서 이야기하고 있는 공포에 대한 해석을 봅니다.

> 모든 선남자 선녀인이 이 반야바라밀을 듣고 받아 지니며, 가까이하고 독송하며 바르게 사유하여 일체지(一切智)의 마음을 여의지 않으면, 이 모든 선남자 선녀인은 혼자서 빈집에 있거나, 혹은 무서운 황야를 가거나, 혹은 많은 사람이 있는 곳에 있게 되어도 마침내 두려워하거나 겁내지 않는다.

여기에서 반야바라밀을 듣고, 의지하며, 바르게 사유하는 이는 세 가지에 대한 두려움을 여의게 된다고 말하고 있습니다.

첫째, '혼자서 빈집에 있거나'라고 한 부분입니다. 이것은 우리가 보통 이야기하고 있는 공포심의 대표적인 것이지요. 이 공포심은 '무서움'이라고 해도 될 것입니다. 누구나 혼자 있는 것에 대한 두려움이 있게 마련입니다. 특히 경문에서처럼 혼자 빈 집에 있다거나, 혹은 그 집이 아무도 살지 않는 흉가라면 더욱 두려울 것이고, 밤길을 홀로 걸어가던가 할 때 느끼는 통상적인 공포심을 말하고 있는 것입니다. 이 공포심에서 쉽게 자유로울 수 있는 사람이 얼마나 될까요? 공포심에서 벗어나려면 올바른 사유만 있으면 되는데, 사실은 그것이 그렇게 쉬운 문제가 아닙니다.

처음 출가하여 새벽 도량석을 할 때였습니다. 아래 주차장 쪽에 49재 막재 의식 중 봉송을 하는 소대가 있고, 그 옆으로 허름한 화장실이 있었지요. 새벽 3시에 도량석을 할 때 항상 이곳만 지나게 되면 은근한 공포심을 느껴야 했습니다. 아마도 49재 의식 때 봉송을 하는 곳이겠기에 그렇기도 하려니와, 사실 낮에도 그곳에 혼자 서 있으면 왠지 모르게 기분이 나빠진다고 느낄 만큼 기분이 안 좋은 곳이었습니다. 더구나 가끔씩 산에 사는 야생 고양이가 두 눈에 불빛을 반사하며 나를 노려볼 때면 가슴이 순간 멎는 것 같기도 했었답니다. 그런데 공포심을 느끼는 내 모습을 가만히 관찰하고 있노라니, 이 모두가 내 마음속에서 나오는 것이지 어디에 공포라는 것이 있겠는가 하는 생각이 나게 되었습니다.

'나는 수행자'라고 했으면서 이런 공포심에 떨고 있다는 것이 얼마나 한심하던지요. 한번은 저녁 밤 9시가 되었을 즈음에 혼자 방에서 나와 그곳을 찾았습니다. 그리고는 가만히 마음을 관찰하였고, 주위를 둘러보며 경계를 관찰해 보고, 아예 주저앉아 어느 정도의 시간을 보내어 보았습니다. 두려움이라는 마음을 관하여보니 도무지 찾으려 해도 찾을 수 없는 것이 두려운 마음이었습니다. 무엇을 가지고 두려워하고 있는지, 두렵다면 그 두려운 마음이 무엇인지, 그 느낌이 무엇인지… 관해 보고 찾아보려 하면 저만치 달아나 버리는 것입니다. 그러다 보니, 밤낮이라는 개념에 놀아나 두려워하는 내 모습이 먼저 보였습니다. 지구가 자전을 하여 빛을 잠시 막고 있을 뿐인데 내 마음은 거기에 걸려 있었고, 그 마음이 두려움을 몰고 왔던 것이었습니다.

그런데 마음 가운데 두려움이 어떻게 생겼는가를 가만 보니, 도무지 찾을 수가 없을 뿐더러 관찰하고 있는 순간 이미 두려움은 그곳에 있지 않았습니다. 그러고 난 후에는 실제로 두려움이라는 것에 대해 다시금 생각하게 되었고, 도량석을 할 때에도 공포심이 많이 사라지게 되었습니다. 가끔 염습 때 보았던 시신의 모습이 눈앞에 나타나서 공포심을 일으킨 적이 있었지만, 곧장 그 마음을 관찰하고 나면 어느덧 고요해지곤 하였습니다. 공포심이라는 것에는 역시 고정된 어떤 두려움이 존재하는 것이 아니었던 것입니다. 다만 내 마음속에서 만든 것일 뿐입니다. 혹은, 겉으로 드러난 모습에 빠져 들어감으로써 잠시 마음이 일어났다가 사라지는 현상에 불과한 것입니다. 그러므로 마음에 집중하여 그 인연을 관찰해 보면 공포심도 사라지게 마련인 것이지요. 다시 말해 마음이 경계에 걸려들게 됨으로써 공포심이 나오게 되는 것입니다. 마음에 걸림이 없다면 두려움은 나타날 수가 없는 것입니다.

둘째로, '무서운 황야를 가거나'라는 구절이 나옵니다. 이곳은 맹수가 득실거리는 곳입니다. 다시 말해 무서운 도둑, 강도가 난무하여 재물과 목숨을 노리고 있는 요즈음의 세상을 의미한다고도 할 수 있을 것입니다.

요즘은 믿을 사람이 하나도 없다고 합니다. 도둑, 강도가 달리 있는 것이 아닙니다. 신문을 보면 이웃 사람에게 강도, 강간을 당하는 사람, 어린아이를 유괴하여 강간하는 사람, 심지어는 부모, 자식과 자식이 서로를 죽이는 무서운 세상입니다. 얼마 전 매스컴을 통해 돈이 없어 자식 손가락을 잘랐다는 부모의 이야기를 들었고, 스스로 자신의 발목을 자르는 일이 일어나기도 했다고 합니다. 이야말로 무서운 황야의 맹수가 아니고 무엇이겠습니까.

바로 두 번째 공포의 의미는, 주위가 온갖 위험한 맹수로 들끓고 있는 요즘 같은 험난한 세상을 의미하고 있다고 할 수 있겠습니다. 이러한 공포는 다만 사람에게만 느낄 수 있는 것은 아닙니다. 언제 자동차라는 무서운 맹수가 달려들어 우리의 목숨을 앗아갈지, 비행기가 갑자기 추락하여 덮치게 될지 알 수 없습니다. 우리는 휴식을 즐기며 쇼핑을 잘 하다가도 갑자기 백화점이 무너져 내려 수많은 이의 목숨이 끊어지는 것을 보았고, 학교, 직장 출근길에 다리가 무너져 강에 빠져 죽는 것도 보았습니다. 길을 걷다가도 언제 도시가스가 폭발할지 모르는 두려움 속에서 세상을 살아가야 합니다.

이뿐이겠습니까. 세상은 온통 두려움의 연속입니다. 우리 사회는 온갖 오염된 물질들로 병들어 있고, 그러다 보니 그러한 오염된 것들을 섭취하는 인간의 기관도 오염될 수밖에 없습니다. 그 결과 요즈음은 병명도 알 수 없는 온갖 질병들이 판을 치고 있다고 합니다. 이렇듯 언제 어디에서 질병이 엄습해 올지 모르는 것도 이러한 두려움에 속한다고 할 수 있을 것입니다.

WTO(세계 보건 기구)에서는 현대인의 질병 가운데 약 80%는 물을 잘못 마시는 데에서 그 원인이 발견된다고 하는 연구 결과를 발표한 적이 있습니다. 그만큼 수질이 오염되어 있다는 이야기입니다. 환경문제가 심각하다 보니 물조차 사 먹어야 하는 세상이 너무나도 빨리 와 버렸습니다. 먹고사는 가장 기본이 되는 물의 오염도가 이 정도라면 다른 음식은 말할 것도 없을 것이 당연합니다. 모두가 두려움의 연속이라고도 할 수 있을 것입니다.

그러나 반야심경에서는 이러한 모든 공포심도 반야바라밀다라는 수행을 통해 쉽게 벗어날 수 있다고 말하고 있습니다. 즉, 이러한 공포심이 객관세계가 오염되는 데에서 오는 어쩔 수 없는 공포심이라고 생각하겠지만, 사실은 모두가 내 마음속에서 나오는 것이기 때문입니다.

세 번째, '많은 사람이 있는 곳에 있게 되어도'라는 말이 나옵니다. 서로 믿지 못하고, 서로를 위협하는 세상을 표현한 말입니다. 요즘은 사람들 사이에 가면 행복해야 하거늘 오히려 두려움을 느끼게 된다고 합니다.

또한 대중들 속에서 느끼는 소외감 같은 감정도 문제가 됩니다. 요즘 사회문제로 크게 대두되는 것이 바로 소위 '왕따'라는 집단소외현상이라고 합니다. 이것이야말로 산업화, 도시화, 근대화가 가져온 인간 소외현상의 하나로, 군중 속에서 느낄 수 있는 두려움, 공포감의 현대화된 현상입니다. 이러한 두려움으로 인해 스스로 목숨을 끊는 이들이 생기는가 하면, 학생들은 학교생활을 올바로 하지 못하고, 거리를 방황한다고 합니다. 참으로 안타까운 현상입니다.

이러한 것들 외에도 내 주위에 있는 모든 이들이 나의 경쟁자가 되고 있는 현실에 대한 무관심도 두려움의 대상입니다. 모두가 따뜻한 내 이웃이고 도반이 되어야 할 텐데, 우리는 항상 이웃, 친구를 경계하고, 견제하며, 경쟁의식 속에서 이겨야 한다는 논리를 가슴에 품고 살아갑니다. 이런 마음이라면 어찌 인간소외현상이 일어나지 않겠습니까.

이제는 마음을 나누어야 할 때입니다. 서로가 현대의 경쟁 논리로써, 경쟁자로서 다가서는 것이 아니라, 진정한 마음을 나눌 수 있고 받아들일 수 있는 도반이 되어야 할 때입니다. 그러기 위해서는 서로 마음을 함께 나눌 수 있는 대화의 장이 많이 열려야 할 것입니다.

이처럼 공포심이야말로 인간이 느낄 수 있는 감정 가운데 가장 괴로운 감정 중의 하나입니다.

그러므로 보시바라밀을 실천할 때 재시(財施)와 법시(法施)도 중요하지만, 무엇보다도 사람들의 두려운 마음을 없애주는 무외시(無畏施)를 큰 보시라고 여기는 것입니다.

재시는 재물, 돈에 시달려 굶주리는 이를 위한 보시이고, 법시는 진리에 목마른 이에게 법을 베풀어 주는 보시이지만, 무외시는 마음이 불안한 이를 불안으로부터 해방시켜 주는 최고의 보시이기 때문입니다. 반야바라밀은 이 모든 공포심에서 후련하게 벗어나, 진정으로 어디에도 걸리지 않고 자유로우며 행복한 세계로 우리를 인도할 것입니다.

4. 원리전도몽상

어두운 밤중에 뱀을 보고 기겁을 하여 도망가 버렸습니다. 그런데 다음 날 와보니 새끼줄에 불과하다는 것을 알았다면 얼마나 어처구니없는 일이겠어요? 뱀이 아니라 새끼줄인 것을 밝게 깨쳐 알고 난 다음이야 새끼줄을 뱀으로 착각하여 마음을 괴롭히는 일은 없을 것입니다. 쉽게 말해서 이것이 바로 전도(顚倒)된 몽상(夢想)을 멀리 여의는 생활이라고 할 수 있을 것입니다.

사실 우리들이 느끼는 두려움이나 괴로움 등의 온갖 감정들은 이런 전도된 몽상[뒤집어진 꿈 같은 생각] 때문에 일어난 것들이 상당히 많습니다. 현실 그 자체가 괴로움이거나 두려움은 아닌데, 다만 우리의 마음이 잘못 착각을 일으켜 괴로워하는 경우를 많이 접하게 됩니다.

예를 하나 더 들어봅니다. 누구나 행복하기 위해서 아등바등하며 생을 힘겹게 살아가지요. 행복이란 좀 더 나은 삶을 살고, 가족이 화목하며, 이 몸을 좀 더 편하게 하고자 하는 쪽으로 방향이 잡혀지게 마련입니다. 우리가 돈을 버는 목적도 바로 행복의 추구입니다.

그런데 요즘은 돈을 얻기 위해 남편, 아내, 혹은 연로하신 부모님을 교묘히 죽이거나, 자식 손가락을 자르거나, 스스로 발목을 잘라 보험

금을 받으려고 애쓰는 등의 비윤리적인 방법을 행하는 사람들이 매스컴에 많이 등장합니다. 이 얼마나 전도된 행복의 추구인가요? 우리가 생각하는 행복은 내 몸이 올바로 있을 때 느낄 수 있는 것이고, 가족과 함께 누릴 수 있는 단란한 행복일 것입니다. 그러나 이처럼 본바탕을 망각하고, 돈을 위한 수단으로 근본을 버리는 방법을 사용하여 주객이 전도된 사고방식을 가지고 어리석게 살아가게도 됩니다.

『대지도론(大智度論)』에서는 이러한 뒤바뀐 허망한 생각을 크게 네 가지[四顚倒]로 나누어 설명하고 있습니다.

> 깨끗하지 않은 것[不淨] 가운데서 깨끗하다[淨] 하는 뒤바뀜이 있고, 괴로운 것[苦] 가운데서 즐겁다[樂] 하는 뒤바뀜이 있으며, 항상 함이 없는 것[無常] 가운데서 항상함이 있다[常]고 하는 뒤바뀜이 있고, '나'라는 것이 없는 것[無我] 가운데서 '나'라는 것이 있다[我]는 뒤바뀜이 있다.

이 네 가지 뒤바뀜으로 인해 어리석은 중생들이 미혹된 세계의 참모습을 올바로 보지[正見, 照見] 못하고, 잘못 본 전도된 모습을 진실로 착각하여 그곳에 집착을 하게 되기 때문에 괴로움, 두려움 등의 망심(妄心)이 생긴다는 것입니다. 이상에서 말한 네 가지는 조금 더 소급해서 확대 적용시키는 융통성이 있어야 할 것 같습니다. 다시 말해 부정(不淨) 가운데서 정(淨)이라고 생각하는 뒤바뀜에 대해서는, 반대로 정(淨) 가운데 부정(不淨)이라고 하는 뒤바뀜도 포함하고 있는 것이며, 나아가 앞서 언급하였던 부정의 논리인 불구부정(不垢不淨)의 의미로까지 해석할 수 있을 것입니다.

우리는 아름답고 젊은 여인의 모습을 보고 잘못된 네 가지 전도를 일으키며, 이로 인해 그 여인에게 집착해 사랑을 느끼게 되고, 급기야 그 사랑이 이루어지지 않게 되었을 때 한없는 괴로움에 빠져 들게도 됩니다. 여인에 대해 깨끗하다는 정의 감정이 있기에 손도 잡고, 안아보고도 싶은 마음이 일어나는 것이며, 함께 있는 것이 '즐겁다'라는 낙(樂)의 감정이 있기에 좋아하고, 사랑한다는 마음이 일어나게 되는 것이며 이 사랑과 그 여인이 항상할 것처럼 느끼기에 멸했을 때 괴로워하게 되는 것입니다. 또한 이러한 마음을 일으키는 내 마음이 실제로 존재하는 마음으로 생각하며, 그 마음을 일으키는 내 몸을 실제로 존재하는 것으로 잘못 집착하기에 아집(我執)으로 인한 괴로움에 걸려드는 것입니다.

그러나 공의 세계에서 보면 깨끗하고 더럽다는 분별, 괴롭고 즐겁다는 분별, 항상하고 단멸한다는 분별, 내가 있다 없다 하는 분별은 잘못 전도된 몽상일 뿐 결코 고정된 것들이 아닙니다. 여인의 겉모습이 아름답다는 것은 겉으로 드러나는 살가죽이 좋은 인연을 만나 잘생겨 보이는 것일 뿐이지요. 잘난 사람이나 못난 사람이나 겉으로 드러나는 모습이 다를 뿐이지 그 내용은 똑같지 않던가요! 똑같이 밥 먹고, 똑같이 잠자며 몸뚱이를 연명할 뿐입니다. 조금 심한 말로 하면 누구나 이 몸뚱이는 '똥주머니'인줄 알아야 합니다. 똥이 예쁜 주머니에 담겨 있다고 하여 깨끗하다는 전도된 생각을 일으켜 그 예쁨에 집착할 것인가요? 본래 정(淨)이다, 부정(不淨)이다라는 분별은 다만 전도된 생각일 뿐입니다. 고(苦), 락(樂)도 마찬가지이며, 상(常), 무상(無常), 그리고 아(我), 무아(無我)의 분별도 엄격히 말하면 우리들의 잘못 전도된 허망한 분별심일 뿐입니다.

이와 같은 전도된 분별망상들에 빠지고 집착하면 괴로움이며 불행이지만, 그것에 빠지지 않고 집착하지 않으면 이러한 분별망상을 여의게 될 수 있습니다. 이처럼 일체의 모든 현상에 대해 전도된 몽상을 일으키지 않도록 하기 위해 『반야심경』에서 강조하는 수행이 바로 반야바라밀다 수행인 것입니다. 반야바라밀다 수행의 핵심은 일체의 모든 현상계가 공임을 올바로 조견하여 전도된 몽상을 일으켜 공상에 집착하지 않을 것을 강조하는 수행체계입니다.

그러므로 한마디로 반야바라밀다는 공인 일체의 현상계에 대한 집착을 놓을 것을 강조하고 있는 것입니다. 집착을 놓는 것이 바로 공의 적극적인 생활 실천이며 반야바라밀다 수행의 실천인 것입니다.

5. 구경열반

'우리는 무엇 때문에 불교를 믿고 있을까?', '과연 불교가 우리에게 가져다 줄 수 있는 궁극의 결과는 무엇인가?' 하는 질문은 다시 말하면 '불교에서 말하는 최고의 행복은 무엇인가?' 하는 물음과 같은 의미를 지닌다고 할 수 있습니다. 불교에서 말하고 있는 최고의 목표는 고타마 싯다르타라는 젊은 사문이 깨달음을 얻어 석가모니 부처님이 되신 것처럼 그와 똑같은 열반 해탈을 증득(證得)하는 것입니다.

반야바라밀다 수행이 우리에게 가져다 줄 수 있는 이익의 궁극적인 목표도 마찬가지로 바로 이것 '구경열반'에 있다고 할 것입니다. 현실생활에서 우리가 느낄 수 있는 온갖 두려움, 괴로움, 마음에 걸림, 전도된 몽상 등을 깨끗이 씻어내 줄 수 있을 뿐 아니라, 결국에 궁극의 열반에 이르게 할 수 있는 수행이 바로 반야바라밀다인 것입니다.

그렇다면 열반이란 무엇인가? 원어로는 '니르바나(nirvana)'의 음역으로 원래 의미는 '불어 끈다'는 것입니다. 다시 말해 우리를 얽어매고 있는 타오르는 번뇌의 불길을 불어 꺼버린다는 의미인 것입니다. 이 말은 괴로움이 모두 소멸된 상태인 절대적인 행복, 최고의 행복을 의미하는 말입니다. 자세한 내용은 앞에서 누차 언급했으므로, 여기에서는 제(諸) 경전에서 말하고 있는 열반에 대하여 간단히 언급해 두고자 합니다.

> 탐욕, 진에(嗔恚), 우치(愚癡)가 길이 다하고, 일체 번뇌가 길이 다한 것을 열반이라 한다.
>
> 『잡아함경』

이처럼 근본 불교 경전에서는 탐, 진, 치 삼독심이 모두 소멸된 상태를 열반이라 이름하고 있음을 볼 수 있습니다. 본래 내가 공하여 무아(無我)이며, 무자성(無自性), 공(空)이라는 사실을 올바로 보지 못하여 '나다' 하는 아상에 얽매여 있으므로, 그로 말미암아 탐, 진, 치 삼독심이 일어나게 됩니다. 그러므로 탐, 진, 치 삼독이 모두 소멸하여 '나다', '내 것이다', '내가 옳다', '내 맘대로 한다'고 하는 아상이 모두 소멸되었을 때 열반의 즐거움은 드러나게 되는 것입니다.

열반에도 두 가지 종류가 있습니다.

> 이 두 가지 법의 열반계가 있으니, 유여(有餘), 무여(無餘)이다. 유여는 어떠한 것인가? 비구가 다섯 가지[貪, 瞋, 身見, 戒禁取見, 疑]를 면하면, 곧 저것이 반열반으로서 이 세상에 돌아오지 않는 것이다. 또 무여는 어떤 것인가? 비구들이 유루를 다하고 무루를 이루면 의(意) 해탈, 지혜 해탈이니, 제 몸으로 증(證)을 지어서 스스로 생사에 유희해 마치고, 범행(梵行)이 이미 성취되어서 다시 유를 받지 않고, 여실히 아는 것이다. 이 두 가지 열반계는 마땅히 방편을 구하여 무여열반계에 이른다.
>
> 『증일아함경』

살아 있는 동안 성취하는 열반을 '생존의 근원', 즉 육신이 남아 있는 열반이라 하여 유여의열반(有餘依涅槃)이라 하며, '생존의 근원이 남아 있지 않은 열반'을 무여의열반(無餘依涅槃)이라 하는데, 이는 완전한 열반을 의미하므로 반열반(般涅槃)이라고 합니다. 이는 정신적, 육체적인 일체의 고가 모두 소멸된 상태의 열반을 말합니다.

이와 같이 열반은 일체의 괴로움이 모두 소멸한 최고 행복의 경지이지만, 우리들은 열반에 대해서 너무도 멀게만 느낄 뿐 제대로 알지 못하는 것 같습니다. 보통 절에 오랫동안 다니시는 신도님들에게 왜 절에 다니는지를 물어보면 대부분 '자식을 대학에 붙게 하기 위해서', '남편이 직장에서 진급할 수 있기 위해서', '가정의 화목 때문에', '병 낫게 하기 위해서' 등의 대답을 자주 듣습니다. '열반을 증득하기 위해서'라고 대답하는 이는 열 중의 하나도 찾아보기 힘들지 않은가 생각이 됩니다.

이것 또한 전도된 생각이 아닐까 생각해 봅니다. 대부분의 경우, 당장의 이익만이 가장 중요하리라 생각하지요. 그러나 우리는 근본의 문제에 대한 해답을 구해서 영원한 행복을 추구해야지, 당장에 시급한 문제들에 대해서만 너무 답답하게 집착하는 것이 아닌가 생각해 볼 일이기도 합니다.

우리들의 궁극적인 목적은 바로 깨달음, 열반이 되어야 합니다. 생사를 초월한 행복을 추구해야지, 당장 지금 이 시간에 얽매여서 작은 행복에 집착한 나머지, 커다란 근본의 행복에 대해서는 전혀 생각조차 못하고 있다면 안 될 일입니다. 그러다 보니, 언제까지고 괴로운 윤회를 반복하는 것이지요. 그 힘을 돌려 근본에 물을 대주려고 하는 의식의 전환이 절실히 필요합니다. 행복한 사람만이 편안히 앉아 도(道)를 닦을 수 있는 것은 아니니까 말입니다.

8장

삼세제불 의반야바라밀다고 득아뇩다라삼먁삼보리

1. 삼세제불

삼세제불은 과거, 현재, 미래의 모든 부처님을 지칭합니다. 이 과거, 현재, 미래의 모든 부처님들이 모두 반야바라밀다에 의지하는 까닭에 아뇩다라삼먁삼보리를 얻게 된다는 말입니다.

그러면, 여기서 우선 '삼세제불'이 나타내고 있는 대승불교의 부처님에 대해 살펴보도록 하겠습니다. 소승불교에서는 부처님을 한 분으로 한정시켜 역사 속에 직접 모습을 드러내신 석가모니 부처님만을 신앙하고 있습니다. 그러나 대승불교에 와서는 헤아릴 수 없이 많은 분의 부처님이 등장합니다. 시간적으로는 과거, 현재, 미래의 삼세에 걸쳐서 등장하시며, 공간적으로는 시방(十方)이라 하여 동 · 서 ·

남 · 북 사방과 4간방(間方)인 동남 · 남서 · 서북 · 북동, 그리고 상 · 하의 두 방향을 합하여 열 방향을 설정하여 이 모든 시간과 공간에 상주하고 계신다고 말합니다. 이렇듯 대승불교에서는 시공을 초월하여 한량없이 많은 부처님이 계신다고 말하고 있는 것입니다.

그러면 삼세의 모든 부처님은 누구인가요? 불교의 우주관을 보면 우주는 끊임없이 성(成) · 주(住) · 괴(壞) · 공(空)을 반복한다고 하는데, 이 각각의 성겁 · 주겁 · 괴겁 · 공겁의 기간을 중겁(中劫)이라 이름하고, 이 네 가지 중겁이 모여 하나의 대겁[一大劫]이 이루어진다고 합니다. 이와 같은 대겁이 경과한 과거의 우주를 과거장엄겁(過去莊嚴劫)이라 하고, 현재의 우주를 현재현겁(現在賢劫)이라 하며, 다가올 미래의 우주를 미래성숙겁(未來星宿劫)이라고 합니다. 경전을 보면 과거, 현재, 미래의 모든 세에 일천 불이출현하셨고, 또 출현하리라는 기록을 볼 수 있습니다.

『삼겁삼천불명경(三劫三千佛名經)』에 의거해 보면 과거장엄겁천불은 제1화광(華光) 여래불로부터 시작하여 제1000번째로 비사부(毘舍浮) 여래불이 계셨다고 하며, 우리가 살고 있는 현재현겁의 부처님이신 현재현겁 천불은 제1구류손(拘留孫) 여래불, 제2구나함모니(拘那含牟尼) 여래불, 제3가섭(迦葉) 여래불, 제4석가모니(釋迦牟尼) 여래불, 제5미륵(彌勒) 여래불, 제6사자(師子) 여래불 등에서 시작하여 제1000번째는 누지(樓至) 여래불이 계십니다. 미래성숙겁의 부처님은 제1일광(日光)여래불로부터 제1000번째로 수미상(須彌相)

여래불이 출현하실 것이라고 합니다. 이 모든 삼세의 부처님 가운데 현재 현겁의 네 번째 부처님이 바로 2500년 전 이 땅에 태어나신 석가모니 부처님이신 것입니다.

이상에서 말한 시방삼세의 제불이란, 이처럼 구체적인 부처님의 명호를 의미하기도 하지만, 사실은 구체적으로 이러한 부처님에게만 한정된 의미는 아닐 것입니다. 누구라도 아뇩다라삼먁삼보리를 이루게 되면 부처님이 될 수 있습니다. 그러므로 시방삼세의 어떠한 중생이라도 부처님이 될 수 있는 가능성을 가진 존재인 것이지요. 이 부분은 우리 모두가 반야바라밀다에 의지하여 깨달음을 증득할 수 있는 존재라는 것, 즉 모두의 가능성, 최고의 존엄성을 일러주고 있습니다.

부처님의 명호는 각각 다르고, 중생의 모습은 각각 다르지만, 사실 본래 몸은 하나에서 비롯된 것입니다. 이것을 이름하여 법신(法身)이라고 하는데, 여기에서 법신(法身), 보신(報身), 화신(化身)이라는 삼신불(三身佛)의 개념이 등장합니다.

법신(法身)이란, 영원불멸의 진실한 모습으로 진리 그 자체를 몸으로 하는 존재라는 의미를 가집니다. 그것은 순수하여 차별상이 없으므로 공(空)과 같은 것입니다. 다시 말해 부처님이 깨달으신 절대 진리 그 자체를 인격화시킨 것을 의미합니다. 앞에서 언급한 실상반야의 지혜가 바로 법신의 모습을 깨달아 그것과 하나된 지혜인 것입니다. 이러한 법신불을 『화엄경』에서는 비로자나부처님이라 하고, 『대일경(大日經)』에서는 대일여래(大日如來)라고 하는데, 큰 절에 가 보면 비로전에 바로 이 법신 부처님이 모셔져 있고, 수인(手印)은 지권인(智拳印)을 하고 계십니다.

두 번째, 보신(報身)은 진리 그 자체인 법신이 인연을 따라 나타난 불신(佛身)입니다. 한량없는 시간에 걸쳐 무수한 수행을 쌓은 결과, 모든 것이 진리와 하나 되어 무한한 공덕이 갖추어져 있는 부처님이십니다. 대표적으로 아미타 부처님을 들 수 있는데, 이 부처님은 법장(法藏)이라는 비구로 여러 생을 수행하며 48대원(大願)을 성취하여 부처님이 되셨고, 스스로 극락(極樂)이라는 정토를 만들어 중생을 교화하고 계십니다.

세 번째, 화신(化身)은 응신(應身)이라고도 부릅니다. 아미타 부처님과 같은 보신불(報身佛)을 친견하지 못한 인연 없는 중생들을 제도하기 위해 우리와 똑같은 모습으로 몸을 드러내 주시는 역사적 존재로서의 부처님인 것입니다. 2500여년 전 이 땅에 태어나 우리와 똑같은 모습으로 사시며 우리에게 가르침을 주셨던 석가모니 부처님이 바로 화신불인 것입니다.

법신의 진여실상, 상주불변하는 모습을 곧잘 달에 비유하며, 보신은 법신에서 온갖 공덕이 생겨 두루 일체를 비춘다고 하여 달빛에 비유하기도 합니다. 또한 화신은 인연을 따라 특정한 시간과 장소에서 여러 가지 모습으로 변화하여 출현하시는 몸이기에, 달 그림자가 물에 비치는 것에 비유하기도 합니다.

이상에서 보았듯이 소승불교에서는 오직 석가모니 부처님을 교주로 하여 믿고 대승불교에서는 시간적으로 삼세, 공간적으로 시방에 항상 상주하고 계시는 법신, 인연 따라 모습을 보이시는 공덕의 몸인 보신, 그리고 이 세상에 직접 출현하셔서 중생의 어리석음을 일깨우시는 화신의 부처님을 언급하고 있는 것입니다. 이처럼 부처님은 한 분, 두 분에 한정된 것이 아니라, 시간적으로 과거, 현재, 미래의 삼세에 걸쳐 수많은 부처님이 계시며, 공간적으로도 동방 만월 세계의 유리광 여래불, 서방정토 극락세계 아미타불 등 시방(十方)에 수많은 부처님이 계시다고 언급하고 있다는 점에서 소승불교의 불신관(佛身觀)과는 사뭇 다른 점을 보이고 있는 것입니다.

2. 의반야바라밀다고

이상에서 언급한 시 · 공간 속에 생생히 살아 계시는 모든 부처님은 과연 무엇에 의지하고 어떤 수행을 통해 부처를 이루었는가?

그 해답을 『반야심경』에서는 '의반야바라밀다고'라고 하고 있습니다. 즉, 하나같이 모든 부처님은 반야바라밀에 의지하여 깨달음을 이루셨다는 것입니다. 반야바라밀의 수행이야말로 모든 수행의 기본이며 핵심이라 하였습니다. 반야바라밀은 공의 지혜, 무소득의 지혜, 무집착의 지혜이며, 오온개공의 이치의 조견(照見)을 통해 나타나는 '비움'의 지혜입니다. 그러므로 모든 수행의 기본이 되는 가르침입니다. 이것이야말로 지혜 중의 지혜인 것이지요. 그래서 시간적으로 삼세, 공간적으로 시방의 모든 부처님이 이 '반야바라밀'에 의지해 깨달음을 이루신 것입니다. 이처럼 반야바라밀은 모든 부처님을 출생시키기 때문에 모든 부처님의 어머니[불모(佛母)]라고 부르기도 하는 것입니다.

> 반야바라밀은 모든 부처님의 어머니이시다. 반야바라밀은 능히 세간의 모습을 보여준다.
> 이러한 까닭에 부처님은 이 법에 의지하여 행하고, 이 법을 공양·공경·존중·찬탄하신다.
> 무엇을 이 법이라고 하는가? 소위, 반야바라밀이다.
> 모든 부처님은 반야바라밀에 의지하여 머물고, 이 반야바라밀을 공양·공경·존중·찬탄하신다.
> 왜냐하면 이 반야바라밀은 모든 부처님을 출생시키기 때문이다.
>
> 『대품반야경』 문상품

반야바라밀이야말로 모든 불보살의 어머니이며, 모든 부처님은 반야바라밀을 공양하고 공경합니다. 이처럼 반야바라밀을 어떤 인격을 가진 존재로 인격화(人格化)하는 듯이 서술하는 것은, 반야바라밀은 우리가 해석할 수 있는 하나의 단어를 떠나 일반적인 관념을 초월한 신행(信行)의 대상이기 때문인 것입니다.

3. 득아뇩다라삼먁삼보리

삼세의 모든 부처님은 반야바라밀에 의지하므로 아뇩다라삼먁삼보리를 얻게 됩니다. 여기에서 아뇩다라삼먁삼보리란 최상의 깨달음을 뜻하는 것으로, 앞에서 언급한 구경열반(究竟涅槃)과 상통하는 의미입니다. 앞에서 보리살타는 반야바라밀다에 의지하는 까닭에 마음에 걸림이 없고, 걸림이 없으므로 공포가 없으며, 뒤바뀐 허망한 생각을 멀리 떠나 마침내 열반을 증득한다고 하였습니다. 이 부분에서 보살이 반야바라밀다에 의지하여 열반을 증득하는 모습을 자세히 언급하고 있다고 했을 때 이처럼 보살이 반야바라밀다에 의지하여 증득한 결과는 무엇일까? 이미 언급했듯이, 구경열반이 그 궁극적인 경지인 것입니다. 구경열반이라는 것은 바로 부처님이 되었다는 것을 의미하는 것이겠지요.

'삼세제불 의반야바라밀다고 득아뇩다라삼먁삼보리'는 바로 삼세에 걸쳐 존재하는 모든 부처님의 열반 또한 반야바라밀다에 의지하고 있음을 나타내 줍니다. 그러면 여기서 아뇩다라삼먁삼보리에 대해서 좀 더 자세히 살펴보겠습니다.

'아뇩다라삼먁삼보리'는 무상정등정각(無上正等正覺) 혹은 무상정변지(無上正遍智)라 번역합니다. 그 뜻은 말 그대로 '가장 높고, 바르며, 원만한 깨달음'이라는 뜻으로 최고의 깨달음을 의미합니다. '무상(無上)'이란, 더 이상 이보다 더 높은 깨달음이 있을수 없는 최고의 가르침이란 의미이며, '정(正)'이란 객관적이고 타당성이 있는 편견 없는 가르침, 다시 말해 있는 그대로를 있는 그대로 조견(照見)한 가르침이라는 의미입니다. 이것은 팔정도의 '정(正)'과 같은 의미이며, 중도의 '중(中)', 공 사상의 '공(空)'과같은 의미입니다. '등(等)'은 보편적인 가르침을 의미합니다. 어느 한쪽에만 타당한 가르침이 아니라, 모든 존재에게 동시에 적용되는 가르침인 것입니다.

요컨대, '아뇩다라삼먁삼보리', '무상정등정각'이란 이보다 더 높은 것이 없는 보편타당한 가르침이며, 일체의 존재를 있는 그대로 깨우친 바른 진리, 최고의 진리를 의미합니다. 삼세의 모든 부처님은 바로 이 보편타당하고, 더없이 높은 가르침인 무상정등정각에 오르신 것입니다. 이렇게 '무상정등정각'을 성취할 수 있었던 것은 바로 반야바라밀에 의해서임은 더 이상 언급할 필요가 없을 것입니다.

제4품. 총결분(總結分)

故知般若波羅蜜多

是大神呪 是大明呪 是無上呪是 無等等呪

能除一切苦 眞實不虛

故說般若波羅蜜多呪卽說呪曰

揭諦揭諦波羅揭諦波羅僧揭諦菩提薩婆訶

9장

고지 반야바라밀다 시대신주 시대명주 시무상주 시무등등주 능제일체고 진실불허

1. 고지 반야바라밀다

이상에서 반야바라밀 수행이 우리들에게 주는 한량없는 이익, 공능을 언급한 경의 공능분(功能分)을 모두 살펴보았습니다. 이상에서 우리는 반야바라밀수행이 마음에 걸림이 없으며 공포가 없고, 전도된 몽상에서 벗어날 수 있으므로 구경에는 열반에 이르도록 하는 이익을 가져다준다는 사실을 살펴보았으며, 또한 삼세의 모든 부처님도 바로 반야바라밀에 의해서 무상정등정각을 얻었다는 것을 알았습니다. 여기까지가 공능분이라면, 앞으로 살펴볼 마지막 장은 총결분으로 지금까지 공부해 온 『반야심경』의 핵심 가르침을 총괄적으로 결론 내리고 있는 부분이라 하겠습니다.

그러나 『반야심경』의 결론은 다른 경(經)들과는 조금 다른 양상을 보이고 있습니다. 내용상 결론을 내리지 않고, 앞에서 설명한 반야바라밀에 대한 일체의 공덕과 깨침의 깊이를 하나의 주(呪)로써 간주하여 그 공능을 총괄하여 결론짓고 있는 것입니다.

반야바라밀은 어떠한 상을 짓고 이해하고자 노력해서 얻을 수 있는 성격의 것이 아닙니다. 오히려 어떠한 모양도 내세울 수 없는 무자성(無自性), 무소득(無所得), 무집착(無執着)의 철저한 공성(空性)을 그 내용으로 하고 있습니다. 그러므로 여기에 어떠한 언어적, 내용 이해적인 결론을 두게 된다면 그 어구에 걸려 오히려 집착할 수 있기 때문에 『반야심경』에서는 이 반야바라밀을, '신비하고도, 밝으며, 위없고, 어느 무엇에도 견줄 바 없는 주'라고 말하고 있습니다. 그럼으로써 지금까지 『반야심경』의 반야바라밀을 공부해 오던 수행자들에게 그 가르침 자체에 대한 상을 과감히 타파해 버릴 수 있도록 하고 있으며, 동시에 수승한 비밀의 주를 설함으로써 여기에 더 없는 공능을 담아내고 있는 것입니다.

반야심경에서 어쩔 수 없이 언어를 빌어 깨달음의 세계를 설명하고 있기는 하지만, 언어라는 것은 누구에게나 평등하게 진리를 설할 수 있지는 못합니다. 다시 말해 언어라는 것은 사람에 따라 다르게 이해될 수 있고, 저마다 스스로 정해 놓은 언어의 고정관념을 색안경처럼 만들어 놓고 그에 투영하여 자기 나름의 이해를 하게 되기 때문입니다. 그래서 총결분에서는 총괄적으로 결론지으면서 그런 말의 허물로 인해 그 밝은 이치가 훼손되는 것을 막고자 하는 것입니다.

앞에서 소소하게 설명을 한 것이 손가락으로 달을 가리키는 한 방편이었다면, 총결분에서는 이제 손가락도 필요 없고 그저 깨달음의 세계, 즉 달을 바라보아야 하기 때문입니다. 앞의 본론을 고해의 바다를 건너는 뗏목에 비유한다면, 총결분은 뗏목을 버리고 나아갈 것을 말하고 있는 것입니다. 언어(뗏목)를 버리고 이제 깨달음의 세계를 직언하고 있는 것입니다.

'고지(故知)'라는 것은 '그러므로, 알라'라는 말로써, 지금까지 언설(言說)로써 이해를 도울 수 있도록 언급했던 『반야심경』의 본문 내용에 대해 주의 환기시키는 동시에, 새로운 비밀의 주를 설하고자 하고 있는 것입니다. 지금까지 언급한 내용을 올바로 이해 · 체득하고 있다면, 이것은 도무지 언설로써 견줄 수 있는 바가 아님을 알 것입니다. 그러므로 이어서 나오는 내용에는 언어를 초월한 반야바라밀다에 대한 새로운 결론적 총괄의 해석이 나오는 것입니다.

2. 시대신주 시대명주 시무상주 시무등등주

(1) 주(呪)에 대하여

우선 여기에 등장하는 '주(呪)'에 대해서 먼저 살펴보겠습니다. '주'는 자신과 타인의 재액(災厄)을 없애거나, 혹은 적에게 재액을 주기 위해 외우는 주문이란 의미로 보통 사용되는데 전자를 선주(善呪), 후자를 악주(惡呪)라 한다고 합니다. 이는 다른 말로 주문(呪文), 신주(神呪), 금주(禁呪), 밀주(密呪)라고도 합니다. '주'는 보통 범어 '만트라(mantra)'의 번역으로 보는데, 혹은 '다라니(dharani)', '비디야(vidya)'의 번역으로 보기도 합니다. 한편, 만트라(曼陀羅)를 밀주(密呪), 다라니(陀羅尼)를 총지주(總持呪), 비디야를 명주(明呪)로 번역하여 구분하기도 하지요.

'주'를 외우는 것은 인도에서 옛부터 있었던 전승으로 추측되며, 불교 경전에도 종종 '주'가 등장하는 것을 볼 수 있습니다. 그러나 부처님께서는 제자들에게 주술을 행하지 못하게 하는 것을 기본으로 하였고, 특별히 수행상 일신(一身)의 보호를 위해서 약간의 주에 의지하는 행위를 묵인하셨다고 경전에서는 말합니다. 이처럼 부처님께서는 어느 정도 세속의 신앙에 대해 유화적이고 포용력 있는 자세를 견지하셨음을 볼 수 있습니다. 이러한 부처님의 유화적인 태도로 인해 이후에 밀교가 생겨날 즈음에는 주(呪)가 다라니, 만트라, 진언이란 이름으로 불교 수행의 중요한 위치를 점하게 되는 계기가 되기도 합니다.

(2) 만트라

우선 '만트라'에 대해 살펴보면 인도의 오랜 종교적 전통을 불교에서 수용한 것으로 '찬가(讚歌), 제사(祭詞), 주문(呪文)' 등을 나타내는 말이며, 보통 문자, 언어의 의미를 가집니다. 대승불교에서 '만트라'는 모든 부처님을 상징하는 산스크리트문자나 불타에 대한 찬가(讚歌), 기도를 상징적으로 표현한 특정한 말을 가리킵니다. 한자로는 진언(眞言)이라고 음역하며, 밀교에서는 '다라니'라고 부르기도 하여 '진언', '다라니', '만트라'를 혼동하여 사용하기도 합니다. 다만일반적으로 사용되는 용례는 장구(長句)로 된 긴 것을 '다라니', 몇 구절로 된 짧은 것을 '진언', 한자 두자 등으로 된 것을 '주(呪)'라고 하는 것이 통례로 되어 있습니다.

예를 들면, 천수경에서 앞에 나오는 짧은 어구인 정구업진언(淨口業眞言) '수리 수리 마하수리 수수리 사바하'나, 정법계진언(淨法界眞言) '옴 남' 등은 말 그대로 '진언'이라 부르고, '나모라다나다라 야야 나막알야 바로기제…'로 이어지는 긴 것을 신묘장구대다라니라 하여, '다라니'로 부르는 것이지요.

또한 '옴'과 같이 한 글자로 되어 있는 것을 '주'라고 합니다. '진언(眞言)'이라고 하면 '진실한 말'이라는 의미로, 부처님의 참된 경지를 밝히는 말소리라는 뜻입니다. 또한 입으로 불러서 무명을 타파하고 마음을 통일하는 거룩한 구절이기 때문에 '명(明)', '명주(明呪)'라고도 합니다.

(3) 다라니

'다라니(陀羅尼)'는 본래, 정신을 집중하여 부처님의 가르침을 기억하고 간직하는 것 혹은 그 결과로써 얻게 되는 정신집중의 상태를 가리키는 말이었으나, 나중에 이것이 재앙을 막는 등의 공덕을 짓는 주문의 의미로 간주되었다고 합니다. 그러나 실제에 있어서 '만트라'와 '다라니'의 구분은 그다지 엄밀하지 않으며, 대체로 동일한 의미로 사용되고 있습니다. '다라니'는 보통 '총지(總持)', '능지(能持)', '능차(能遮)'라고 번역하는데, 모든 선법(善法)을 능히 지녀서 산실(散失)하지 않게 하므로 총지, 능지라 하고, 악법을 막아서 일어나지 않게 하므로 능차라고 하는 것입니다.

⑷ 다라니 힘의 작용

다라니 힘의 작용을 네 가지로 나눠서 말하기도 합니다.

첫째 법다라니(法陀羅尼)는 부처님의 교법을 듣고 잘 기억해 지니고 잊지 않는 작용을 하며, 둘째 다라니(義陀羅尼)는 모든 법의 한량없는 뜻을 모두 지녀서 잊지 않는 작용이 있다고 하며, 셋째 주다라니(呪陀羅尼)는 선정에 의하여 발한 비밀어로 부사의(不思議) 신묘(神妙)한 영험이 있는 작용을 한다는 것입니다. 마지막으로 넷째 인다라니(忍陀羅尼)는 모든 법의 실상을 깨달은 경지에 안주(安住)하여 있으면서 인지(忍持)하여 잃지 않는 작용이 있음을 말하는 것입니다.

이처럼 다라니는 무량무변한 작용을 가지고 있어 모든 악한 법을 버리고 한량없는 좋은 법을 가지게 하는 것입니다. 보통 '다라니'라 하는 것에는 두 가지 의미가 있으니, 첫째는 지혜(智慧) 혹은 삼매(三昧)를 말하며, 둘째는 진언(眞言)을 말합니다.

삼매라는 의미는 말을 잊지 않고 뜻을 분별하며 우주의 실상에 계합하여 수많은 법문을 보존하여 가지기 때문이며, 진언이라는 것은 번역하지 않고 음(音)을 그대로 적어서 외우는 것입니다. 이를 번역하지 않는 이유는 원문의 전체 뜻이 한정되는 것을 피하고, 밀어(密語)라 하여 다른 이에게 비밀리에 하기 위해서입니다.

이것을 외우는 사람은 한량없는 말을 들어도 잊지 아니하며, 끝없는 이치를 알아 학해(學解)를 돕고, 모든 장애를 벗어나 한량없는 복덕을 얻는 등 많은 공덕이 있으므로 '다라니'라 하는 것입니다.

이처럼 '주(呪)'는 온갖 나쁜 잡신(雜神)이나 귀신 혹은 재앙으로부터 몸을 지켜주고, 복을 불러들이는 기능을 하는 음성(音聲)적 기운인 것입니다. 여기서 잠깐 우리나라에서 유행하는 풍수지리(風水地理)를 되새겨 보면, 그 지역이나 산세의 형세와 기(氣)의 흐름 등을 우리 인간의 길흉화복(吉凶禍福)과 관련시켜 설명하는 학설임을 알 수 있을 것입니다.

선인들은 이처럼 세간에 존재하는 모든 존재는 나름대로의 기(氣)를 가지고 있다고 믿어 왔던 것이지요. '주'라는 것도 일종의 음성적 파동형태로 표현되는 기의 일종이라고 할 수 있을 것입니다.

인간의 목을 통해 나오는 소리이긴 하지만, 여기에는 진리의 기운이 파동으로 표현되어 나타난다는 것입니다. 그러므로 그 소리 자체에 이미 진리의 기운이 감돌고 있는 것이며, 온갖 공덕이 구족되어 있다는 것이지요.

⑸ 반야바라밀 주문

이상에서 언급한 다라니와 진언 등을 통칭 '주문(呪文)'이라고 합니다. 이상에서처럼 주에 대하여 일반적인 설명해 드렸습니다만 주, 진언에 대한 우리들의 바른 견해를 위해 부언하겠습니다.

진언이란 '참말'이란 말입니다. 말 자체에 어떤 힘이 있어서 효력이 있는 것이 아니고, 뭔가 대단하고 은밀한 뜻이 담겨 있어서 힘이 있는 것도 아닙니다. 우리의 마음을 밝히는 말이기에 참말이지 않겠습니까! 부처님 말씀은 그대로 진언이라 할 수 있을 것입니다. 우리의 마음을 밝히는 말이기 때문입니다.

만약 말 그 자체에 효력이 있다면 부처님께서 하시는 '옴마니반메훔'과 큰스님들께서 하시는 '옴마니반메훔' 그리고 우리들이 하는 '옴마니반메훔', 강도가 하는 '옴마니반메훔'이 모두 똑같은 효력과 힘을 발휘하여야 할 것입니다. 하지만 그렇지 않지 않습니까. 옴마니반메훔 등의 진언에 힘이 있다면 아무런 생각 없이, 혹은 나쁜 생각을 가지고라도 오직 '옴마니반메훔'만 하면 다 해결되야 할 것입니다. 그 자체에 힘이 있으니 말입니다.

밖으로 혹은 그 말 자체에 얽매이는 진언은 참된 진언이 아닙니다. 안으로 돌려놓아 '참 나'와 우주 법계의 법신 부처님과 한마음 연결되어 있어야 참된 말 '진언'아니겠습니까. 기본적으로 진언을 대하는 우리의 마음이 밖으로 흘러서는 안 될 것입니다. 중요한 것은 진언 그 자체가 아닌 우리 마음이기 때문입니다.

염불 또한 마찬가지입니다. 관세음보살 그 말 자체에 관음보살의 가피력이 있지는 않습니다. 내면의 참 나, 내 안의 '관세음보살'과 진정 하나 되었을 때 나의 마음 '염'과 부처님의 마음 '불'이 하나라는 굳은 믿음으로 염불했을 때 자성부처님과 하나가 되고 그랬을 때 힘이 붙는 것이지요. 진언 또한 마찬가지인 것입니다. 근본이 그렇다는 말입니다. 근본을 세우고 난 연후에 진언수행을 해야 한다는 말입니다.

이렇게 근본을 잡아놓고 나서 좀 더 세부적인 진언의 의미를 말씀드리겠습니다. 우리가 쓰는 문자에는 우주의 기운이 들어 있다고 합니다. 모든 만상을 형용하는 내용이 문자로 정착된 것이란거지요. 아무렇게나 만들어진 것이 아니란 말입니다. 일타스님께서는 다음과 같이 말씀하셨습니다.

> "주력을 무시해서는 안 된다. 왜냐하면 진언(眞言, 呪) 그 자체가 가지고 있는 신비로운 힘(呪力)이 있기 때문이다. 그 힘은 어떠한 힘인가? 제불삼보감통력(諸佛三寶感通力)이다. 모든 부처님과 삼보의 감통력이다. 우리가 진언이나 다라니를 지극 정성으로 외워나가면 제불삼보와 그대로 감통하여 소원을 성취할 수도 있고 깨달음을 이룰 수도 있는 것이다."

앞에 했던 말과 다른 말이라 하실지 모르겠지만, 앞에 했던 말은 주력 수행의 근본 마음을 그렇게 세워야 한다는 말입니다. 사람은 언어(言語)를 떠나서는 살 수 없습니다. 언어라는 것은 사람들의 생각이나 개념, 사상 등이 투영되어 그것이 개념화된 매개체입니다. 우리가 분별지어 만들어 낸 것이지요. 그에 반해 진언이란 작위적인 개념이 개입되지 않은 순수한 소리, 음성이라고 할 수 있을 것입니다. 말 이전의 말이라고 할까요. '옴'이라는 말속에 무슨 사량이며 시비 분별이 있겠습니까. 잘났다 못났다, 좋다 싫다 하는 그 어떤 분별이 없습니다. 그저 '옴'일 뿐입니다. 이처럼 상대적인 시비분별이 끊어진 본래적인 소리를 진언이라하는 것입니다.

진언이란 본래 불교의 수행법은 아니었습니다. 아니 부처님께서는 처음에 진언을 금지하시기까지 하셨습니다. 고대 인도에서 시작해서 티벳 등지에서 예로부터 현재까지 많이 전파되긴 했지만 말입니다. 인도말로는 '만트라(Mantra)'라고도 하며 총지문(總持門), 심인문(心印門)이라고도 합니다. 진언은 소리를 통하여 우리의 몸과 마음에 쌓여 있는 굳어진 마음을 풀게 하여 억압되고 누적되어 병의 근원이 되는 두려움, 회의, 미움, 불안, 분노, 질투, 슬픔 등의 아픔과 고통을 해소하여 마음과 육신에 긍정적인 삶의 에너지를 흐르게 한다고 합니다.

이를테면 '굳어진 습관(業障이라고도 말하는 것)' 등을 소멸하게 하여 오래된 고통의 고리와 번뇌가 쓸데없는 근심, 걱정〔妄想〕을 사라지게 함으로써 자연스럽게 몸과 마음을 밝게 하여 번뇌 망상이 사라짐은 물론, 지혜가 드러나고 마음이 평화로워지며 삼매를 이루고, 부동심(不動心)이 함양되어 여일(如一)한 마음이 되며 참 자기를 깨달을 수 있게 된다는 것입니다.

그렇다면 과연 이렇게 많은 주문 중에서 과연 어떠한 것이 가장 수승한 것일까? 물론 주문의 특성과 성질상 상황에 따라 다양한 종류의 주를 말할 수 있겠지만, 『반야심경』의 반야바라밀 수행을 닦아가는 수행자에게는 다음의 경전이 그 해답을 줄 수 있을 것입니다.

> 선남자 선녀인이 이 깊은 반야바라밀을 듣고서 받아지니며, 가까이하여 독송하고, 바르게 사유하여 일체지(一切智)의 마음을 여의지 않으면 독약 냄새를 맡게 해도, 혹은 사악한 요술을 사용해도, 혹은 불구덩이에 떨어뜨려도, 혹은 깊은 물속에 빠뜨려도, 혹은 칼로 죽이려고해도, 혹은 독약을 먹여도 이와 같은 온갖 나쁜 것들이 다치게 할 수없다. 왜냐하면 이 반야바라밀은 큰 밝은 주문[大明呪]이며, 위없이 밝은주문[無上明呪]이기 때문이다.
>
> 『대품반야경』 대명품 제32

반야경에서는 이처럼 진리가 파동 쳐서 재앙을 없애주는 주문 가운데 가장 수승한 주문을 '반야바라밀'이라고 설하고 있습니다. 우리가 불공을 드리고 축원이 끝날 때쯤이면 항상 '마하반야바라밀'을 외운 대목을 떠올릴 수 있을 것입니다. 이렇듯, 반야바라밀은 이미 이 언어 자체에 진리가 함축되어 있다고 하여 귀의의 대상이 되고 있기도 한 것입니다. 이러한 반야바라밀 주문에 대해 『반야심경』에서는 네 가지 수승한 이유를 들고 있습니다.

첫째 대신주(大神呪)는 크고 신비로운 주문이고, 둘째 대명주(大明呪)는 크게 밝은 주문입니다. 셋째 무상주(無上呪)는 이보다 더 높은 것이 없는 최고의 경지의 주문이고, 넷째 무등등주(無等等呪)는 비교될 만한 것이 없는 최상의 주문이라는 의미가 언급되어 있습니다. 다시 말해 '지혜의 완성'을 의미하는 '반야바라밀'은 일반적인 언어로써는 도저히 표현될 수 없는 최고, 최상의 것이기 때문에 주문으로 나타내고 있는 것입니다.

『반야심경』의 내용, '반야바라밀'의 수행은 너무나도 깊고 오묘해서 하나의 주문으로밖에는 표현할 수가 없었던 것입니다. 이 주문이야말로 '지혜의 광명'과도 같은 것으로써 중생의 어리석음을 깨뜨리고, 밝은 깨달음으로 향하게 할 수 있는 지고안온(至高安穩)한 것입니다.

3. 능제일체고 진실불허

앞에서 설명한 이 주문이야말로 일체의 괴로움을 없애주며, 진실하여 조금도 헛됨이 없다는 의미입니다. 텅 비어 아무것도 얻을 것이 없으며, 집착할 바가 없는 반야 공의 이 도리야말로 위대한 주문인 까닭에 일체의 모든 고통과 불안, 그리고 우리가 가지고 있는 모든 문제들을 다 소멸해 줍니다. 그렇기 때문에 진실하여 허망하지 않은 것이지요. 본래 텅 비어 무소득이며, 무자성이고, 공이요, 무아, 무분별인 본바탕에 또다시 어떠한 허망함이 있을 수 있겠습니까? 물질 세계[色]와 정신세계[受相行識]가 모두 공하였으니, 따로 허망할 것이 없는 것입니다.

불생불멸(不生不滅)로 본래 나고 죽음이 없으므로 생멸에 따른 온갖 괴로움도 여의었고, 불구부정(不垢不淨)으로 더럽고 깨끗한, 부귀하고 천한 등의 관념을 여의었기에 상대 세계의 모든 분별을 타파할 수 있으며, 부증불감(不增不減)으로 더하거나 줄어들 것이 없으므로 '내 것, 네 것' 하며 나누어 서로 많이 소유하고자 다투고 투쟁하는 이 모든 분별을 여의게 된, 그래서 더없이 맑고 밝아 허망하지 않은 진실한 주문인 것입니다.

이 대목에서 다시 한 번 반야심경의 핵심 구절인 '조견오온개공 도일체고액'을 강조하고 있음을 볼 수 있습니다. '도일체고액'의 경지, 즉 일체의 고통과 액난을 뛰어넘었으므로 진실하여 조금의 헛됨도 없는 경지를 다시 한 번 설함으로써 지혜의 완성을 마무리 짓고 있는 것입니다. 이 부분이 내용상의 총결 부분인 것입니다.

지혜의 완성된 경지는 그 어떤 방편을 설한 도리가 아니라, 직접적으로 공의 이치, 반야의 이치를 설한 도리이기에 진리로써 허망하지 않다는 것입니다.

10장

고설 반야바라밀다주 즉설주왈 아제아제 바라아제 바라승아제 모지사바하

이제 지금까지 설한 반야심경의 내용을 총정리할 때가 되었습니다. 경에서는 총괄하여 정리를 함에 있어 다시금 내용적인 면을 되새기지 않습니다. 언설을 세움으로써 오히려 진실이 왜곡될 수 있고, 본래의 의미를 상실할 수 있기 때문입니다. 그래서 반야심경에서 채택한 방법은 이 모든 내용을 하나의 진언으로 내세워 총괄적으로 결론짓는 방법을 사용하고 있습니다. 그 진언이 바로 '아제아제 바라아제 바라승아제 모지사바하'입니다.

진언은 원래 번역하지 않고, 산스크리트어 원음을 그대로 소리 내는 것을 원칙으로 한다고 했습니다. 그 이유는 크게 두 가지입니다.

첫째, 진언에 담겨 있는 의미가 부처님의 깨달으신 경지 그 자체를 직설하고 있기 때문에 너무도 오묘하고 깊어 우리 범부의 사량(思量)이나 이론으로는 도무지 이해할 수 없는 것이기 때문입니다. 다시 말하면, 번역에 의해서 진언이 담고 있는 본래의 의미, 깨침의 세계를 왜곡시킬 우려가 있기 때문인 것이지요.

두 번째, 진언이 가지는 소리의 진동 그 자체가 깊은 기운을 담고 있기 때문입니다. 다시 말해 보살이 삼매를 얻어서 그 힘으로 특정한 소리에 가피를 입힌 것이 진언이며, 또한 이 우주의 근원적인 진동의 기운이 진언이므로 그 소리를 떠난 진언은 있을 수없다는 것입니다. 이러한 이유 때문에 보통 이 구절은 해석을 하지 않게 마련입니다. 그러나 원어가 가지는 의미를 살펴봄으로써 그 함축된 의미를 알아보는 것도 나름대로 의미는 있으리라 생각하며, 또한 이미 이에 대한 많은 해석이 이미 보편화되었기 때문입니다.

'주'의 산스크리트어는 '가테 가테 파라가테 파라상가테 보디스바하'인데, 그 의미를 살펴보면 '가테(gate)'는 '가는 이여', '가자'이고, '파라(para)'는 '저 언덕, 피안'을 의미하고, '상(sam)'은 '완전히'라는 의미를 가집니다. '보디(bodhi)'는 '깨달음'의 뜻이고, '스바하(svaha)'는 '영원하라, 행복하라'는 의미로 해석해 볼 수 있습니다. 진언의 힘을 빌려 『반야심경』이 가지고 있는 깨침의 소리를 함축하고 있는 이 주문은 어떠한 관점에서 해석하느냐에 따라 그 내용이 조금씩 다를 수 있지만, 대략 다음과 같은 의미로 연결하여 해석할 수 있을 듯합니다. 즉, 이 언덕에 있는 무명 중생의 입장에서 해석해 본다면,

"가세, 가세, 저 언덕으로 가세, 우리 함께 저 언덕으로 가세, 깨달음이여! 행복이 있어지이다(영원하여라)".

정도의 의미로 해석할 수 있을 것이고, 어리석은 중생에서 마음을 닦아 나가는 수행자의 입장에서 해석해 본다면,

"가는 이여! 가는 이여! 저 언덕으로 가는 이여! 저 언덕으로 온전히 가는 이여! 깨달음이여! 영원하여라."

라는 의미로 해석할 수 있겠습니다. 또한 우리들 중생의 입장에서 반야바라밀다를 증득하신 깨달은 부처님의 세계를 바라보는 입장에서라면 조금 달리 해석할 수도 있을 것 같습니다.

"가신 이여! 가신 이여! 피안으로 가신 이여! 피안으로 완전히 가신 이여! 깨달음을 이루신 이여! 영원하소서."

또한 이미 반야바라밀다를 증득하여 깨달음에 이르신 부처님의 입장에서 해석한다면, 다음과 같은 해석도 가능할 것입니다.

"건너갔네, 건너갔네. 저 언덕에 건너갔네. 저 언덕에 모두 다 건너갔네. 깨달음을 성취했네."

이상과 같은 의미의 해석을 기본으로 하여 조금의 의역(意譯)을 붙여 본다면, 다음과 같은 해석이 나올 수도 있을 것입니다.

"성취했네, 성취했네. 모든 소망 성취했네. 만 중생들의 모든 소망 다 성취했네."

"행복하여라, 행복하여라. 우리 모두 행복하여라. 이 세상 우리 모두다 함께 행복하여라."

이 주문이야말로 반야심경 전체의 결론이며, 불교 전체의 결론이라고도 할 수 있을 것입니다. 이 주문에서 우리는 우리가 가야 할 궁극의 경지를 볼 수 있기 때문입니다. 이 게송에서는 우리가 어디로 갈 것인가에 대한 해답을 명쾌히 내려 주고 있습니다. 우리들은 누구나 어딘가로 향해 길을 가고 있는 나그네입니다. 그러나 자신이 어디로 가고 있는지, 어디로 가야 하는지조차 모르고 방황하는 이들을 적지 않게 볼 수 있습니다.

모두가 가야 할 곳을 올바로 보고, 그 길에 전력투구하여 혼신의 신명을 다해야 합니다. 과연 어디로 가고 있는가? 그 해답은 모두가 제각각이겠지요. 온갖 재물을 쌓기 위해 달려가는 사람, 명예를 가지기 위해 달려가는 사람 등 자신의 이익과 안락을 위해 달려가는 사람이 있는가 하면, 또 한가족의 이익, 사회의 공익, 국가의 평화를 위하는 방향으로 전 생(生)을 바쳐 내달리는 사람들도 있게 마련입니다. 이 세계를 환경오염에서 구하고자 이리저리로 뛰어다니는 사람들도 있으며, 사회의 온갖 부정부패를 척결하고자 사회 곳곳에서 모니터 역할을 자청하는 이들도 있습니다. 사회의 어두운 부분, 힘들고 가난에 시달리는 어려운 이웃을 위해 온 힘을 기울여 나아가는 사람들도 많이 있습니다.

좁은 소견을 가진 사람이라면 가고 있는 방향이 인생 전체에 걸쳐 있지 않고, 당장의 눈앞의 이익만을 내다보며 걸어가고 있는 경우도 많을 것입니다. 고등학생은 오직 대학 진학이라는 목표를 향해 나아가고 있으며, 대학생은 좋은 직장을 향해, 직장인들은 승진을 향해 뒤도 안 돌아보고, 그렇다고 좀 더 앞을 내다보지도 못하고 열심히 뛰고 있을 것입니다. 고개를 들어 사회를 바라보면 모두들 숨 가쁘게 뛰는 사람들뿐입니다.

그러나 가만히 근본을 되돌아 살펴보면 이렇게 열심히 뛰고 있으면서도 자신이 왜 뛰고 있는지, 어디를 향해 뛰고 있는지 모르는 사람이 대부분입니다. 남들이 모두 뛰고 있으니 그저 따라서 뛰고 있는 것이지요. 이렇듯 우리 모두는 나름대로의 목표를 향해 열심히 뛰어가고 있지만, 앞에서 보았듯이 우리가 뛰어 가는 곳, 즉 삶의 목표는 모두가 제각기 다르게 마련입니다. 동쪽으로 가는 사람, 서쪽으로 가는 사람, 그 중간에서 갈길 몰라 헤매는 사람도 있습니다. 그렇다면 과연 어느 쪽으로 가는 것이 현명한 길일까? 우리 인간이 어리석은 존재라고 말하는 것은 바로 이 점을 모르고 있기 때문일 것입니다.

반야심경의 말미에 나오는 주문인 '아제 아제 바라아제 바라승아제 모지사바하'는 바로 이 의문에 대한 해답을 제시하고 있다고 할 수 있습니다. 이 주문에서는 바로 '생사의 괴로움이 없는 피안의 저 언덕'으로 가라는 길을 명확히 제시해 주고 있는 것입니다. '지혜의 완성'을 향해 가라고 하는 인생의 목표 설정에 대한 길잡이가 되어 주는 것이지요.

자신만의 안락을 위하는 재물과 명예를 향한 길, 개인, 혹은 가족만을 위한 길, 사회와 내 국가의 안락을 위한 길, 모든 인간을 위한 길이 모두는 결코 궁극의 목적이 될 수 없는 것입니다. 인류와 모든 생명 있고 없는 일체를 위해 '온전한 존재로서 하나'라는 동체대비심의 마음으로 이 모두가 함께 깨칠 수 있도록 하는 진리의 길이야말로 우리가 가야 할 궁극의 경지인 것입니다. 언뜻 보아서는 사회, 국가를 위한 그리고 모든 인간을 위하는 길이 훌륭한 듯 보여도 사실은 집단이기주의이거나 나와 너, 인간과 자연을 갈라놓고 분별하는 좁은 의미의 이타(利他)일 뿐인 것입니다. 우리 모두가 어우러져 함께 북 치고, 장구 치며, 신명나게 나아가야 할 길은 다름 아닌, 모두가 하나 되는 세계, 깨침의 세계, 저 피안의 언덕인 것입니다. 반야바라밀의 세계인 것입니다. 우리 모두가 가야 할 길은 바로 이러한 훤칠한 길이요, 시원스레 뻗은 걸림이 없는 길입니다.

항상 우리가 처한 상황에서 스스로를 되돌아보며, 내가 가고 있는 길을 다시 한 번 점검해 보고, 살아온 길을 되돌아보는, 다시 말해 매순간 어디를 향해 가고 있는가를 점검해 보는 것, 관찰하는 것 이것이 바로 마음공부인 것입니다.

우리 모두는 피안을 향해 가야 합니다. 죽음을 향해 갈 것이 아니라 진정 삶도, 죽음도 없는 저 피안의 언덕을 향해 부지런히 나아가야 하는 것입니다.

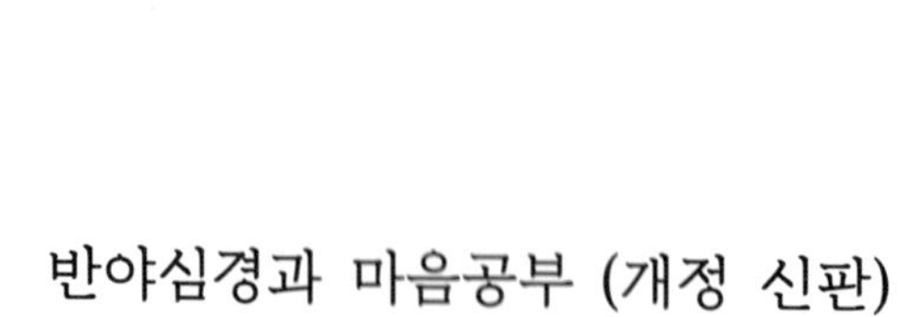

반야심경과 마음공부 (개정 신판)

초판 1쇄 | 2017년 4월 28일
초판 2쇄 | 2018년 8월 6일

지은이 | 법상
펴낸이 | 이금석
기획·편집 | 박수진, 박지원
디자인 | 김국회
마케팅 | 곽순식
물류지원 | 현란
펴낸곳 | 도서출판 무한
등록일 | 1993년 4월 2일
등록번호 | 제3-468호
주소 | 서울 마포구 서교동 469-19
전화 | 02)322-6144
팩스 | 02)325-6143
홈페이지 | www.muhan-book.co.kr
e-mail | muhanbook7@naver.com

가격 14,500원
ISBN 978-89-5601-351-0 (03320)
잘못된 책은 교환해 드립니다.